"微"妙语文

初中语文
创新教学设计86篇

雷介武 著

本作品中文简体版权由湖南人民出版社所有。
未经许可,不得翻印。

图书在版编目(CIP)数据

"微"妙语文:初中语文创新教学设计86篇/雷介武著. -- 长沙:湖南人民出版社, 2025.5. -- ISBN 978-7-5561-3462-5

Ⅰ. G633.302

中国国家版本馆CIP数据核字第2024041854号

"WEI" MIAO YUWEN: CHUZHONG YUWEN CHUANGXIN JIAOXUE SHEJI 86 PIAN

"微"妙语文:初中语文创新教学设计86篇

著　　者	雷介武
出版人	张勤繁
责任编辑	张玉洁
特邀编辑	刘　缘
产品经理	冯紫薇
装帧设计	董严飞
责任印制	虢　剑
责任校对	夏丽芬
资源运营	中南中教出版传媒有限公司

出版发行	湖南人民出版社 [http://www.hnppp.com]
地　　址	长沙市营盘东路3号
邮　　编	410005
经　　销	湖南省新华书店
印　　刷	长沙新湘诚印刷有限公司
版　　次	2025年5月第1版
印　　次	2025年5月第1次印刷
开　　本	880 mm × 1230 mm　1/32
印　　张	13.875
字　　数	300千字
书　　号	ISBN 978-7-5561-3462-5
定　　价	58.00元

营销电话:0731-82221529　(如发现印装质量问题请与出版社调换)

目录

上篇　"微"妙语文的理念

- ·002· "微"妙语文的独特之处和使用策略
- ·011· 阅读课选择"教什么"的三个考虑
- ·021· 有"选择"，就有效益
- ·030· 诗歌教学教什么？——从《沁园春·雪》看诗歌教学的选点
- ·035· 谈阅读教学选点的三个层次——以《背影》为例
- ·043· 语文教师的"四艺五术"

下篇　"三微"课例

七年级上册

- ·055· 《春》：不妨读一读
- ·059· 《济南的冬天》：虚实结合，情景交融
- ·063· 《秋天的怀念》：人约菊花后
- ·068· 《散步》：渲染的手法
- ·073· 《咏雪》：一门书香

- 076 · 《陈太丘与友期行》：七岁元方
- 079 · 《〈论语〉十二章》：从"下问"到"切问"
- 083 · 《纪念白求恩》：对比的力量
- 088 · 《植树的牧羊人》：选择正确的事
- 092 · 《诫子书》：家书超万金
- 095 · 《猫》：我们冤枉了谁
- 100 · 《狼》：狼计
- 105 · 《天上的街市》："牛郎织女"的新意象
- 109 · 《赫耳墨斯和雕像者》：笑点在哪里
- 113 · 《蚊子和狮子》：有多少情节可以重来
- 117 · 《穿井得一人》：谣言止于智者
- 121 · 《杞人忧天》：与杞人交友

七年级下册

- 127 · 《邓稼先》：用纪律致敬民族和友情
- 131 · 《说和做——记闻一多先生言行片段》：语言之美
- 135 · 《孙权劝学》：鲁肃为何"结友"吕蒙
- 139 · 《黄河颂》：动情而读
- 142 · 《老山界》：绝壁上的"睡功"
- 146 · 《谁是最可爱的人》：防空洞里那"三笑"
- 152 · 《木兰诗》：英雄本色
- 157 · 《阿长与〈山海经〉》：说说阿长——不虚美，不隐恶

- ·162· 《老王》：老王的话外音
- ·166· 《卖油翁》：理解结尾
- ·170· 《叶圣陶先生二三事》：宽厚待人
- ·174· 《驿路梨花》：会说话的小茅屋
- ·178· 《陋室铭》："三比"显"德馨"
- ·183· 《爱莲说》：衬托的力量
- ·187· 《紫藤萝瀑布》：精湛的语言力
- ·192· 《伟大的悲剧》：勇敢的心
- ·196· 《太空一日》：科学就是意外接着意外
- ·201· 《活板》：活板印刷的技术密码

八年级上册

- ·206· 《藤野先生》：知心藤野
- ·211· 《回忆我的母亲》：伟人的基因
- ·214· 《三峡》：三峡的另一种美
- ·218· 《答谢中书书》：写景书信的背后
- ·222· 《记承天寺夜游》："闲"的味道
- ·225· 《野望》：孤独的隐者
- ·229· 《背影》：成熟的痛
- ·235· 《白杨礼赞》："物"与"志"之间
- ·240· 《中国石拱桥》：对比赵州桥和卢沟桥
- ·243· 《苏州园林》：跟课文学写作

- ·248· 《富贵不能淫》：信仰的力量
- ·252· 《生于忧患，死于安乐》：在逆境中奋起
- ·257· 《愚公移山》：就这样被你征服

八年级下册

- ·263· 《社戏》：双喜的情商
- ·268· 《回延安》：民歌的地方特色
- ·272· 《大自然的语言》：不能忽略的科学精神
- ·276· 《桃花源记》：桃源心态
- ·281· 《小石潭记》：潭中"可人鱼"
- ·284· 《关雎》：淑女采荇菜背后的小心思
- ·288· 《蒹葭》：伊人"隔水而笑"
- ·292· 《最后一次讲演》：赏多姿句式，品讲演情感
- ·296· 《壶口瀑布》：水与石的交响乐
- ·302· 《在长江源头各拉丹冬》：其实有意思
- ·307· 《北冥有鱼》：大鹏怒飞
- ·312· 《庄子与惠子游于濠梁之上》：偷换概念
- ·317· 《虽有嘉肴》："也"也生辉
- ·320· 《大道之行也》：大同文化
- ·324· 《茅屋为秋风所破歌》：秋风秋雨与人格圣化
- ·328· 《卖炭翁》："选择"与"无法选择"

九年级上册

- ·333· 《敬业与乐业》：论据的力量
- ·337· 《就英法联军远征中国致巴特勒上尉的信》：从不缺席的正义之声
- ·341· 《岳阳楼记》：跳出模式化的情感
- ·346· 《醉翁亭记》：似是一问一答，似是一惊一乍
- ·351· 《故乡》：吾心安处是故乡
- ·356· 《中国人失掉自信力了吗》：釜底抽薪驳论据
- ·361· 《怀疑与学问》：论证的思路模板
- ·364· 《智取生辰纲》：被情绪蒙蔽的双眼
- ·370· 《范进中举》：胡屠户的"妩媚"
- ·374· 《三顾茅庐》：小说的"延迟手法"

九年级下册

- ·379· 《祖国啊，我亲爱的祖国》：别具一格的意象
- ·383· 《海燕》：恣情朗读
- ·388· 《孔乙己》：短衣帮
- ·392· 《变色龙》：记叙文的"四小"技法
- ·395· 《鱼我所欲也》：如何抉择"生"与"义"
- ·401· 《送东阳马生序》：宋濂劝学的艺术
- ·407· 《定风波·莫听穿林打叶声》：苏轼的旷达胸襟
- ·411· 《谈读书》：和培根对话

- ·414· 《不求甚解》：谁说读书可以"不求甚解"
- ·418· 《山水画的意境》：思维的流畅性
- ·423· 《曹刿论战》：君明士贤问答间
- ·427· 《出师表》：谦恭有度的语言艺术

序

于细微处见精神

时下人们崇尚"微",微信、微博、微课、微论坛、微报告……极言其精简,又略含精深、微妙之义。雷介武老师带领的团队以《"微"妙语文》命名他们的教学专著,让人深感其角度之新、思考之深,所谓"于细微处见精神"。

在浩瀚的文章海洋里,能入选语文教材的不过是几点浪花,但是这些浪花带给人的影响应该是巨大的。可能是人文的浸润、思想的磨砺、品质的熏陶,也可能是语言的感化、写法的习得、思维的进阶,甚至全方位的提升。怎样让学生更好地撷取这几许浪花?这就有赖于教师所应具有的在一般读者之上的教学智慧。

因此,语文教师应是一个好读者,能浸于作品之中,有自己的思考,产生阅读的愉悦;同时更应是一个善读者,能够有选择、有取舍,找到恰当的角度,寻求适宜的切入点,引领学生进入语文的妙境。语文的妙不在于面面俱到,不在于掰开揉碎,而应该在于细微处的把握，"睛"一点则龙腾飞。我曾经听过一节"小说课"，45分钟时间里，老师问了16个问题。后来我问学生对小说中的哪一点印象最深，学生茫然不知所云。

张志公先生曾表示，语文教学应该是最富于个性的。个性源于什么？我认为就源于教师对文本的智慧解读、精微把握。本书正是作者依据课程的精神，结合教学经验，在这方面做的重要探索。从小处、新处、妙处切入，有创意的解读，有精微的设计，有细致的点拨，把某一点突出、放大，让学生沉浸、震撼。只要你潜心阅读这本书，我相信你一定能有所收获。

讲"'微'妙语文"，也别破坏了整本书的韵致。简单写一点"微话"，权且充作序言，以祝贺这本书顺利出版，也预祝读者们从本书的"点睛之笔"中悟得课堂上的"点睛之教"！

王本华

人民教育出版社编审，部编版初中语文教材执行主编

2021年9月

上篇

"微"妙语文的理念

"微"妙语文的独特之处和使用策略

一、"三微"教学实践研究的过程

在进行初中语文"三微"(微解读、微设计、微点拨)教学实践研究之前,我们团队对"阅读教学教什么"的问题有近十年的研究。当时的课题名称是"文本价值的教学选择",核心问题就是面对一篇课文的多重教学价值,该选择哪一个?如何选择?这项研究自2009年起步,到2013年正式结题,其成果在中国教育学会举办的优秀教学改革成果评比中荣获一等奖。我们在2015年出版了《"教什么"的叩问——人教版精读课文教例精编》一书,之后又进行了近五年的理论深耕、实践运用。

这项研究的理论依据是王荣生教授在《语文科课程论基础》一书中提出的"'教什么'比'怎么教'重要"这一教学理念,如今这个理念已成共识。阅读课文的教学选点,教材并未明朗呈现,需要一线教师在对文本进行精准解读后予以甄选。正如湖北省教科院的蒋红森老师所认为的那样，用以阅读教学的文本，其内容是丰富的，其教育教学的价值是多样的，面对"丰富"和"多样"，我们拿什么来奉献给学生，或者说我们要重点拿什么来奉献给学生，这是语文教师面对文本进行阅读教学时首先要回答的问题。无独有偶，王荣生老师也认为，一堂语文课，如果没有合宜的教学内容，那么无论在教学方法上玩什么花招、树什么大旗，都不可能是一堂成功的语文课。

阅读教学的"选择意识"，无疑是语文教学中的一个重大议题。面对一篇课文的多重教学价值，该选取什么样的核心价值来教？如何选择？有何依据？经过多年的研究，我们根据新课程标准理念、教材编制体系、语文教学规律以及学生认知规律确定了"教学价值选择的十个策略"：从学生角度来说，教学价值应定在学生知识的空白处、认知的模糊处、思维的发展处、能力的提高处、情感的爆发处；从文本角度来说，教学价值应定在教材的编排意图上、文本恰当的主旨上、精彩的语言上、关键的词句上、突出的手法上。

在实际的推广运用中，虽然教师对于一篇课文"教什么"有了强烈的"选择意识"，但由于缺乏对文本深入研读、精准解读的习惯，大部分教师（特别是年轻教师）依然没有具备出色的"教学选择"能力；虽然《"教什么"的叩问——人教版精读课文教例精编》一书中有大量的教学实例可供借鉴参考，但由于此项研究的理论策略稍显艰深，教师并不能完全消化。

为什么会如此？我认为是教师素养不够。于是，我写了《也谈语文教师的"四艺五术"》一文，提出了语文教师必备的四项技能和五种教学策略。遗憾的是，它依然不能满足教师的学习需求。

后来，当教研陷入困境时，我从马克思、毛泽东"实践出真知"的理论和工作方法中得到启发，决定投身实践，从实践中寻找解决问题的办法。

于是，作为教研员的我开始频繁站上讲台授课，反复和语文教师进行同课异构研讨。在教学中，我追求文本解读的创意，追求解读的角度与民族主流文化、学生认知相契合，追求教学设计的创造性。我的很多展示课被他们大赞"总有出人意料的效果"。为了方便教师更好地学习和借鉴，我把自己的一些优秀教例进行整合、分析，逐步形成以"微解读、微设计、微点拨"为主体结构的"三微"系列教研文章。

这些颇具特色的教研文章在公众号发布后，反响相当强烈，不仅深受一线教师的欢迎，还得到了一些教育专家的充分肯定和高度赞扬。他们的鼓励，让我更坚定了我的"三微"研究方向。

我花了整整三年时间，对统编版初中语文教材中所有精读课文的教学进行了探索与实践，构建出以"微解读、微设计、微点拨"为主体框架的"三微"教学实践研究，并组织教师进行有序实践、试用。湖北省教科院语文教学专家蒋红森老师全程关注并指导我的研究，还将"初中语文'三微'教学实践研究"申报为2021年湖北省基础教育优秀教学改革实验项目，亲自组织、策划，参与到更深入、更持久的实践与理论探究中来。

二、"三微"教学实践研究的基本内涵和使用策略

我的"三微"教学实践研究是以"微解读、微设计、微点拨"的形式，系列呈现统编版初中语文教材精读课文"创意解读，合宜选点，精巧设计"的教学实例，力求简洁直观，朴实好用。

"微解读"求小、求新，是从文本某个角度或某个侧面切入，只抓一个点，创意解读其中容易被忽视却又不可错过的妙点。它指向的是语文教师的基本功。

比如，七年级下册的《邓稼先》是很多教师都不愿意教，也不好把握的课文。我认为杨振宁写的《邓稼先》，潜在信息相当丰富。在"微解读"中，我的选点关键词条是"用纪律致敬民族和友情"，切入点紧扣"邓稼先对待杨振宁询问的态度"——杨振宁问邓稼先，中国原子弹工作是否有外国人参与？对于好朋友的询问，邓稼先并未立即回答，而是先请示周恩来总理，半个月后才派人送去回信，明确告诉杨振宁：中国的原子弹是由中国人自己研制的，没有一个外国人参加。我认为，邓稼先的处理方式，并不是教学参考书中所谓的"体现了科学家的理性与严谨"，而是用最合理的方式，展示了一个伟大科学家向民族和友情致敬的优秀品质——对国家民族负责，也尊重同为科学家的好友杨振宁；既饱含民族感情，又充满了兄弟情谊。

再比如，七年级下册的《谁是最可爱的人》，作者选取三个典型故事（松骨峰战斗、冒火救儿童、防空洞对话），从侧面表现了志愿军的爱国主义、国际主义以及革命英雄主义精神。"最可爱的人"为什么成为志愿军的代名词？在于它提炼了一个有鲜明时代

精神的主题，感染、激励、教育着一代又一代人。在解读中，不仅要展示志愿军战士的英雄行为，还要挖掘出英雄的思想感情。我的"微解读"选点是"防空洞里那'三笑'"，从志愿军战士的"笑"这个微小点切入，直击志愿军甘愿为人民吃苦、为祖国献身的高尚品质及其力量源泉，引导学生从战士平凡的言行举止中感受他们真挚的家国情怀。

由此可见，一个微小的点，一种创意的解读，把握得当，便足以揭示文章深刻的本质，将语文的魅力、思想的魅力，都展示得淋漓尽致。

"微设计"求实、求简，是针对"微解读"而进行的片段教学设计，力求凸显语文特质，着力培养学生的核心素养。比如，《谁是最可爱的人》一课"防空洞里那'三笑'"的教学设计，主体环节分两步：第一步是展示朗读（三次对话，三次笑）—讨论活动（志愿军战士到底觉得苦不苦）—对比朗读—创作活动在"笑"字前面加修饰语，揭示人物心理；第二步是拓展总结，播放中印边界冲突视频，弘扬爱国精神。整个教学流程逻辑严谨，紧贴文本，注重学生的语言体验、情感体验、思维体验，简朴而扎实。

"微点拨"或是对教学设计予以理念阐述，或是对教学实施方法予以指导。比如，《谁是最可爱的人》一课的"微点拨"主要有三点。第一，学生对抗美援朝战争了解甚少，生活在和平年代的他们也无法理解战士们那坚定的信念从何而来。相关背景知识的介绍有助于学生对人物形象的理解。第二，在"细读探究"环节，重点研读防空洞里的三次对话，通过朗读、讨论、对比和创作等教学活动，引导学生领悟人物的精神，体会作者对他们的赞美之情。第三,"拓展总结"环节旨在告诉学生:从来没有什么岁月静好,只是有人替你负重前行。除了要学会感恩外,学生还要明白爱国精神需要传承,祖国的未来需要靠他们来建设。播放相关视频,有助于激发学生的爱国热情、学习热情,帮他们树立人生目标。

"微解读、微设计、微点拨"三者中,最重要的还是文本解读,精当的文本解读!《义务教育语文课程标准(2022年版)》明确提出语文课程理念之一是"立足学生核心素养发展,充分发挥语文课程育人功能"。语文核心素养"文化自信""语言运用""思维能力""审美创造"的落地生根,需要我们有独到的文本解读能力。

解读文本时,我运用到了如下策略:

一是思维策略,例如《陋室铭》的"'三比'显'德馨'",《庄子与惠子游于濠梁之上》的"偷换概念"。

二是文化策略,例如《大道之行也》的"大同文化",《邓稼先》的"用纪律致敬民族和友情",《富贵不能淫》的"信仰的力量",《鱼我所欲也》的"如何抉择'生'与'义'"。

三是写作策略,例如《济南的冬天》的"虚实结合,情景交融",《爱莲说》的"衬托的力量",《散步》的"渲染的手法",《纪念白求恩》的"对比的力量",《紫藤萝瀑布》的"精湛的语言力",《白杨礼赞》的"'物'与'志'之间",《敬业与乐业》的"论据的力量",《怀疑与学问》的"论证的思路模板",《三顾茅庐》的"小说的'延迟手法'",《变色龙》的"记叙文的'四小'技法"。

四是生活策略,例如《出师表》的"谦恭有度的语言艺术",

《智取生辰纲》的"被情绪蒙蔽的双眼"。

五是情感策略,例如《叶圣陶先生二三事》的"宽厚待人",《背影》的"成熟的痛",《藤野先生》的"知心藤野"。

六是哲理策略,例如《植树的牧羊人》的"选择正确的事",《穿井得一人》的"谣言止于智者"。

七是创新策略,例如《桃花源记》的"桃源心态",《愚公移山》的"就这样被你征服",《社戏》的"双喜的情商"。

"微解读、微设计、微点拨"三者合一,是对以上策略的进一步深化,是将理论与实践高度融合的尝试,是文本解读和教学设计的完美连线,更贴近一线教师的实际需求。

本书涵盖了统编版初中语文教材中几乎所有精读课文的教学设计,一线教师在实际教学中,可以直接搬用,或选择性地借用。但我最大的期望,还是他们可以触类旁通,悟其理、得其法,进而感受到文本解读的魅力、教学选点的巧妙、教学设计的精致,并能灵活运用在所有文本上。

三、"三微"教学实践研究的独特之处和突出贡献

诚然,"教什么"比"怎么教"更重要,但一篇课文到底"教什么"最有效率?这个问题还没有从方法论的角度在根本上予以解决。

目前来说,语文教学研究的主要途径是文本解读和教学设计(或实录),它们貌似是策略,然而,我认为它们局限在"自我"的层面,远远不能满足一线教师的实际需求,也不能从根本上解决

"教什么"的问题。

翻阅各类名家专著和教育期刊，其中文本解读类文章多是艰深而晦涩的，教学实录多是冗长而烦琐的，教师在学习使用时非常不方便。

为了将解读文章与教学设计进行高效对接，让一线教师更便捷地学习，我开始了"三微"教学实践研究。"微解读"不求大而全，侧重于某个创意角度，侧重于符合新课程标准的理念和教材编排体系，侧重于切合学生的认知规律。"微设计"是将"微解读"转化为实际的教学操作流程，侧重于培养学生的核心素养，侧重于教育教学效果。换句话说，文本解读中所陈述的教学价值就是教学设计所需要完成的教学任务、教学目标。"微点拨"则是提出教学实施过程中的一些注意事项，如难点的突破、重点的突出，以及教学策略、教学手段的运用等。

可以说，将"微解读、微设计、微点拨"归于一起，这是文本解读和教学设计的连线，是教学理念和教学设计的连线。一线教师既能欣赏到精准的文本解读，还能即时借鉴、使用教学设计；能在便捷的学习中，借鉴方法，汲取营养，提升素养。这个独特的"连线"，算是理论与实践结合的一次积极尝试，是阅读教学研究的创新之举。

一般的文本解读类文章仅仅局限于"解读"，而我的"微解读"兼顾了文本解读和教学选择，并将二者予以整合：本课我教什么？为什么要这样教？都在进行文本解读的过程中清晰陈述，并非单一的文本解读。

比如，《我的叔叔于勒》一课，我列举了教学参考书中建议的多个教学点：资本主义社会中人和人之间赤裸裸的金钱关系，小人物的辛酸，人道主义的悲悯情怀，对中下阶层人物虚荣心的讽刺，美好的人性，亲情。我在对文本进行解读后，陈述了教学选择的理由："资本主义社会中人和人之间赤裸裸的金钱关系"离学生生活较远，"小人物的辛酸""人道主义的悲悯情怀""对中下阶层人物虚荣心的讽刺"与学生的认知有差距，"美好的人性"似乎不足以成为主流解读。《我的叔叔于勒》无论是从教材的编排体系，还是从学生的认知、文本的主旨等方面考量，其核心教学价值都应该被定位于"亲情"！

虽说阅读教学"教什么"比"怎么教"更重要，但不代表"怎么教"不重要。

在教学实施过程中，要达成"微解读"涉及的知识、能力、文化等方面的目标，教师就必须基于新课程标准的理念，基于学生核心素养，进行高质量教学设计，巧妙地运用"读诵、概括、品析、讨论、仿写"五种策略（"五术"），以培养学生的能力，激活他们的思维，开阔他们的视野，陶冶他们的情感，帮助他们形成正确的人生观和价值观，建立强烈的文化自信。

阅读课选择"教什么"的三个考虑

阅读课选择"教什么"涉及三个要素的综合处理：一是课文，面对"这一篇"课文选择教什么；二是学生，面对"这一班"学生选择教什么；三是课时，在"一课时"这个时段内选择教多少。总的来说，就是要教师从班级学生的语文学习实际出发，从"一课时"可以实际解决问题的量出发，从"这一篇"课文中选择恰当的教学内容，与学生一起完成一次有效的语文学习。研究阅读课"教什么"的问题，是为了提高阅读课堂的教学效益，让学生在课堂上能真正得到"有差别的"共同提高和发展。

一、面对"这一篇"课文选择教什么

教材中的每一篇课文都是独特的"这一篇"。任何"这一篇"作为自然文本的价值都是多样的、丰富的。这一点差不多已经成了广大语文教师的共识,无须多述。问题是,面对课文丰富多样的价值取向,我们应选择什么内容来进行教学?换句话说,选择什么内容进行教学才是恰当的教学选择,才是有效的教学选择?要回答这个问题,我们要抓住三个基本点。

第一个基本点:选择的教学内容是适合中学语文教学的吗?

我们知道,自然文本,特别是经典的文学类文本,它们不仅有着社会学层面、文学史层面、美学层面的意义,还有着作为语文学习资源的意义,等等。面对这许许多多的文本意义,选择哪些内容来进行教学呢?当然应该是最接近语文学习的内容、最有助于达成中学语文教学目标的内容。我们把自然文本中适合教师进行中学语文教育、适合学生语文学习的文本内容,称为"近语文"文本内容。

以《变色龙》为例。《变色龙》作为一篇经典的批判现实主义小说,其在社会学层面的启发性和文学史层面的代表性,以及美学层面人物塑造的典型性、讽刺艺术的深刻性等,均是它作为自然文本经久不衰的艺术魅力的表现。与此同时,当《变色龙》作为一篇课文成为学生的阅读文本,成为教师带领学生学习语文的资源时,这篇作品本身所具有的语文阅读功能就必然会得到凸显。比方说,通过阅读这篇小说学习阅读小说的方法,通过分析小说人物形象了解鉴赏小说的途径,通过品味小说语言感受语言的表现力等。无论从何种角度看,《变色龙》这篇小说都是适合中学语文教学的。

想要寻求自然文本的这些意义,就得从课程标准出发来确定文本的语文教学价值,这就要求语文教师必须具有一定的语文课程意识。

第二个基本点：选择的教学内容体现了类别特色吗？

自然文本进入语文课程范畴，往往会被分成不同的类别，比如常见的文学类阅读文本、叙述类阅读文本、议论类阅读文本、说明类阅读文本等（阅读文本的分类有多种角度）。这些不同类别的阅读文本被赋予各自不同的课程功能，成了完成某一类语文课程目标的载体和凭借。因此，从这些类别的阅读文本中发现并确定它们的类别特色，便是阅读课选择"教什么"时必须要面对并做出取舍的重要事项。

还是以《变色龙》为例。《变色龙》是文学作品中的小说阅读文本，为了使学生通过学习这一类阅读文本达到课程标准所规定的"阅读目标"（"欣赏文学作品，有自己的情感体验，初步领悟作品的内涵，从中获得对自然、社会、人生的有益启示。能对作品中感人的情境和形象说出自己的体验，品味作品中富于表现力的语言"），小说教学在"教什么"的问题上呈现出一些极具共性的"教学通道"，如分析小说的人物形象、弄清小说的表现手法、理解小说的主题、品味小说的语言等（或者说人物、环境、主题、表现手法等）。也就是说，小说阅读文本的教学，往往是在以上所列范围内确定教学内容的选择指向，并在这个选择指向下引导学生达成阅读文学作品的学习目标。《变色龙》作为小说阅读文本，教师从中找出并审慎对待这些"教学通道"的内容，正是发现并确定《变色龙》类别特色教学内容必不可少的过程。

不同类别的阅读文本所表现出的类别特色是不同的。从类别特色的角度确定教学内容，可充分发挥阅读文本的课程功能，使学生阅读学习目标的达成更加全面、更加稳健。

第三个基本点：选择的教学内容体现了"文本个性"吗？

在具备类别特色的同时，每一篇阅读文本必然还有各自独特的个性。因此，教师选择的教学内容不仅要体现阅读文本的类别特色，还应该体现出阅读文本的个性。

还是以《变色龙》为例。三位教师教学该课时分别选择了三个不同的教学核心：第一位教师选择的是"欣赏小说的幽默效果"，可以称为"幽默版"教学；第二位教师选择的是"研读小说的人物对话"，可以称为"对话版"教学；第三位教师选择的是"小说中的'变'表现在哪里"，可以称为"变色版"教学。这三个核心内容不同的教学版本，在观照小说阅读文本类别特色的同时，表达了《变色龙》这篇小说独特个性的三个方面：幽默艺术、语言艺术和构思艺术。从这三个角度选择教学内容，应该说是对《变色龙》这篇小说教学价值的独特发现和准确把握，也是充分发挥这篇小说课程价值的最优选择。如果《变色龙》的教学内容仅仅局限在人物、环境、主题、表现手法等小说阅读文本的类别特色上，那就是对《变色龙》这篇小说教学价值的罔顾，也是对这篇小说耀眼亮点的漠视。

阅读文本的个性往往是多角度或者多层面呈现的，有的表现得比较明显，有的表现得较为隐蔽。正因如此，为了准确把握阅读文本的独特个性，才需要教师与文本搏斗，需要教师与文本、与作者进行心灵对话。也正因为如此，教师文本解读能力的高低是衡量教师阅读教学水平高低的关键指标。教师能否准确把握文本个性并给予恰当的教学表达，是阅读教学能否真正深入、有效的关键。

二、面对"这一班"学生选择教什么

面对"这一班"学生选择教什么，是指教师从自己所在班级学生的阅读学习实际出发确定课文的教学内容。

强调从学生的阅读学习实际出发确定教学内容，是学科教学的基本原则。教学的对象是学生，教学的目的是让学生在学习之后有提高、有发展；衡量教学有效与否的唯一标准，也就是看学生在完成学习之后是否有了提高和发展。这种"提高和发展"有显性和隐性两种表现，在学生群体和个体之间也是有差别的，是"有差别的"共同提高和发展。

阅读教学效益低下是多年来语文教学中存在的一个不争的事实。导致效益低下的一个重要原因就是教师教学内容的选择没能很好地从学生的阅读学习实际考虑。学生的学习有时看似热闹，但学习内容的不恰当使得这样的学习过程仅有热闹，没有学习收获，没有真正意义上的提高和发展。很多时候，我们确定的阅读教学内容都只是在重复一些学生已知的东西，只是在学生已经达到的能力区间内徘徊，学生的提高和发展始终就是一句空话。

因此，面对"这一班"学生选择教学内容，就必须研究"这一班"学生，要理性地、有理由地判断"这一班"学生面对某一篇课文时自己可以掌握什么，在哪些地方还比较模糊，还有哪些内容学生不知道但应该让学生知道。即弄清学生的已知点、模糊处和空白点，将教学内容选择的区间确定在学生的已知点之外，定位在学生学习区的模糊处和空白处。这样选择的教学内容对于学生而言才是有意义的。其意义就在于：完成这些内容的学习过程，是学生巩固已知的过程，是学生澄清模糊认识的过程，也是学生探究未知、获得新知的过程。这样的阅读才是有效的阅读，这样的课堂才是高效的课堂。

以《奇妙的克隆》为例，它作为一篇说明类课文，许多教师选择的教学内容都仅仅停留在说明对象、说明方法、说明顺序等"是什么"所涉及的一些内容上。这些内容尽管也呈现了说明类课文的类别特色，但对于很多学生而言是既无趣无味又无用的，是通过自主学习就完全可以"已知"的。这样的教学充其量只是"学生知道的继续让学生知道一遍"而已。如果从学生的阅读学习实际出发，《奇妙的克隆》教学内容就应该选择在学生已知之外，超出这篇课文的类别特色层面。有位教师在学生充分预习并已知学生学习状况的前提下，将这篇课文的教学目标确定为"深入探究本文的逻辑顺序"，然后用四个主问题引导课堂教学。第一个问题：四个小标题将课文分为四节，这四节的位置及排序合理吗？第二个问题："克隆鲫鱼出世前后"和"克隆绵羊'多利'"两节能不能换位置呢？第三个问题："克隆绵羊'多利'"这一节为什么单独列出来，而不是与"克隆鲫鱼出世前后"合并为一节？第四个问题："克隆技术造福人类"一节中五个段落的顺序是否合理？这种教学核心的选择和主问题的设计，既符合《奇妙的克隆》这篇课文的文本个性，又合乎学生学习这篇课文"已知什么"的实际，学生完成了课堂学习，便澄清了模糊认识，获得了新知，学生的思维力便得到了提高和发展。

从学生的阅读学习实际出发确定课文教学内容，一方面要反对仅重复学生已知的"浅阅读"，另一方面还要反对无视学生认知能力实际盲目拔高的"超阅读"。许多教师教学《风筝》热衷于探究鲁迅的自我批判精神,教学《小石潭记》热衷于"走近柳宗元"……尽管这些教学选择是语文教学的内容,但就七、八年级的学生而言,这些内容不仅缺乏适切性,而且与学生现有的认知水平距离太大。这样的教学看似有深度,实际上却难逃教师的一味说教,终究和"浅阅读"一样是无效的。

面对一篇课文选择教什么,教师不能人云亦云,不能盲目照搬,也不能一味由着自己的喜好"掉书袋"。唯有研究学生,关注学生现有的起点,从促进学生提高和发展这个角度出发,才会找到一个恰当的定位。

三、在"一课时"这个时段内选择教多少

前面讲到要从"这一篇"课文的文本意义、类别特色、文本个性出发选择教学内容,要从"这一班"学生的阅读学习实际出发选择教学内容,那么,是不是凡是阅读文本中可以作为教学内容的都选用"一课时"来教学呢?回答一定是否定的。

教学内容面面俱到是现在阅读教学的一大通病。常见的阅读课堂内容多、环节多,课文的各项内容、课程目标等一个不落,什么总体感知、内容理解、语言品位、迁移拓展等环节一个不少。乍一看似乎一节课该有的内容都有了,该走的过程都"走"了,但对于学生而言,这样的课堂学习是低效甚至是无效的。客观地讲,这样的课堂教学涉及的教学问题本身并不是没有意义,但因为"一课时"内这样的问题太多,教师和学生都不可能有足够的时间来探究

解决每个问题，结果只能是浅尝辄止，教学流于表面，学生唯一的选择只有跟着教师、配合着教师做一些他们似懂非懂或者永远不能明白的貌似"学习"的活动。这样的课堂表现当然不是真正意义上的"学"，充其量不过是一群作为配角的学生在配合着教师完成所谓的"教"。所以说，阅读课"一课时"教多少同样是一个关系着课堂教学是否有效、是否高效的重要问题。

"一课时"教多少要考虑两个方面的内容：一是"一课时"的核心教学目标应该有多少个；二是用来支撑实现核心教学目标的教学内容应该有多少。

第一个问题："一课时"的核心教学目标应该有多少个？

一堂课的教学效益不在于设定的目标有多少个，而在于学生实际的收获有多少。学生的课堂学习收获源于课堂学习问题的解决，源于课堂学习问题解决的透彻程度。因此，"一课时"能实际解决问题的量，是确定核心教学目标应该有多少个的唯一要义。我们认为，只有目标精要了、单纯了，课堂上才可能有"深入解决"这精要的、单纯的问题的时间和空间，学生才可能在这"深入解决"的过程中真正获得有用的知识、独特的学习体验和认识。前面讲到的《变色龙》《奇妙的克隆》两篇课文的教学，教学目标都十分单纯，每一课时就只有一个核心目标，教学过程围绕这个目标的达成进行设计（如《奇妙的克隆》的四个主问题都是围绕"深入探究本文的逻辑顺序"这个核心目标进行的）。由浅入深地解决这个核心目标的过程，也是学生由浅入深地体验文本、逐步形成新认知的过程。

也许有人会担心，只选择课文中某一方面的问题或某一个问题进行教学，会造成文本资源的价值流失。但事实上，任何课文都不存在"必须教"的内容，只存在从学生的学习实际出发"可以教"的内容；学习课文本身不是目的，引导学生通过学习课文提高阅读能力、提升语文素养才是目的。因此，只要能引导学生通过分析探究解决某一方面的问题或某一个问题产生真切的语文学习收获，这样的阅读教学就实现了对文本价值的有效运用，这样的课堂教学就是有效的，甚至是高效的。

第二个问题：用来支撑实现核心教学目标的教学内容应该有多少？

先以《奇妙的克隆》为例（举例内容见前文），既然已把"深入探究本文的逻辑顺序"作为这篇课文的核心教学目标，那么就一定要分析这篇课文中哪些地方能够表现出逻辑顺序的特征，先把这些能够表现逻辑顺序的内容清晰地罗列出来，然后按一定的"序"组成课堂教学环节。可以看出，那位执教教师设计的四个主问题，全面完整地呈现了课文的逻辑特点，又铺设了一条由浅入深、由宏观到微观的解决问题的路径。此例可以说明，选择多少内容来支撑核心教学目标的实现，要看文本本身与核心目标一致的内容有多少，围绕核心目标对阅读文本挖掘得越深入越好，挖掘得越透彻越好。

再以《祝福》为例。《祝福》一课我选择的核心教学目标是"研读'看客'"。选择用来支撑这个目标实现的内容有：（1）读祥林嫂第二次来鲁镇的部分文字，看看"看客"是如何旁观祥林嫂的。（2）"看客"在《孔乙己》《〈呐喊〉自序》《示众》中都有，这些"看客"有什么特征？（3）是什么让如此多的人成了"看客"？（4）"看客"在鲁迅的小说中占有很大的比例，他为什么要写如此多的"看客"呢？在这堂课涉及的四个问题中，实际上只有问题（1）与《祝福》这篇课文联系紧密，且牵涉的也只是课文一个截面的内容。这样处理完全是由这堂课的核心目标所决定的。围绕"研读'看客'"这个中心，我首先从课文入手选择最能够展示"看客"的文字引导学生认识"看客"，接着跳出课文从鲁迅其他作品中找出"看客"进行比较，然后从社会背景角度分析为什么有这么多"看客"，最后从作者的角度理解为什么要刻画这么多"看客"。也就是说，只有通过这一番变换角度的研读，对"看客"问题的探究才可能深入，学生对"看客"的认识才可能全面而具体。此例可以说明，当核心教学目标确立之后，我们就要对阅读文本进行有选择地运用，必要时还要引入相关教学资源，以保证核心教学目标的达成。

至此，关于"一课时"应该教多少的问题可以这样回答："一课时"的核心教学目标越单纯越好，支撑实现核心目标的教学内容越充分越好。

（本篇作者　蒋红森）

有"选择",就有效益

一、教学核心如何确定

我说的"选择",是指选择恰当的内容作为教学核心;我说的效益,是指学生有切实的收获。

选择教学核心分两点:一是选择恰当的核心教学目标,二是选择恰当的、能有效实现教学目标的核心内容。语文教学中常说的"教什么",实际上就是要解决教学核心的选择问题。

教学核心如何确定?这的确要费一番思量。以《我的叔叔于勒》为例:

作为经典小说,《我的叔叔于勒》本身所具有的文本价值是非常丰富的:第一,小说从一个家庭的视角反映了19世纪后期法国乃至欧洲社会的基本状况,可以作为研究19世纪法国和欧洲历史的一类素材;第二,小说集中体现了作者莫泊桑的文学创作特色,是研究作者莫泊桑文学成就的实证材料；第三，小说的构思别具匠心，情节跌宕起伏，描写生动细致，刻画人情世态惟妙惟肖，是读者鉴赏文学作品的经典样本；第四，小说揭示的主题丰富而深刻，在人性、人情，以及对金钱的认识等问题上能给读者无限的思考，因而小说同样具有持久的社会教化功能，等等。不同的读者，对《我的叔叔于勒》的文本价值所关注的方向也不尽相同，这是正常的。作为语文教师，我们要以特定的读者个体身份阅读，尽量多地、尽量深入地认识和把握小说的价值要素，尽自己最大的努力形成自己关于这篇小说的新鲜体验和基本认识（关于这一点，以孙绍振教授为代表的学者多有宏论，强调文本主体、作者主体和读者主体在阅读过程中的统一，强调读者主体基于文本的还原式阅读）。在这个前提下，我们还要以语文教师的身份来思考：通过讲解这篇小说，我们应该让学生获得些什么？我们可以通过什么途径让学生的收获更加丰富和深刻？

我认为，应当先分析小说的特点寻求教学核心。如果说《我的叔叔于勒》是一部戏，那么"我"就是这场戏的现场观众，菲利普夫妇就是这场戏的前台主角，于勒和于勒的信就是牵动戏剧神经的"魔杖"，他们共同演绎的戏剧场面揭示了一个颇有生命力的主题：金钱主宰着人性、人情。其中有小人物的辛酸，有对金钱至上观念的尖锐批判，有对纯正人性、人情的深情呼唤。通过人物刻画表现主题，这是小说创作的公理，但是，莫泊桑写人物不在外貌的描绘上下功夫，而是深入人物的内心，而人物内心世界的揭发，又绝不靠作者的申说，而是用人物的语言、动作、神态让人物自己去自然地表露；同时，在这篇小说中几乎找不到平铺直叙的说教，作者在作品中善于将自己巧妙地隐藏起来。这种隐藏并不是真正的隐藏，而是恰到好处地突出作品的主题，使之更耐人寻味。可以说，《我的叔叔于勒》这篇小说最大的特点，就在于它将人物置于自然而奇崛的事件过程中，并以揭示人物内心世界的独特方式表现人物，进而揭示出耐人寻味的主题。这正是我们教学《我的叔叔于勒》这篇小说所应该关注的核心点，这个核心点是由这篇小说的特点决定的。

接下来我们还必须从学生角度考虑教学核心。考虑的重点是：学生通过自主阅读这篇小说可以知道些什么，还有哪些内容是模糊或者是未知的？只有建立在学生已知基础上并引导学生澄清模糊认识、解决未知的教学，才能为学生带来真正的阅读效益。依据学生现有的阅读水平，我们可以就学生自主阅读这篇小说的状态作如下判断（因学生群体的学习实际而异）：解决小说中的生字、新词，了解小说的时代背景，初步了解作者等，这些是学生自己通过预习阅读可以做到的；小说中的人物以及小说的主题，学生通过自主阅读可以形成一定的认识，但这种认识是不清晰的、不完整的，需要在课堂的学习交流中提升认识；小说的构思艺术，学生肯定知道是好的，但好在哪里，为什么好，这些又是学生难以体会的，是学生学习这篇小说的未知内容；至于小说给学生的价值观带来的影响，每一个学生都会有自己的阅读判断，只是有的偏执一些，有的温和一些，这是阅读这篇小说的"外延产品"，需要教师适当关注。由此分析可以看出，《我的叔叔于勒》的教学重点应该在人物和主题上，难点是分析小说的构思艺术，而价值观教育只是讲解这篇小说的隐性目标，是可以自然生成的。从学生角度分析出的教学重点和难点，实际上与这篇小说自身的特点是一致的。

确定了教学的重点和难点，就完成了教学目标的选择。如何达成教学目标，则要选择能让师生在课堂上高效交流的核心内容。分析这篇小说中的人物，不能急于追求得出人物形象的结论，而是要挖出支撑这些人物形象的"根"，这个"根"就是作品中人物的语言、动作、神态所表现出的人物的内心世界。因此，教师应该紧紧抓住人物的语言、动作、神态，引导学生认真分析、仔细揣摩，力求将作品中的人物还原成他们本来的样子，力求使学生触摸到作品中人物的血肉和脉动。据此得出的有关人物形象的结论，才是贴切的、自然的、全面的，才是学生真正的阅读体验结果（有了全面、贴切、自然的人物形象结论，小说的主题就顺势自明了）。欣赏小说的构思艺术是教学难点，要解决这个问题教师同样要结合这篇小说的特点引导学生深入研读文本。教师应该适时提出一些问题启发学生思考（因为学生在这方面不一定能提出问题）：小说按事情发展的先后顺序先叙述菲利普夫妇打发于勒到美洲好不好？小说中于勒的那封信有什么价值？"我"在文中有什么作用？于勒为什么总"躲在背后"……这些问题是分析这篇小说的构思艺术时不能回避的内容，也是引导学生深入分析文本、探寻未知的切入点。

到此为止，我们可以明确《我的叔叔于勒》这篇小说的教学核心：通过揣摩人物的语言、动作、神态分析人物形象和主题；通过分析小说人物的设置、情节的安排、"道具的制作"等，体会小说的构思艺术。其中，"分析人物形象和主题""体会小说的构思艺术"是核心教学目标，"揣摩人物的语言、动作、神态""分析小说人物的设置、情节的安排、'道具的制作'等"是核心教学内容。

二、评《我的叔叔于勒》两节课堂教学

雷介武老师和宋仲春老师同演《我的叔叔于勒》，他们确定的教学目标基本相同。雷老师将该课的教学目标定为：学习文章精巧的构思，学习文章生动细致的人物描写，了解文章的主题，培养学生正确的金钱观、亲情观。宋老师将该课的教学目标定为：欣赏小说情节安排之巧，分析人物形象，揣摩小说主题。他们确定的这些教学目标总体来说都是准确的，只是有的目标是显性的、主要的，如人物、主题、构思等；有的目标是隐性的、次要的，如培养正确的金钱观、亲情观。

在他们这两节课中，"分析人物形象"这个目标落实得最好。

雷老师为引导学生分析菲利普夫妇的形象，设计了三个教学步骤：第一步，"请找出最能表现菲利普全家期盼于勒回来的细节。语言细节也好，动作细节也好，心理描写也行。"于是，学生抓住"父亲总要说他那句永不变更的话：'唉！如果于勒竟在这只船上，那会叫人多么惊喜呀！'""那时候大家简直好像马上就会看见他挥着手帕喊着：'喂！菲利普！'""你们要不要我请你们吃牡蛎？"等细节进行品读。第二步，"哲尔赛旅行遇到于勒后，有几段对话，看了让人心里难受。请赏析。"于是，师生一起仔细品读"我父亲脸色早已煞白……给了我一个五法郎的银币，就走开了"这几段文字，特别是抓住"啊！啊！原来如此……""我就知

道这个贼是不会有出息的……"以及三个"别叫……"等句子，揣摩人物心理。第三步，询问学生对菲利普夫妇的态度，引出学生对小人物生活状态的同情，以及对菲利普夫妇丧失人性、人情的鄙视。在这个过程中，教师引导学生从人物的语言、动作、神态细节入手，深入细腻地体验人物的内心波澜，将作品中的人物还原成一个个活生生的现实的人。这正是这节课的精彩之处。

宋老师处理"分析人物形象"的方式有些"曲径通幽"的味道。第一问：从标题看，"我"和于勒是什么关系？第二问："我"的父母是如何称呼于勒的？为什么前后会有不同？第三问：菲利普夫妇是如何对待于勒的？第四问：你觉得菲利普夫妇可怜吗？宋老师的前两问从人物关系入手，为后面分析菲利普夫妇的形象做了铺垫，实际的重点是第三、四问。这节课的精彩主要集中在第三问。教师善于引导学生通过朗读慢慢走近作品中的人物，同时又通过品析细节以及语言、动作、神态使学生触摸到作品中的人物。"赶于勒"部分重点抓住"打发"等词语进行品读；"盼于勒"部分重点抓住"每""总""竟"等关键字所在的句子进行品读；"躲于勒"部分重点抓住人物的对话进行品读，引导学生体会菲利普夫妇"怀疑—试探—确认"的心理变化。这是一个深入理解文本、细腻把握人物的过程，学生在这个过程中学习、思考，获得自己的个体体验。

"分析人物形象"为什么落实得好，关键是教师把握住了让作品中的人物在学生心中"立"起来的核心内容。语言、动作、神态是这篇小说刻画人物的法宝，教师引导学生围绕这三点细致品析，作品中的人物自然就能够走进学生的心里。

在他们这两节课中，"学习文章精巧的构思"和"欣赏小说情节安排之巧"的目标落实效果则不尽理想。

雷老师为了落实"学习文章精巧的构思"这一目标，安排了两个环节：一是"选材角度之巧"，他认为莫泊桑并没有把描写的重点放在"于勒远赴美洲"这个更容易引起关注的大背景上，而是集中写菲利普一家的苦和乐，这就是构思之巧。二是"'出人意料'之妙"，他认为菲利普一家苦苦期盼于勒回家，结局却令人心酸，这种安排也是构思之巧。宋老师的教学中看不出清晰的关于"欣赏小说情节安排之巧"的内容，只是在板书完"占用钱——赶；愿赔钱——盼；没了钱——躲"之后归纳说："从以上板书可以看出，小说的情节看似偶然，实际都在情理之中，莫泊桑将情节处理得这般跌宕起伏却无斧凿之痕，真不愧是大师！"如此处理"构思"，显得过于简单、片面和表面，学生并不能真切体会到小说构思的好，他们接收到的只是教师下的一个结论而已。

这两个目标之所以落实得不够理想，原因就在于课堂教学中支撑目标的核心内容不够充分。欣赏这篇小说的构思，仅仅从"选材角度""出人意料"出发是不够的，我们不能回避"为什么小说不按时间顺序先叙述'赶于勒'而先说'盼于勒'"的问题，因为这不仅为小说设置了悬念，还是突出人物性格之必要；不能回避"小说中设置一封于勒的信有什么作用"的问题，因为这不仅解释了"盼于勒"的原因，更重要的是与后文哲尔赛岛之行构成必然联系；不能回避"小说中安排'我'作为'当事人'有什么特别意义"的问题，因为这样使得小说更自然真切，更重要的是"我"与菲利普夫妇的性格差异直接引发了读者关于这篇小说主题的思考；

不能回避"小说将兄弟巧遇的地点安排在离家咫尺的游船上有什么深意"的问题……教学中这些问题可以不全部涉及，但不能都不涉及，否则"构思（情节安排）的精巧"无法给学生一个恰当的交代。看来，光有恰当的核心教学目标是不够的，教学中缺乏丰满的核心内容，同样不可能有好的教学效益。

造成"构思（情节安排）的精巧"这个目标落实得不理想的原因，也许还包括一堂课容不下两个核心教学目标。当师生一起就一个目标完成了深入细致的学习之后，剩下的时间就不够另一个目标"消费"了。就某个文本来说，其核心教学目标也许不止一个，但一堂课的教学目标不宜过多，因为只有目标单纯了才能够深入，只有深入了才会有好的教学效益。

至于这两节课中的其他环节，如"于勒回家""用对联形式概括大意""引述恩格斯语录"等设计，在此我就不一一赘述了。

三、中学阅读教学效益低下的原因和突破之法

造成中学阅读教学效益低下的原因有很多，但有几点是明确的：一是部分教师深入研读文本不够，缺乏自己的阅读体验和阅读判断，课堂上人云亦云、照本宣科；二是部分教师对核心教学目标把握不准，要么缺乏文本针对性和学生针对性，要么追求大而全的目标系列化，以致目标形同虚设；三是部分教师教学时不能引导学生围绕目标结合文本作出细致的分析，急于追求结论，导致学生缺乏真实的个体阅读体验。

我们之所以强调要选择恰当的教学核心，就是要让阅读教学由

"讲别人的话"转变为"说自己的话",由"大而空"转变为"小而实",由"接受的过程"转变为"体验的过程"。把阅读真正进行到"底",这是提高阅读教学效益的必然选择。

(本篇作者 蒋红森)

诗歌教学教什么？——从《沁园春·雪》看诗歌教学的选点

诗歌是一种独特的文学体裁，它没有戏剧紧张激烈的矛盾冲突，没有小说曲折生动的故事情节，也没有散文形散神聚的特色。但诗歌有其自身的特点：它能集中反映社会生活，蕴含着丰富的情感与想象力，语言凝练，节奏鲜明。

诗歌的这些特点决定了诗歌理解上的困难。因此，对于诗歌教学来说，"怎么教"不是难题，"教什么"才是。诗歌教学到底该教什么呢？我认为应该从创作背景、意象意境、关键词句、表现手法、资料链接五个方面选点。下面以九年级上册《沁园春·雪》的教学为例具体谈谈。

一、创作背景

诗歌的创作背景介绍相当重要,因为诗歌凝练的语言、含蓄的风格会隐藏很多信息,限制学生的理解。教学《沁园春·雪》时,仅仅就诗论诗,是不可能真正打动学生的。如果教师告诉学生毛泽东创作《沁园春·雪》的历史背景,学生就会被毛泽东的英雄气概深深折服。

我告诉学生:当时革命处于最艰难、最危险的时期。蒋介石叫嚣着"攘外必先安内",调集几十万东北军围歼红军,企图摧毁陕甘革命根据地。同时,日本帝国主义加快了侵略中国的步伐,矛头直指华北。革命形势内外交困、凶险至极,中华民族到了生死存亡的时刻!正在陕北清涧指挥作战的毛泽东于一个雪天,攀登到海拔千米的塬上去观察地形、欣赏雪景,回来后写出了这首气吞山河的千古绝唱。

当学生了解到这样的背景后,教师再引导他们一步步地理解伟人那"惊世之才,豪迈之气,浪漫之情"就变得很容易了。毛泽东的这份兴致、这份从容、这份豪迈,除了需要有运筹帷幄决胜千里的自信、惊世绝伦的才华外,还需要有浪漫豪放的情怀。如果没有这样的背景介绍,学生内心对伟人的崇敬之情或许会大打折扣。

二、意象意境

诗人创作诗歌,要借助一定的形象。这些蕴含诗人主观情感的形象就是意象,而意境则是诗人的主观思想感情与诗中所描绘的形象有机融合而形成的一种耐人寻味的艺术境界。意象与意境是理解诗歌的关键所在。

有人说意象是诗歌艺术的精灵，这话毫不为过，因为诗歌是靠意象来"说话"的。因此，诗歌教学必须引导学生清楚地理解诗的意象。

教学《沁园春·雪》时，教师应抓住诗歌中的几处关键意象：描写祖国江山时的"长城""大河""山""原"，其特征是象征中华，气势磅礴；描写英雄时的"秦皇汉武""唐宗宋祖"，其特征是雄才大略，建功立业；还有"千里冰封""万里雪飘"等意象，无不气势恢宏。面对冰封的黄河和飘雪的高原，谁能选出如此气魄不凡的意象啊？只有毛泽东！在师生的共同品析中，学生能很自然地认识到蕴含在这些意象之中的，是诗人的英雄气概、伟大情怀。诗歌的意境随之造就，产生了震撼人心的力量。

三、关键词句

诗歌不可能像小说、戏剧那样，用充裕的笔墨细致地描写人物或叙述事情，它是用极为凝练的语言去展示丰富的生活画面，浓缩深刻的思想情感。诗歌相当讲究遣词造句，哪怕是一字、一词、一标点，都力求捕捉特点、生动传神。因此，诗歌中的重点字词、关键语句、标点符号，都有可能成为解读诗歌的钥匙。教学中，教师要引导学生反复吟诵，仔细体味，学生才可能充分理解诗歌的丰富含义。

教学《沁园春·雪》时，教师应抓住"望长城内外"中的

"望"字品析：诗人"望"的是什么？——诗人眼中尽是祖国壮阔的江山！从而指导学生朗读，感受诗人的那种激动心情与豪迈气势。抓住"惜秦皇汉武，略输文采"中的"惜"字品析：诗人"惜"什么？——诗人心中充满了对秦皇汉武等人的感慨！表达了无产阶级革命家的自信。抓住"俱往矣"中的"矣"字，让学生讨论这个字该如何朗读。学生在朗读-修正-再朗读的过程中逐步体会到"矣"字的深刻含义。

从教学内容来说，我们品析着字词，研读着文本，是实在的教学；从教学方式来说，师生间、生生间、生本间（学生与文本间）进行充分对话，是实用的教学；从教学效果来说，学生深刻体会到了诗人的自信、抱负，以及诗人的豪迈之情，是有效的教学。

四、表现手法

和其他文学作品一样，诗歌也会采用不同的表现手法，以求艺术地反映丰富多彩的生活。不同的是，诗歌的表现手法（特别是联想和想象）运用得更多。它们如一条艺术链条，把读者拉入无比绮丽的境地，让读者深受感染。因此，教师引导学生解读诗歌时，应在表现手法上着力。

教学《沁园春·雪》时，教师可以利用诗歌的表现手法，帮助学生理解课文。上阕"大河上下，顿失滔滔"，夸张地表现出了滔滔黄河迅速冰封的情景；"山舞银蛇，原驰蜡象"，动静结合，写活了大山高原；"须晴日，看红装素裹，分外妖娆"，是对雪霁天晴的想象，是虚写之笔，与前面的写景句虚实结合。下阕评古论今，运用对比手法表现了伟人的豪迈。这些表现手法巧妙地组合众多意象，热情地歌颂英雄豪情，真可谓匠心独具。

通过教师对这些表现手法的分析，学生将深深领会到这首词实在是千古绝唱，从而敬佩作者的"惊世之才"。

五、资料链接

诗歌本就是含蓄的艺术，随着时间的推移、时代的更迭，读者理解的难度越来越大。因此，在教学中适当补充一些资料帮助学生理解是必不可少的。

在引导学生体会毛泽东的豪迈之气时，教师可以适当补充诗人的一些诗歌片段：

红军不怕远征难，万水千山只等闲。五岭逶迤腾细浪，乌蒙磅礴走泥丸。（《七律·长征》）

山，快马加鞭未下鞍。惊回首，离天三尺三。（《十六字令》）

而今我谓昆仑：不要这高，不要这多雪。安得倚天抽宝剑，把汝裁为三截？一截遗欧，一截赠美，一截还东国。（《念奴娇·昆仑》）

这些诗歌，无一不大气磅礴、豪气冲天，读来让人激动不已。学生读后，不仅加深了对《沁园春·雪》的理解，更被毛泽东诗歌的豪迈之气折服。如果没有补充这些资料，诗人的形象在学生心中会略显单薄，还有可能会削弱他们对英雄的崇拜之情。

谈阅读教学选点的三个层次——以《背影》为例

"韩李之争"是近年来中语界（中学语文界）颇为引人注目的一件事。著名特级教师韩军以"生死论"为主旨引导学生学习《背影》的做法，受到了以四川师范大学李华平为首的多位教授和教师的质疑。双方为此唇枪舌剑，各抒妙论。这一争论的意义早就超越了争论本身，上升到文本解读和教学选点的深层次问题上来了。我不想对双方的争论妄发评论，只想通过剖析全国优秀语文教师徐志丹，特级教师丁卫军、韩军教学《背影》时的选点情况，阐释阅读教学"教学选择的三个层次"的问题。

我认为，面对一篇课文时，教师首先要根据文本和学生的学习实际，准确地确定其核心教学价值；为突破这个核心教学价值，教师需要选择最恰当的点开展教学。具体来说，阅读教学选择至少要经历三个层次：一是筛选教学价值，确定核心教学价值；二是筛选教学内容，确定支撑核心教学价值的教学内容；三是精选教学问题，落实教学内容。

一、在第一个层次的教学选择中，他们是如何确定核心教学价值的？

第一个层次的教学选择，是教师面对文本众多的价值，根据文本与学生的学习实际而确定出最核心的教学价值。《背影》一课，人教版定位于八年级上册"爱"主题单元，苏教版定位于八年级上册"至爱亲情"主题单元……各版旨在通过朱自清笔下的父爱，对学生进行情感教育。这样的经典名篇，这样的教材编排，其核心教学价值貌似无可争议。

可果真如此吗？我们且看三位名师是如何确定《背影》的核心教学价值的。徐志丹确定的核心教学价值是"体会字里行间的至爱亲情，引导学生珍视亲情"；丁卫军确定的核心教学价值是"理解父子间以爱为主的复杂情感"；韩军确定的核心教学价值是"生命的传承，死亡的慨叹"。

徐志丹确定的核心教学价值不仅最为朴实地体现了编者意图，还符合数十年来绝大部分语文教师对《背影》主题的定位。丁卫军对文本的解读，似乎让我们穿越了历史，真切地生活在作者的家庭中，感受着他们的情感。从这个角度来说，丁卫军对《背影》的解读较徐丹的解读更为鲜活，更为立体。韩军对文本的解读能指导教师细读、深读文本，其引领作用不言而喻，但对八年级的学生谈"生死观"，与教材的编排意图不符。

二、在第二个层次的教学选择中,他们是如何确定支撑核心教学价值的教学内容的?

第二个层次的教学选择是指在确定了核心教学价值的基础上,教师准备选取哪些教学内容来支撑核心教学价值,并艺术地、高效地予以实施。语文是一门独特的学科,不像数学、物理等学科一样有明朗的、固定的教学内容。语文在很大程度上需要教师创造性地开发教学内容,尤其是像《背影》这样的名篇,其深刻的意蕴使它有太多可供选取的教学内容,如:理故事情节,析人物形象,品典型细节,读质朴文字,评简短对话,赏关键语句,悟精巧构思等。这些内容或许都能较好地突破核心教学价值,但具体选择时,教师绝不可率性而为,而是要通过深入研究文本,深入了解学情,精心选取最为合宜的教学内容,以求迅速突破核心教学价值。

且看三位名师是如何确定支撑《背影》核心教学价值的教学内容的。

徐志丹:

1. 自由朗读课文,看文章哪些地方打动了你。

2. 大声朗读课文,质疑讨论。

3. 品读四处背影,理解父亲浓浓的爱子之情。

4. 探究作者的感情变化,体会儿子对父亲的情感。

丁卫军:

1. 从父亲的信切入,在"晶莹的泪光"中初步体会作者的内心情感。

2. 朗读父亲的信,引出对"最不能忘记的背影"的品读,感受父亲的爱子之情。

3. 分析作者对父亲的关心照顾有何想法，体会作者对父亲的情感变化。

4. 再次朗读父亲的信并拓展朱家父子失和的事，理解作者对父亲饱含着爱、愧疚和担忧的复杂感情。

韩军：

1. 了解人物，感受"四世同堂"的家庭背景，体会"生命的传承"——祖母的背影（已逝的），父亲的背影（将逝的），作者的人生（壮年的），儿子的生命（未来的）。

2. 品读四次流泪，体会"以泪为祭的生命"。（第一次洒泪——祖母死了；第二次洒泪——父亲老了；第三次洒泪——父亲走了；第四次洒泪——父将大去。）

3. 解读主体，理解"生之脆弱，生之短暂"。

4. 解读标题，理解"生之背，死之影"。

从操作层面来看，徐志丹的课大胆取舍，只选取了"寻找打动人心的地方""质疑讨论关键语句"等教学内容，引导学生一步步感受父子间的浓浓亲情。这几个教学内容基于语言、依托细节、指向主旨，能非常扎实地突破核心教学价值，可谓选点科学，指向明确，发力集中。

丁卫军的课虽然核心教学价值与徐志丹的稍有不同，但以"爱"为主体的情感目标是完全一致的。因此，丁卫军从"父亲的信"切入，通过"我"收到"父亲的信"后泪如泉涌的表现，初步感受作者的内心情感；接着仔细品读"最不能忘记的背影"，真切感受父亲的爱子之情；然后分析父亲对"我"无微不至的关心、照顾与呵护，体会作者对父亲的情感变化；最后再次朗读"父亲的信"，并辅以恰当的拓展，理解作者对父亲饱含着爱、愧疚和担忧的复杂感情。

韩军的课，因为核心教学价值与前两位大相径庭，所以选择支撑的教学内容亦有所区别。课的主体是"品读四次流泪"，指导学生理解作者的泪是为谁而流、为何而流，由此引出对生命的慨叹；再通过对比阅读及诠释"背""影"等拓展活动，让学生体会到"生之脆弱，生之短暂"。

三位教师选择的教学内容，交集是"背影"。徐志丹指导学生品读全文"四处背影"，丁卫军只重点品析"最不能忘记的背影"。两人的目的都是通过"背影"体现父子情深。韩军讲"背影"是为了引导学生理解作者流泪的原因，进而理解父亲的老之颓唐，生之脆弱。除此之外，三位教师的其他教学内容都各不相同，但异曲同工，都能有效地支撑各自确定的核心教学价值。

三、在第三个层次的教学选择中，他们是如何精选教学问题，落实教学内容的？

第三个层次的教学选择即课堂提问的选择，是为落实第二个层次的教学内容而产生的。这个层次的选择要针对学生、结合文本，选择最能激发学生思维的、最有价值的"点"进行提问。

三位教师是如何进行第三个层次的教学选择的呢？现就"车站买橘的背影"这个教学内容，阐释他们提问的精当。

先来看徐志丹的提问：

1. 请大家浏览课文,看看文章有几处写到背影?
2. 这几处分别描写了什么样的背影?
3. 开头、结尾提到的背影在文中各有什么作用?
4. 作者着力刻画了哪一处背影?是怎样刻画的?哪些词语最具有表现力?

我们重点分析问题4。作者着力刻画了哪一处背影?这一问将研读的重点一下子就集中到了父亲"车站买橘子的背影"上;是怎样刻画的?如果说这个问题稍显宽泛,那么后面的问题就是有效的补充;哪些词语最具有表现力? 这一问牢牢地抓住了语文教学之本,清楚地将教学的着力点引向了语言品析,让学生从"戴着黑布小帽""攀""缩""倾"等词句的品读中,真切地感受到了父爱之浓。

再来看丁卫军的提问:

1. 父亲那肥胖的、身穿深青布棉袍黑布马褂的背影一下子就激起了作者对父亲的情感,那"最不能忘记的背影"是在哪里看到的呢?文章是怎样具体描写的?请圈画出来,读一读。
2. 请大家细读父亲在浦口车站为"我"买橘子时的背影,并圈画、批注,说说你关注了哪些词语,为什么?
3. 对比阅读:看看老师的修改与你关注的还有哪些不一样。

【屏显·修改版】

我看见他戴着小帽,穿着大马褂,棉袍,走到铁道边,探身下去,尚不大难。可是他穿过铁道,要爬上那边月台,就不容易了。他攀着上面,再向上缩;他身子向左微倾,显出努力的样子。

我们重点分析问题2和问题3。问题2,丁卫军指导学生用圈点批注的学习方法,将思维集中于"蹒跚地走""攀""缩""倾"等关键字词上,让学生在鲜活的语言文字中自然地、真切地感受浓浓的父爱。在问题3中,屏显是教师修改后的语段,省去了表颜色的"黑布""深青布",省去了表修饰的"蹒跚地""慢慢""用两手""两脚""肥胖的"几个状语或定语。这种对比阅读的形式避免了问题的琐碎与机械,能高效地引导学生体会父亲深深的爱子之情。

最后来看看韩军的提问:

1. 请读"第二次流泪"的文字。(我看见他戴着黑布小帽……我的泪很快地流下来了。)

2. 父亲是怎样走到铁道旁的?

3. 我们从"蹒跚"中能读出什么?

4. 我们从"慢慢"和"探"中能读出什么?

5. 为什么用"探",不用"纵"?"纵身"不可以吗?

6. "蹒跚""慢慢""探"都强调了什么?

7. 还有哪些字词需要特别注意,需要咀嚼?

8. 从朱自清对父亲背影的描摹中,我们能得出什么关于生命的结论?

韩军对"背影"的品读,虽然是为了探究作者为什么流泪,但也依然细致地品析了父亲的背影。问题2和问题3通过引导学生品读"蹒跚",感受父亲的老;问题4和问题5用因果法、换词法品字品词,进一步感受父亲的老;问题7引导学生围绕"攀""缩""倾""努力"等字词,继续感受父亲的老。最后的结论为:父亲老得太快,老得太早;我们能由此强烈地感受到生命太脆弱、太短暂了。

三位教师对"车站买橘的背影"都进行了"重锤敲打"。徐志丹设计的主问题是"哪些词语最具有表现力"。丁卫军设计的主要问题是"说说你关注了哪些词语，为什么"。韩军没有拐弯抹角，直接指引学生回答从"蹒跚""慢慢""探"中读出了什么，还有哪些词需要咀嚼。其共性是：在研读这段描写背影的文字时，教师都抓住了最能表现父亲爱子情深的关键词语，紧紧扣住了学生的"思维触角"而精心设置问题，高效落实了教学目标。

可以说，第三个层次的教学选择直接"触摸"词句，合乎学生的认知，最能引导学生在深度品读语言中理解文本的主旨。因此，在阅读教学中，第三个层次的教学选择尤为关键。

语文教师的"四艺五术"

在开展教育教学的过程中,语文教师所需的能力众多,但从教学设计和实施来看,最核心的基本功只有四种,即研读、选点、巧问、引导。我认为,这四种能力可称为语文教师的"四艺"。

一、教师"四艺"的内涵

(一)研读之术

研读文本的功夫,是语文教师的第一基本功,它是语文教师进行教学设计及实施教学的前提。语文教师只有读通、读透了文本,才能知道自己要教什么、怎么教,以及怎样高效地教。著名特级教师钱梦龙先生说过,他在教每一篇文章之前,都要反反复复地读,一直读到确实"品"出味儿来了,才会决定怎么去教。

1. 精准的文本解读,能挖掘平凡语言的无穷魅力。

语言的魅力是无穷的,哪怕是平凡的文字,亦有不菲的教学价值,关键词句、重点语段则具有更深沉的教育意义。新课标要求"品味作品中富于表现力的语言""体味和推敲重要词句在语言环境中的意义和作用",我们要对文本语言保持高度警觉,捕捉潜在信息,发掘核心价值。以《我的叔叔于勒》为例,品析"对于叔叔回国这桩十拿九稳的事,大家还拟定了上千种计划"一句,扣住"上千种计划"发问:十年是多少天?几天一计划?这看似不经意的数字,能让学生强烈感受到家人对"叔叔"的苦盼。又如,品析"我父亲脸色早已煞白,两眼呆直,哑着嗓子说:'啊!啊!原来如此……如此……'"一句,教师可扣住两个"啊"字,要求学生朗读,让学生在对比中理解人物从惊恐到失望的心理变化。

2.精准的文本解读,能优化教学设计的框架走向。

文本解读决定了教学的走向,而解读的精度与准度,是决定教学设计优秀与否的关键因素。多数课文都有牵一发而动全身的"点",或一词、一句、一段,或开篇、结尾,若能深入而智慧地进行解读,就能依托巧妙的切入点精妙设计教学。以《唐雎不辱使命》为例,教学时,教师多从人物形象切入,而未能深入进行文本解读,因而难以品析出文章的精髓。结合文章的背景:春秋战国时期,列国间的角逐由争霸转为兼并,"合纵""连横"战略的成效决定着国家的存亡,涌现了众多成功的外交范例,这种宝贵的精神遗产值得深入挖掘。因此,教师可从"外交风云"切入,设计出"利诱——婉拒;威逼——抗拒;恐吓——抗争"的教学框架,展示这个时代外交上的惊心动魄,从而触动学生的心灵,最终达成教学的预期目标。

（二）选点之术

"选点"，即针对一篇文章的教学价值，根据教材和学情选择核心的教学价值、适宜的教学内容。"选点"至少涉及三个维度：第一，从学生角度来说，教学价值应定在学生知识的空白处、认知的模糊处、思维的发展处、能力的提高处、情感的爆发处。第二，从文本角度来说，教学价值应定在教材的编排意图上、文本恰当的主旨上、精彩的语言上、关键的词句上、突出的手法上。第三，从教学选择的方法来说，至少要经历三个层次：①确定核心教学价值。②确定支撑核心教学价值的教学内容。③落实教学内容。

适宜的教学选择能让教师事半功倍地达成教学目标，教学中的"选点"意识和能力，是语文教师成长的"必修之法"。

（三）巧问之术

提问是课堂教学的常规手段，设计问题的能力非常重要，但问得过浅、过空、过多、过碎的现象普遍存在，这就严重削弱了提问的效果。相反，有价值的问题是学生深入理解文本内容的钥匙，它不仅可以取代教师琐碎的分析，还能帮助学生准确抓住核心。

教师在设计教学问题时，要结合文本选取最能激发学生思维的"点"、最有价值的角度提问。当问之处，一定要细究深问；不当问之时，切不可絮絮叨叨。这就是"巧问"。比如，钱梦龙先生教《愚公移山》时，有这样一个经典提问：那个"遗男"姓什么？几岁了？他去移山，他的爸爸肯吗？这种"曲问"方式，角度巧妙，更能活跃学生思维，使他们深刻理解"遗男"之意。

（四）引导之术

"引导"既是一种教学方法，也是一门教学艺术。引导环节非常考验教师的知识水平、教学智慧，以及课堂驾驭的能力。课堂的"引导"包括点拨引导、拓展引导、链接引导。

所谓点拨引导，就是在新旧知识联结处，学习新知的关键处，学生的疑惑处、争议处、思维受阻处进行及时且精当的点拨引导，帮助学生走出思维困境，掌握规律。

所谓拓展引导，就是在知识的广度和深度上进行拓展学习训练，让学生举一反三。比如，教学《沁园春·雪》时，教师可以从长城、黄河、大山、高原的共性特征入手品析，引导学生感受祖国山河的恢宏气势，领会伟人的豪迈气概，再拓展教学毛泽东的其他诗歌片段，组织学生大声朗读，以强化学习效果。

所谓链接引导，就是依据教学内容，补充相关资料，连接社会与生活。语文就是生活，只有将生活融入语文教学中，语文才有生命力。对此，语文教师要关心社会、关心生活，面对丰富多彩且变化万千的生活，要拥有灵动的思维和敏锐的洞察力。比如在教学《纪念白求恩》时，当学生感受到了白求恩作为医生的职业精神之后，教师应再给学生补充白求恩不怵困难、不畏艰险的故事，以及"新冠"疫情防控期间以钟南山为代表的医护人员在危险面前舍生忘死的故事，这样学生便能深刻体会《纪念白求恩》一文及白求恩精神的现实意义。如此，就是将思想教育、情感教育与生活对接上了。

二、优化教学的"五术"

"术"这里取方法、策略之义。我所说的"五术"，是指五项具有鲜明语文特质的训练和活动,即读诵、概括、品析、讨论、仿写。这"五术"分别指向表达力、概括力、语言力、思维力和写作力,与教师的语文核心素养息息相关。

(一)读诵之术

1.朗读。

朗读是阅读的起点,是学生理解课文内容、提升语言能力、提升审美水平、发展智力的重要途径。语文课堂必须是书声琅琅的,朗读的形式多种多样,主要包括自由读、个别读、齐读、范读、分组读、轮流读、设擂读、分角色读等。

品析式朗读是教师最常用的,但效益并不好,根源在于教师对"朗读与教学相得益彰"的理解有限。为了解决这个问题,我们必须在深入解读文本的基础上,紧紧围绕教学目标,扣准最关键的朗读点,运用最合理的组织形式。比如,在教学《我的叔叔于勒》时,当"父亲"知道了于勒的落魄遭遇后,哑着嗓子说:"啊!啊!原来如此……如此……"这两个"啊"字,看似不经意,其实是学生理解人物心理活动的关键。教学时,教师不必在讲析上纠缠,可只让学生对比朗读,读出两个"啊"字背后人物不同的心理状态。学生很快就能感悟到:第一个"啊"字读第二声,是弄清真相后的巨大震惊和难以置信;第二个"啊"字读第三声,是跌入残酷现实后的深深失落。这两个"啊"字,并不是两个感叹词的简单重复,而是有其丰富含义的。这种体验式朗读教学的效果,是品析式朗读法所无法企及的。

2.背诵。

背诵是学生提升语言素养的关键途径,甚至可以说是捷径。

老舍先生说过:"只有入口成章,才能开口成章"。韩愈"自知读书,日记数千百言",茅盾能背《红楼梦》,巴金能背《古文观止》。

然而,我们的课堂似乎将背诵"丢弃"了:课堂上,不敢给时间背;课外,不屑给时间背;至于公开课上,背诵则基本绝迹。这直接导致学生的语言表达能力严重下滑。因此,在语文课内外,教师一定要合理安排背诵活动,让学生在背中思,在背中悟,在背中积累,在背中受熏陶。

(二)概括之术

概括是思维活动的一种,通过简述重点,让人在极短时间内了解文章的主要内容。《义务教育语文课程标准(2022年版)》要求:在通读课文的基础上,理清思路,理解、分析主要内容……

语文教学中的概括能力,是指把事物的共同特点归结到一起的能力,用简明扼要的语言(文字)将所读、所听的内容准确表达出来的能力,从现象中揭示本质的能力。其主要形式有概括文章(段落)的主要内容,概括中心思想,概括人物的行为情感、事物的特征、写作的特色等。

我认为,概括能力是思维与表达的融合体,它直接决定了学生的阅读水平。当前,学生的概括能力普遍偏弱,对阅读题有一种无形的畏惧,就是因为教师在教学中忽略了对学生概括能力的培养,特别是对概括的准度与精度要求不高。

概括能力是超越语文的,它在所有学科以及生活与交际中都尤为重要。那么,如何提升学生的概括能力呢?一是训练要扎实,如复述故事、概括句意(段意)要力求到位;二是指导要得法;三是纠偏补正要及时，解决学生训练中完全复述、摘句不归纳、信息提取不全、以偏概全、表达不清等常见问题，培养学生以最快的速度、最精准的语言进行归纳概括的能力。

（三）品析之术

阅读分语言的阅读和文章的阅读两种，二者的根本区别是：语言的阅读目的在于弄清楚为什么要用这样的语言形式表达这样的内容，而文章的阅读目的在于了解文章的思想内容。因此，在语文课堂上，教师要特别重视语言的品析。比如，教《荷花淀》"夫妻对话"一段时，著名特级教师洪镇涛和程少堂都对"怎么了，你"一句进行了品析：洪镇涛先生在标点符号的运用上进行了品析，程少堂教授就"你"的作用进行了品析。总之，他们在教学过程中都牢牢抓住了语言形式这个点。

我认为，品析可以从多个角度进行，如修辞手法、表现手法、句式特点、思想感情等；可以运用多种手法，如加一加、减一减、换一换、联一联、比一比、读一读、说一说等；还可以开展多种学习活动，如辩论、演唱、观看视频、想象画面、表演课本剧等。教师要善于运用"组合拳"方式组织学生进行品析。比如，在教学《声声慢》一课，品析"守着窗儿，独自怎生得黑"一句时，我便采用了朗读、对比与链接的"组合拳"：先让学生反复朗读体会，再让学生对比范仲淹词"明月楼高休独倚，酒入愁肠，化作相思泪"中的"倚"字，最后链接歌曲《寻》。通过运用这一套组合拳，让学生从"守"字切入，理解全句、全词，将情感推向高潮。

（四）讨论之术

《义务教育语文课程标准（2022版）》指出，学生应"对课文的内容和表达有自己的心得，能提出自己的看法，并能与他人合作，共同探讨、分析、解决疑难问题"。课堂中的学习讨论（包括生生讨论、师生讨论）指向思维和合作能力，讨论成果的交流则指向表达水平。

洪镇涛先生教学《荷花淀》，品析"夫妻话别"情节中的"你走，我不拦你。家里怎么办"一句时，组织学生讨论："我不拦你"后面的句号，改为逗号行不行？由此让学生深刻体会到：打仗是国事，"我不拦你"，这是基本前提；只不过"家里怎么办"这个现实问题，也须商量一下。学生自然就能理解人物鲜活的个性及其思想境界了。

又如，教学《我的叔叔于勒》时，教师可设计问题："你憎恶菲利普夫妇吗？"这个问题有很高的讨论价值，"憎恶"与"不憎恶"都各有其理："憎恶"是在深刻理解作品主旨基础上的价值认同，"不憎恶"是在深入了解人物艰难生活背景基础上的理解、体谅。这种具备较强思辨性的问题，不仅能激活学生的思维，引爆学生的情感，还能对学生开展润物细无声式的健康价值观教育。

（五）仿写之术

写作技法不胜枚举，每一种技法都是由无数前人的心血凝结而成的。然而，要想在中小学阶段通过"作文专题课堂"悉数教之，按教时算，做不到。诸多技法在理解和操练上并不难，不用"小题大做"、浪费时间，而只须在阅读教学中进行渗透指导，再予以仿写训练即可。针对课内文段的写作手法，及时仿写，依读导写，以写促读，对于阅读教学尤为重要。

比如，教学《背影》时，就"父亲买橘"片段，教师可花10分钟引导学生学习"慢镜头"细节描写手法；教学《白杨礼赞》时，可要求学生以先抑后扬的手法写"校园青松"；教学《驿路梨花》时，则可让学生以设置悬念的手法写"发生在公交车上的故事"。如此现学现卖，定能事半功倍。

综上所述，语文教师要不断修炼研读、选点、巧问、引导这"四艺"，恰当运用读诵、概括、品析、讨论、仿写这"五术"，从而大幅提高教学质量。

下篇

"三微"课例

七年级上册

《春》：不妨读一读

微解读

朱自清1933年发表的《春》是中国文学史上的经典散文，数十年来从未在中学语文教材上缺席过，足见其引人注目的文学魅力。

本文的教学价值众多，如在语言品赏、主旨解读、写法借鉴等方面都有可以挖掘的点。然而，鉴于目前语文课堂讲析过多、体验过少的现状，我立足于语文教学的本质，确定了本文不容忽视的教学选点——语言。

朱自清用极具魅力的语言描绘了一个生机勃勃的春天，赞美了春天带给人们无限希望。

文中诗化的语言极富抒情色彩，优美飘逸、热情洋溢，能让读者沉醉于美妙的春的世界。

全文运用了大量的拟人、比喻和叠词，极富语言表现力，节奏明朗、情绪欢快，能让读者沉醉于美妙的语言世界。

文中朴实清新、生动形象的口语，通俗易懂、活泼俏皮，容易引起读者强烈的情感共鸣，激发读者对春天的美好希冀。

正因为如此，《春》才作为经典朗读素材不断出现在各类教材中，活跃在朗读比赛、晚会节目、普通话测试，甚至户外朗读活动之中！

读书百遍，其义自见。学习此文，不妨就来读一读。

微设计

1. 梳理文章结构。

教师指导学生简单梳理全文结构。（明确盼春、绘春、颂春三个部分，或者归纳为春草、春花、春风、春雨、迎春五幅图画。）

2. 开展朗读活动。

（1）朗读情境创设阶段：即将开展校园朗读竞赛，我们为此而精心准备。

（2）共同研读阶段：4人一小组，逐字、逐句、逐段反复琢磨，应该读出什么语调、什么节奏、什么情感？

（3）师生展、评、导阶段：

①按照文章的结构，各小组依次展示朗读。

②各小组互评，再次朗读。

③教师适时对关键字、句、段进行示范朗读。

④学生推荐两位最佳选手，进行朗读对抗赛。

⑤全班欣赏《春》的朗读视频。

教师朗读指导示例：

●盼春部分，朗读两次"盼望着"时，中间不停顿，语调逐渐上扬。"春天的脚步"后面用强调性停连，读出欣喜之情。

●绘春部分，"朗润起来""涨起来""脸红起来"等富有个性的语言，要读出层次感。"春草段"的朗读要注意节奏的变化，"坐着，躺着"是中速运动，"打两个滚，踢几脚球，赛几趟跑，捉几回迷藏"要越读越快，露出陶醉于春景的样子。"春花段"的朗读要抓住拟人和比喻部分加以强调，突出"春的闹""春的色"。"春风段"的朗读要突出听觉方面的感受。"春雨段"中"像牛毛，像花针，像细丝"的朗读，要有声调起伏。

●颂春部分，朗读时要注意三个比喻在层次上的差异，前两句的结尾语调需上扬，最后一句用正常语调即可；语速不必过快，作为全文的文尾，一定要"压得住"。

3. 朗读实践活动。

学生利用双休日，自行组织，自备资源，到户外录制《春》的朗读视频。

微点拨

1. 结构梳理环节，可以训练学生的归纳概括能力，但不作为本课教学重点，故教师可用自己喜欢或擅长的方式，花较短的时间梳理即可。设置此环节可以为后面的朗读活动打基础。

2. "共同研读阶段"非常重要，要发挥学生的合作学习优势，帮助他们提升自我。在组织上，要有激励机制，留给学生的时间要充分。

3.在"师生展、评、导阶段",教师的指导要细致,确保学生有明显的进步。在最佳选手的对抗赛中,要选读得最好的学生;组织欣赏朗读视频,要选好的示范材料。这样才能让高质量的朗读真正打动学生,提高学生的审美能力,激发学生的朗读欲望。

4.朗读视频的录制,可以帮助学生将语文融入生活,提升语文实践素养,激发学生对语文、对自然、对生活的热爱之情。

《济南的冬天》：虚实结合，情景交融

微解读

《济南的冬天》是一篇充满诗情画意的散文，作者老舍紧紧抓住济南冬天"温晴"的特点，描述出济南的动人冬景。"温晴"，似乎是这篇课文公认的教学切入点。

《济南的冬天》最为精彩之处，是景物描写：色调之和谐、层次之明晰、远近之错落、虚实之交错……实在是写景散文的经典范例。我认为，可以充分利用《济南的冬天》这一课指导学生写作。不过，文中可供学习的写景技法实在太多了，我只取其最为突出的一个点——"虚实结合，情景交融"来组织学生学习与训练。

微设计

1. 请学生朗读课文第4段。

2. 教师讲析。

这段文字运用了虚实结合的写作手法。虚实结合就是把抽象的述说与具体的描写结合起来，或者把眼前的现实生活与回忆、想象结合起来。清代唐彪在《读书作文谱》中曾精辟地说道："文章非实不足以阐发义理，非虚不足以摇曳神情，故虚实常宜相济也。"

3. 学生训练一：请学生画出本段中虚写的句子，并朗读3遍。

最妙的是下点儿小雪呀。看吧，山上的矮松越发的青黑，树尖儿上顶着一髻儿白花，<u>好像日本看护妇</u>。山尖全白了，<u>给蓝天镶上一道银边</u>。山坡上有的地方雪厚点儿，有的地方草色还露着；这样，一道儿白，一道儿暗黄，<u>给山们穿上一件带水纹的花衣；看着看着，这件花衣好像被风儿吹动，叫你希望看见一点儿更美的山的肌肤</u>。等到快日落的时候，微黄的阳光斜射在山腰上，<u>那点儿薄雪好像忽然害了羞</u>，微微露出点儿粉色。<u>就是下小雪吧，济南是受不住大雪的，那些小山太秀气了</u>！

4. 教师小结：虚实结合的写作方法。

写作心态：写作莫赶急，有话慢慢说。

写作方法 { 实：看到什么/听到什么/闻到什么/触到什么/有什么特点

虚：像什么/联想到什么/感悟到什么/回忆起了什么/幻觉和错觉

5. 学生训练二：请欣赏下面虚实结合的例句。

（1）春天，树叶开始闪出黄青，花苞轻轻地在风中摆动，<u>似乎还带着一种冬天的昏黄</u>。

（2）水珠子从花苞里滴下来，<u>比少女的眼泪还娇媚</u>。

（3）<u>月光如流水一般，静静地泻在这一片叶子和花上。</u>薄薄的青雾浮起在荷塘里。<u>叶子和花仿佛在牛乳中洗过一样，又像笼着轻纱的梦。</u>虽然是满月，天上却有一层淡淡的云，所以不能朗照；但我以为这恰是到了好处——酣眠固不可少，小睡也别有风味的。月光是隔了树照过来的，高处丛生的灌木，落下参差的斑驳的黑影，<u>峭楞楞如鬼一般；</u>弯弯的杨柳的稀疏的倩影，<u>却又像是画在荷叶上。</u>塘中的月色并不均匀；<u>但光与影有着和谐的旋律，如梵婀玲上奏着的名曲。</u>

（4）雪野中有血红的宝珠山茶，白中隐青的单瓣梅花，深黄的磬口的蜡梅花；雪下面还有冷绿的杂草……<u>但我的眼前仿佛看见冬花开在雪野中，有许多蜜蜂们忙碌地飞着，也听得他们嗡嗡地闹着。</u>

（5）白日依山尽，黄河入海流。<u>欲穷千里目，更上一层楼。</u>（感悟的哲理）

（6）君问归期未有期，巴山夜雨涨秋池。<u>何当共剪西窗烛，却话巴山夜雨时。</u>（想象的场景）

6. 学生训练三："虚写"填写。

（1）天儿越晴，水藻越绿，就凭这些绿的精神，水也____；况且那长枝的垂柳还要_____。（《济南的冬天》）（不忍得冻上；在水里照个影儿呢）

（2）桃树、杏树、梨树，_____，都开满了花赶趟儿。_____。花里带着甜味儿；闭了眼，_____。（《春》）（你不让我，我不让你；红的像火，粉的像霞，白的像雪；树上仿佛已经满是桃儿、杏儿、梨儿）

7. 学生训练四：片段写作。

（1）学生写"露珠"片段。

（2）教师点评及展示下水范文。

微点拨

1. 在朗读环节，教师要组织学生朗读到位，不能走过场。

2. "教师讲析"环节和"学生训练一"环节、"教师小结"环节是一个整体，教师要引导学生深入理解什么是"虚实结合"。节奏不能太快，要让学生真正理解。

3. "学生训练二"环节可以进一步加深学生对"虚实结合"的理解。

4. "学生训练三"环节、"学生训练四"环节是组织学生进行"虚实结合"实践运用，教师一要把控好训练时间，二要关注学生的写作过程，三要对学生的成果点评到位（强调写作方法：写实之景—初级想象—纵深想象）。

（附"露珠"片段写作教师下水范文示例：在一个早春的清晨，一截枯枝上挂着两滴晶莹的露珠，那是母亲思念游子的双眼，那是春姑娘遗落人间的珍珠耳坠，那是大树母亲挽留落叶的泪滴。）

（本篇作者　张洁）

《秋天的怀念》：人约菊花后

微解读

有人曾说，世界上最动听的声音便是母亲的呼唤。《秋天的怀念》一文将母子情感演绎到了极致！其动人之处，不仅仅在于浓浓母子情，更在于这母子情因为人生的变故而处于失衡的错位状态。

本文课后"思考探究"和"积累拓展"涉及的知识点、能力点以及学习方式都极为精彩，从任意角度切入均可演绎出较好的教学设计，这也是比较常规的做法。

但我发现，文中的菊花在谋篇和抒情方面，作用非常关键。全文在结构上以菊花为线索，在情感上以菊花为寄托，表达了作者对母亲的深切怀念。然而，菊花之约很不顺利，总是"错过"：第一次母亲约"我"看菊花，被我拒绝；第二次母子约定看菊花，因母亲发病中止计划；第三次和妹妹看菊花，母亲却已不在人世。这种错位艺术在文学作品中很常用,它将史铁生对母亲深切的爱和怀念,以及"子欲养而亲不待"的悔恨表现得淋漓尽致。因此,从菊花切入,将"人与菊花的错位"作为研讨的重点,或许是全新的尝试。

微设计

1. 深入探究,理解错位艺术。

(1)菊花是贯穿全文的线索,让学生自读课文,简要概括三个与菊花相关的情节。

(2)品读第一次菊花之约。

①讨论句中的隐含信息。

【屏显】

"听说北海的花都开了,我推着你去走走。"她总是这么说。

讨论一:从母亲"总是这么说"中,你看出了什么?(母亲非常希望我去北海看菊花。)

讨论二:"走走"后面是用句号好,还是用问号、感叹号好?试着朗读,并说说你的理由。

师过渡:这样的母爱,"我"是怎样回应的呢?

②请学生朗读母子对话,注意读出人物的心理状态。

【屏显】

"听说北海的花都开了,我推着你去走走。"

"不,我不去!"

"我可活什么劲儿!"

"咱娘儿俩在一块儿，好好儿活，好好儿活……"

师点拨：母亲"忍住哭声说"，在这里，"忍住"的仅仅是哭声吗？她还忍住了什么？（委屈、疼痛……）

③师述：母亲约"我"去看菊花，"我"拒绝了！从表面来看，"我"拒绝的是看菊花，实质上"我"拒绝的是母亲的爱，拒绝的是与母亲的情感交流，拒绝的是积极生活。

组织学生讨论：结合全段，对于"我"的暴躁、过激行为，你如何评价？（评价可从多个角度展开，可表示理解，也可提出批评。）

（3）品读第二次菊花之约。

①朗读第3段（点三个同学，两个读对话，一个读叙述语）。

②学生点评，试读提升。

③重点朗读"哎呀，烦不烦？几步路，有什么好准备的！"

提示：请读出人物的心理状态，并关注"她也笑了"中的"也"字。

指导："哎呀"要延长声音，"烦不烦"要降调。

④师述：这次相约去看菊花，看似要成行，但结局是因病未成行。

重点品析"她又悄悄地出去了"这句话有什么作用？（内容上呵护敏感的心、结构上承上启下。）

（4）品读第三次菊花之约。

①请3~5位学生有感情地朗读这段话。

②讨论：北海看菊花终于成行，猜测一下"我"和妹妹在北海看菊花时是怎样的心情？请陈述理由。

③一般来说,写作要情景交融。既然缺少母亲的北海之行是令人遗憾的、令人悔恨痛苦的,那么该段中的写景是不是有点儿问题?对比原文与改文,你是不是觉得改文更符合人物心情?

原文:黄色的花淡雅,白色的花高洁,紫红色的花热烈而深沉,泼泼洒洒,秋风中正开得烂漫。

改文:黄色的花淡雅,白色的花高洁,紫红色的花沉静而深沉,秋风中<u>寂寞地摇曳</u>。

(此问有点儿难,教师应适时提示学生,需要结合母亲未说完的话来理解——以花朵的热烈、深沉象征母亲坚强的品格,作者从中感受到了生活的美好,获得了活下去的勇气。)

④品析重点句"我懂得母亲没有说完的话。妹妹也懂。"

讨论:母亲没说完的话是什么?(好好地活,热爱生活……)

小结:和母亲的菊花之约,终未成行。母亲去世了,"我"和母亲永远错过了菊花之约!

板书

母亲约"我"看菊花,"我"拒绝。　　　——错过!
和母亲约好去看菊花,因母亲发病中止计划。——再次错过!
母亲去世后,和妹妹一起看菊花。　　　——永远错过!

【屏显】

教师自创诗歌:

> 错过了北海的菊花,
> 错过了淡雅的芬芳,
> 错过了你的慈爱你的呵护,
> 错过了你的温柔你的牵挂。

在北海的菊花丛中，

我猛然清醒，

我错过的，真的永远错过了！

过渡：文章就是通过这种错位艺术将"子欲养而亲不待"的悔恨表现得淋漓尽致。

⑤拓展课外资料。

2. 连接生活，讲述错位故事。

询问学生在生活中是否也有过类似令人悔恨、刻骨铭心的"错过"故事，请自愿分享的学生讲给大家听。

微点拨

1. 在"品读第一次菊花之约"环节，关于对"我"的评价，教师要引导学生站在一个病人的角度客观全面地去理解；对"母亲的反应"，不能局限于她的动作和语言，而要深入母亲的内心情感去理解。这个环节要组织好人物对话的演读。

2. 在"品读第二次菊花之约"环节，教师要引导学生把握人物的动作神态，深刻体会细节的魅力，虽然是阅读理解，教师也可在写作方面予以适当的点拨。

3. 在"品读第三次菊花之约"环节，教师要做好对母亲生前那句"好好儿活"的深度解读，进一步深化主题。

4. "连接生活，讲述错位故事"环节，是将语文与生活对接，教师要引导学生从"错过"的故事中获得新的感悟，强化情感教学。

《散步》：渲染的手法

微解读

　　莫怀戚的《散步》一文，写的是一件简单得不能再简单的事——散步。全文不足700字，截取的只是生命长河中的一个小小片段，但文章感人至深，何也？究其原因，是其运用了精妙的渲染手法，引导我们慢慢地享受过程，享受美丽，享受亲情。全文从人的渲染、景的渲染、情的渲染、理的渲染四个方面将渲染的效果发挥到了极致。

　　一是人的渲染。文章开头"我们在田野上散步：我，我的母亲，我的妻子和儿子"一句，中间用逗号，是作者有意为之，目的是渲染散步的人，表示一个个亲人都很重要，一家人亲密无间。

　　二是景的渲染。《散步》中有两处景物描写，即"这南方的初春的田野！大块儿小块儿的新绿随意地铺着，有的浓，有的淡；树枝上的嫩芽儿也密了；田里的冬水也咕咕地起着水泡儿……这一切都使人想着一样东西——生命。""那里有金色的菜花、两行整齐的桑树,尽头一口水波粼粼的鱼塘。"这两段看似简短的景物描写,实则是恰到好处的渲染,蕴含着美妙的意境和深刻的哲理。具体来说,第1段景物渲染,那铺新绿、嫩芽密、水起泡的精彩点染,让我们感受到了初春勃勃的生命力,体会到了作者"母亲又熬过了一个严冬"的那份庆幸,以及对母亲深深的情感;第2段景物描写,那"金色的菜花""整齐的桑树""水波粼粼的鱼塘",正是因为这些有趣的景色吸引了儿子,才让儿子有了"走小路"的想法。这段景物描写不仅让故事的发展在逻辑上顺理成章,字里行间更流露出作者对生活的热爱、对生命的珍爱。

三是情的渲染。文中第6段,"一霎时,我感到了责任的重大,就像领袖人物在严重关头时那样。我想找一个两全的办法,找不出;我想拆散一家人,分成两路,各得其所,终不愿意。我决定委屈儿子了,因为我伴同他的时日还长,我伴同母亲的时日已短。我说:'走大路。'"这段心理渲染,让人感受到了一个至情至性的男人的心理活动。走大路还是走小路之间存在小小的分歧,竟然让人感到责任重大?一家之主做个这样小小的决定,还需要反复掂量吗?作者莫怀戚在《〈散步〉的写作契机》一文中说:"为了突出'责任感',特意改造出歧路之争,由我裁决,不能两全这个重要细节。事实是有歧路,无争执——祖母宠孙子,一下子就依了他。但不加改造,无以产生表现力。"从这里可以看出,作者在《散步》一文中改变了故事的真实性,目的就是渲染矛盾,表现出自己的责任感与亲情感。这远比真实的故事更有情趣!

四是理的渲染。《散步》虽是一篇写生活琐事的文章,但是文章最后一句,将全文推向了全新的高度。"但我和妻子都是慢慢地,稳稳地,走得很仔细,好像我背上的同她背上的加起来,就是整个世界。"这句话含义深刻,作者通过设计"背小的,背老的;将整个世界背起来",以轻衬重,写出了作者作为中年人的使命感和责任感,突出了中华民族传统美德"尊老爱幼"的重大意义。"我"背上的是生命的源头,妻子背上的是生命的延续。生命的源头加上生命的延续就是整个世界。

综上所述,适时地在文章"紧要处"进行精当渲染,而不急于告知读者事情的完整经过或者结局,可以让文章的节奏慢下来,在"慢慢说话"中呈现自己的情思与文采,更容易写出打动人心的文章来。因此,教学《散步》一文,从写作的渲染手法切入,或许是个很好的选择。

微设计

1. 学生自读课文,简要复述故事。

2. 品析"我们在田野上散步:我,我的母亲,我的妻子和儿子"一句。

(1)讨论:句中理当用顿号却用了逗号,可不可以改过来?

(2)请两个学生朗读,要求读出味道。

小结:渲染散步的人,展示了一家人的亲密无间。(板书:人的渲染)

3. 欣赏景物描写的段落。

(1)请学生找出景物描写的两个段落。

（2）朗读活动。

第一步：请学生朗读，要求读出关键词语的重音。

第二步：请学生点评，师生合作得出结论。

（3）说话活动。请按照"我从 ___ 一词中，读出了_____的味道"句式说话。

小结：景物渲染的作用。（板书：景的渲染）

4. 讨论活动。

"一霎时，我感到了责任的重大，就像领袖人物在严重关头时那样"一句是不是过于夸张？一家之主做个这样小小的决定，还需要反复掂量吗？谈谈你的理解。

结论：心理渲染的作用。（板书：情的渲染）

5. 说话活动。

"但我和妻子都是慢慢地，稳稳地，走得很仔细，好像我背上的同她背上的加起来，就是整个世界。"这句话含义深刻，请结合生活实际，谈谈你的理解。

结论：写出了作者的使命感，突出了"尊老爱幼"的重大意义。（板书：理的渲染）

6. 写作活动。

（1）教师小结写作方法：我们从《散步》中领略到写作的一个技巧，那就是不必急于告知读者事情的完整经过或者结局，而要适时地在文章"紧要处"进行精当渲染，这样，你的文章才能打动人心。

（2）片段写作训练：请以"他来了"为题写300字左右的短文，要求运用渲染手法。

（3）师生共同点评。

总结：我们的写作切莫急于求成，要在文章的"紧要处"进行合适、准确、巧妙的铺垫或渲染，用一种"秀"的心态，秀你的笔法，秀你的情感，秀你的细腻，秀你的敏锐，秀你的深刻。

微点拨

1. 在"学生自读课文，简要复述故事"环节，一定要让学生读到位、说到位，不能走过场。

2. 在品"人的渲染"环节，要通过开展朗读活动引导学生体会标点的妙用。

3. 在品"景的渲染"环节，教师不可进行过多分析，而是要给予学生朗读和发言的机会，引导学生在自主讨论中体会景物描写的作用。

4. 在品"情的渲染"环节，教师要从无疑处找到疑惑，激活学生的思维，让学生理解到一个中年男人的责任心。

5. 在品"理的渲染"环节，教师要注意组织学生将语文与生活进行对接。

6. 在写作环节，教师要让学生学会使用渲染的手法，充分发挥文本的写作价值。这个环节的点评也很重要，因为点评是结合学生的当堂写作展开的进一步指导。

（本篇作者　温娟娟）

《咏雪》：一门书香

微解读

《世说新语》是一部志人小说集，通过人物独特的言谈举止写活了人物，独具魅力。鲁迅先生曾以"记言则玄远冷隽，记行则高简瑰奇"概括它的艺术成就。

《咏雪》是其中一篇，情节展示、人物刻画甚是巧妙。它通过谢家儿女咏雪一事，透露出谢家家庭生活中独有的雅趣和文化氛围，表现了谢道韫的文学才华和聪明机智。特别是谢太傅的"大笑乐"，细节描写生动，耐人寻味。因此，从小说角度切入教学，让学生真切体会谢家独特的家风，当是合宜的教学选点。

附带说明一点，文中"撒盐空中"和"柳絮因风起"的优劣对比是众多课例的重要教学选点，我认为这里只要按照教材要求进行"思考探究"即可，不用过度分析。一是因为盐、絮这两个喻体在不同的情境下均有其形象的合理性，七年级学生难以深入理解、评判；二是我们更应该引导学生借助文末"即公大兄无奕女，左将军王凝之妻也"一句去理解小说的补叙效果，否则有舍本求末之嫌。

微设计

1.了解文中出现的几个历史人物。

（1）谢太傅：谢安，东晋宰相。

（2）兄子胡儿：谢朗，谢安侄儿，谢家才子。

（3）兄女：谢道韫，谢安侄女。东晋三大才女之一，因"咏絮之才"被后人写进《三字经》里："蔡文姬，能辩琴。谢道韫，能咏吟。彼女子，且聪敏。尔男子，当自警。"

（4）王凝之：谢道韫的丈夫，书法家王羲之的儿子。

●阅读链接：唐代刘禹锡的《乌衣巷》

朱雀桥边野草花，乌衣巷口夕阳斜。旧时王谢堂前燕，飞入寻常百姓家。

王谢：王导和谢安两个晋朝宰相。王谢两家历经五个朝代，是显赫的世家大族。另外，王导、谢安和王羲之一样，都是著名书法家。

2.讲论文义。

根据课文内容，请学生回答："寒雪日内集"，这个世家大族在家庭内部聚会时，会做些什么呢？

●阅读链接：谢安的家庭教育

谢安经常组织谢家子侄们进行家庭研讨，吟诗作赋，出题考查。同时，他十分注重开阔子侄眼界，时常创造机会让他们直接与高官、名士进行高峰对话。在谢安的言传身教下，子侄辈的谢玄、谢朗、谢韶等都成为名士，侄女谢道韫更是东晋三大才女之一。

3. 讨论。

"公大笑乐"，他为何而笑？（为孩子们的成长、家庭的学习氛围而欣慰；对谢道韫的赞赏等。）

4. 探究。

结合自身经历，谈谈家庭文化对自己的熏陶教育。

微点拨

1. 文中几个历史人物的介绍很容易被忽视，然而这是深入文本、理解文本的关键，能拓宽学生的知识面。特别是唐诗《乌衣巷》，它能让学生将所学的知识融会贯通。

2. 关于家庭聚会内容的探究，目的是让学生体会到家庭教育和家庭文化的重要性，引导学生养成积极的学习方式和健康的生活方式。

3. "公大笑乐"的讨论要有深度，要多多组织学生发言，让学生深刻理解谢太傅为什么笑。

4. 在"探究"环节，教师要引导学生将知识与生活对接，鼓励学生结合自身经历形成正确的人生观。

《陈太丘与友期行》：七岁元方

微解读

《世说新语》是小说集，因而从人物分析的角度进行选点教学是合理的。有教师说，《咏雪》的"无奕女"谢道韫和《陈太丘与友期行》的元方都是学生走近《世说新语》的引路人，这话说得很有道理。

元方的性格是鲜明的，学生理解起来并不难。我觉得，教学本文的关键并不是简单、机械地概括归纳元方的性格，而是要让元方这个人物走进学生的心中，使学生得到思维的启迪、品质的熏陶。

为达此目标，教师除了要组织学生反复朗读、讨论、评价之外，还应让学生置身真实生活场景之中，将自己与元方进行对比，帮助学生更深刻地感受到年仅七岁的元方是那样的聪明过人和爱憎分明。

微设计

1. 学生对照注释自读课文，同桌共同学习，解决重点字词。（期行/日中/舍去/尊君/家君/引/顾）

2. 学生熟读全文。

3. 归纳讨论元方的性格特征。（聪明机智、爱憎分明）

4. 探究讨论。

（1）假设你处于同样的情境，请合理推测，作为初中生的你会怎么说？

（2）与元方比，你在处理问题上有什么不足？

教师根据实情，可适时提示学生从元方的表达能力方面思考。（思维清晰，表达有条理；有理有据地指出别人"无信""无礼"。）

教师：①强调元方年仅七岁！②指导学生做笔记：本文选自刘义庆小说集《世说新语》中的《方正》篇，其主要记载人物言语、行动、态度等方面表现出来的正直品质。

微点拨

1. 组织学生对照注释自学、自读要落实到位（给予的时间要充足、检查要细致）。由于原文文字并不晦涩难懂，所以学生完全有能力自主完成，教师要防止出现灌输与包办的行为。

2. "归纳讨论元方的性格特征"环节并不难，教师应该给学生足够多的发言机会。

3."探究讨论"作为重点研讨环节,教师要尽量多让学生发表自己的看法,这样做让学生不仅可以更深刻地感受到元方的聪明过人,还可以将语文与生活打通。

《〈论语〉十二章》:从"下问"到"切问"

微解读

《论语》是儒家经典著作之一,记录了孔子及其弟子的言行,集中体现了孔子的政治主张、伦理思想、道德观念及教育原则等。其思想内容、思维方式与价值取向对中华民族文化素养的形成产生了重要的影响。

关于《论语》的教学,我调研了近百位一线教师的教学设计,他们基本上都是从背诵朗读、句意讲析、道理阐述等方面组织教学,以致教师教得无味,学生学得枯燥。

《论语》共有20篇,出现了100多个"问"字,可见"问"也是其精神内核之一。我们最为熟知的有"敏而好学,不耻下问""博学而笃志,切问而近思",还有一些比较经典的,如"子入太庙,每事问""以能问于不能,以多问于寡""君子有九思……疑思问，忿思难，见得思义"等。

因此，我从"问"切入教学的做法，或许能对一线教师灵活处理《论语》有所启发。

微设计

1. 请大家欣赏复旦大学校训——博学而笃志，切问而近思。
2. 教师引导。

20篇《论语》中一共出现了100多个"问"字，可见"问"是其精神内核之一。我们最为熟知的有"敏而好学，不耻下问""博学而笃志，切问而近思"。

请大家结合相关资料，理解这两句话。

3. 学生质疑理解。

教师：有没有不懂的字词？如果没有，请用白话文解释这两句。

"敏而好学，不耻下问"：天资聪颖而又好学的人，不以向地位比自己低、学识比自己差的人请教为耻。

"博学而笃志，切问而近思"：博览群书广泛学习，而且能坚守自己的志向，恳切地提问，多考虑当前的事、与自己的实际情况密切相关的事情。

教师小结：从"下问"到"切问"。

4. 阅读链接。

（1）李时珍向樵夫学习的故事。

（2）宋濂冒雪访师的故事。

5. 学生记忆背诵并自行默写这两句。

6. 学生深入讨论。

教师：请同学们就这两句话，谈谈自己生活或学习中与之相关的某次经历。

7. 拓展。

（1）子入太庙，每事问。（《八佾篇》）

（2）以能问于不能，以多问于寡……（《泰伯篇》）

（3）君子有九思：视思明，听思聪，色思温，貌思恭，言思忠，事思敬，疑思问，忿思难，见得思义。（《季氏篇》）

活动第一步：请学生按照孔子"问"的理念，就不懂的字词提问。

活动第二步：请学生课外查找资料，说说以上三句话的相关故事。

微点拨

1. 复旦大学校训展示环节，能激发学生的学习兴趣，帮助学生树立远大的志向。

2. "学生质疑理解"环节重在引导学生自主学习，这是学习文言文的重要方法，不能忽略。

3. "阅读链接"环节主要是强化学生对"问"的重要性的认知。

4. "学生深入讨论"环节是重点，教师一定要组织学生联系自己的学习和生活积极发言，参与的同学不能少于15位。

5. "拓展"环节可以加深学生对《论语》中"问"的理解;让学生讲讲相关的故事,可以提高学生的学习兴趣。

《纪念白求恩》：对比的力量

微解读

《纪念白求恩》高度赞扬了白求恩伟大的国际主义精神、毫不利己专门利人和对技术精益求精的精神。毛主席在文章末尾号召全党向白求恩同志学习。正是因为这篇文章，"白求恩精神"成为一种信仰，是中国人民乃至全世界人民的宝贵精神财富。

有人说，毛泽东的《纪念白求恩》不仅是红色经典的代表作，也是文章学的典范。的确，《纪念白求恩》中浅显生动的语言、挥洒自如的文笔、灵活多样的句式、清晰严谨的论证、凌厉恢宏的气势，吸引了许多人反复阅读，对照自己，提升觉悟。

作为一篇纪念性文章，《纪念白求恩》不仅颂扬了白求恩精神，还批评了党内的不良倾向。《纪念白求恩》的震撼力、教育力如此强烈，原因之一是运用了鲜明的对比手法。白求恩"对工作的极端的负责任，对同志对人民的极端的热忱"，而"不少的人对工作不负责任""对同志对人民不是满腔热忱"；白求恩"对技术精益求精"，而"一班"人对技术"见异思迁"，"鄙薄技术工作"。文章第2段、第3段集中出现的对比手法，产生了极其出色的表达效果。

微设计

1. 学生活动一：默读课文第2段、第3段，填写下表（见教材）。

	对工作的态度	对同志、人民的态度	对工作的要求
白求恩			
不少的人			

2. 品析第2段。

过渡：白求恩大夫于1939年11月逝世，延安各界代表为其举行了追悼会。《纪念白求恩》是毛泽东为白求恩写的一篇悼文。既然是纪念白求恩的悼文，照理应该集中歌颂白求恩，那为什么第2段还有批评别人的话，而且语气如此强烈呢？

（1）全班一起朗读表扬白求恩的话，点一个同学读批评别人的话。

教师指导朗读，并指出文章口语化的语言特点，之后邀请学生用家乡话读。

（2）在第2段的"冷冷清清，漠不关心，麻木不仁"一句中，三个成语的意思相近，却一起连用，感觉重复，能否删除一个？能否调整顺序？（并不重复，不能删除，因为它们分别从情绪、态度、感觉等角度与白求恩同志构成了鲜明的对比；不能调整顺序，因为这三个词的程度是依次加深的。）

请两个学生朗读，要求语气读到位。

（3）对比以下两个句子，指出哪句好，并说明理由。

①从前线回来的人说到白求恩，没有一个不佩服，没有一个不为他的精神所感动。

②从前线回来的人说到白求恩，全都非常佩服，全都为他的精神所感动。

小结：双重否定句表达的情感更加强烈。

请学生朗读第一句，读出情感（注意节奏）。

（4）学生讨论交流。

回到先前的问题，老师觉得悼文不能这样写。删除这些批评人的话，老师觉得更为合理，你认为呢？请说明理由。（对比的力量）

再点两名学生朗读，一定要读出"温和"和"严厉"的对比味儿！批评的话，要严厉一点，再严厉一点！

3. 品析第3段。

（1）学生齐读第3段"这对于一班见异思迁的人……极好的教训"一句。

（2）背景拓展：当年在延安，有一些人只看重军事和党政工作，认为做这些工作才有意义、有前途，而对于技术工作则看不上眼。毛泽东在赞扬白求恩事迹的同时，针对这些错误的认识，予以批评教育，并号召学习白求恩精神。（国内的军事形势紧迫）

●小结：面对这种革命形势、政治形势，作为领袖的毛泽东，必须扭转这种局面，绝不和稀泥；一定要通过榜样的力量，肃清党内的歪风邪气。因此，毛泽东将批评的矛头明确指向党内的不正之风。这就是毛泽东的责任感、担当意识和不同于众人的气魄！

（3）白求恩的职业精神拓展。

过渡：白求恩是一个医生，除了医术精湛，他的职业精神也令人敬佩。

白求恩说过这样的两句话，一是在他病重时，他断断续续地说："凡是有……头部、胸部和腹部受伤的重伤员，一定……要叫我来做。"二是在生命的最后时刻，白求恩面带笑容地对周围的人说："请转告加拿大和美国人民，最近两年是我生平最愉快、最有意义的时日！"

小结：这就是一个医生的职业精神！除了对技术精益求精，还在危险面前舍生忘死！

（4）数据拓展。

截至2020年2月14日，世界上有33个国家和4个国际组织向中国提供了疫情防控医疗物资（韩国、日本、泰国、德国、英国、法国、意大利、匈牙利、俄罗斯、伊朗、埃及、澳大利亚、新西兰……）

截至2020年9月，我国已向世界卫生组织提供2批共5000万美元现汇援助，向32个国家派出34支医疗专家组，向150个国家和4个国际组织提供283批抗疫援助，向200多个国家和地区提供和出口防疫物资……

总结：白求恩精神传承到了今天，涌现出了钟南山院士、李兰娟院士、金银潭医院张定宇院长，以及一批批部队医生、援鄂医生、援欧援非医生等医护人员。这些人，拥有和白求恩大夫一样舍生忘死的职业精神；这些人，拥有和白求恩大夫一样的奉献精神。

微点拨

1. 默读填表环节是为了引导学生弄清文段中句子间的层次和句子表达的意思。这个环节比较基础，教师不要"走"得太快。

2. 在"品析第2段"教学环节，教师要以朗读带动教学（一定要特别落实好朗读教学，利用多形式的朗读帮助学生理解），扣住赞扬语和批评语的对比，扣住重叠词语、双重否定句，带领学生反复读、反复品。

3. "品析第3段"教学环节抓住不经意的一句话（"这对于一班见异思迁的人……极好的教训"），巧妙点明背景，帮助学生理解毛泽东批评有些人的必要性和紧迫性。然后，引入白求恩的职业精神，将学生对课文的理解上升到文化层面，引导学生认识到学习《纪念白求恩》一文的时代意义。这个环节教师可以拓展一些学生比较熟悉的人和故事，如钟南山、李兰娟，以及全国各地协同抗疫的感人故事，进一步强化民族精神的文化传承。

"语文即生活"，语文教学的一个重要内容就是引导学生关注生活、思考生活。当语文与生活巧妙对接后，学生不仅能深刻理解语言强大的表意功能，还能形成健康的世界观、人生观，掌握灵活而科学的思维方式。

《植树的牧羊人》：选择正确的事

微解读

　　《植树的牧羊人》节选自绘本《植树的男人》，作者是法国作家让·乔诺。该故事曾被改编为动画短片，并获得第60届奥斯卡最佳动画短片奖。教材中的选文展示了艾力泽·布菲老人的毅力和创造力，在35年里，他以一己之力与自然抗衡，改变了一个地区的生态。同时，文中宣扬了人与自然和谐共生的理念，折射出了作者尊重生命、敬畏自然的思想。

　　无论是从文章标题"植树的牧羊人"来看，还是从单元提示、课前预习、思考探究来看，都指引着教师引导学生认识到牧羊人是一个善良的人、无私的人、有毅力的人。事实上，大多数教师也都是这样实施教学的。

　　然而，由"牧羊人坚持35年只做一件事"这一事实，了解牧羊人的性格或形象，是极为容易的。何况文章最后一段也有明确的表述："每当我想到这位老人，他靠一个人的体力与毅力，把这片荒漠变成了绿洲，我就觉得，人的力量是多么伟大啊！可是，想到要做成这样一件事，需要怎样的毅力，怎样的无私……"这样的教学并不能深刻启迪学生。

如何将《植树的牧羊人》一文教出深度呢？

艾力泽·布菲55岁，以前"有自己的农场"，生活应该殷实。然而，天有不测风云，独子和妻子先后离他而去。在这种情况下，他该如何选择自己的生活？是囿于家庭不幸难以自拔，还是放眼世界重塑追求？无疑老人选择了后者！

阿尔卑斯山地海拔一千二三百米的一个废弃村庄的场景让他无比震撼：有房屋却已倒塌，有泉眼却已干涸，有教堂却已坍塌，虽然"狂风呼啸着穿过破房子的缝隙，像一只饥饿的野兽发出吼叫"，但是也能让人想象出当时人们生活的繁华景象。于是，他认为这地方缺少树；没有树，就不会有生命。于是他做了一个最正确的决定：动手种树！当老人用一根拇指粗的铁棍，安静孤单、锲而不舍地植树35年后，"昔日的荒地如今生机勃勃，成为一片沃土……人们生活得幸福、舒适。树林留住了雨水和雪水，干涸已久的地里又冒出了泉水……许多健康的男男女女，孩子们的笑声又开始在热闹的乡村聚会上漂荡。"与其说艾力泽·布菲老人改变了这个村庄沧桑的面貌，不如说他改变了这个地区的人文。

一个人做了什么固然重要，但他为什么这样做同样值得探究。老人为何有这样的毅力，根源在于他做了正确的选择！如果抓住"选择正确的事"这个教学切入点深入品析，我们就能体会到老人在做出人生选择时的思想境界，从而更加清晰地见识到老人的精神风貌，提升我们对生命和自然的认知。

微设计

1.说话活动。

默读全文，说说老人的身世状况。（本来有自己的农场，独子和妻子先后去世。）

2.品读课文第2段。

（1）感受阿尔卑斯山地村庄的特点。

（2）请学生朗读，读出感情。

（3）想象老人面对阿尔卑斯山地荒凉景象时的心理活动。

3.选择植树，他后悔吗？他是如何面对这件事的？请在文中找出依据。

预设：不后悔，并且锲而不舍地植树35年；态度是安静、一心一意。

（1）文中多次出现"静"字，请找出相关句子并朗读。

他的那条大狗也像主人一样，安静，忠厚，不张扬。

和牧羊人待在一起，让人心里很平静。

他选择了一个人生活，与羊群和狗做伴，平静地看着日子一天天地流走。

（2）品读第5段，将关键词画上记号。

讨论：艾力泽·布菲老人对待生活的态度是怎样的？

预设：通过表现牧羊人性格的细节描写，我们可以看出他是一个积极达观、生活严谨、勤劳坚韧、甘于寂寞的精致男人。

4.探究活动：艾力泽·布菲老人植树35年，你觉得值得吗？说说你的理由。

（1）品读课文倒数第2段。

（2）老师概述：文章由一个村庄的先后对比引申出自然环境、生态环境的保护意义，呼吁人们爱护环境、保护自然，不能无休止地攫取自然资源。

（3）阅读链接：全球气候变暖，阿尔卑斯山上冰川融化等相关资料。

微点拨

1."说话活动"教学环节从正文切入，要求学生先行默读全文。

2."品读课文第2段"教学环节，可以让学生了解主人公选择植树的地理背景，通过阿尔卑斯山地村庄的荒凉来突出植树的意义。在教学中，想象老人的心理活动很重要，教师要引导到位。

3."品读第5段"教学环节，通过把握细节描写让学生感受一个男人的"精致生活"，充分认识主人公的无悔选择。教学中，教师要引导学生多朗读、多说话。

4."探究活动"教学环节围绕一个能拓展学生思维的问题展开，补充的阅读资料能让学生进一步认识到保护环境的重要性和紧迫性。

《诫子书》：家书超万金

微解读

众所周知，诸葛亮是三国时期西蜀丞相，他德才兼备，将自己的一生都奉献给了蜀国。诸葛亮晚年得子，取名瞻，字思远，希望儿子能够"志存高远"。诸葛亮非常喜爱自己的这个儿子，但一直忙于国事，四处征战，跟儿子相处的时间不多，对儿子的成长充满了担忧。

公元234年，重病的诸葛亮在五丈原的军营里预感到自己时日不多，而日夜牵挂的儿子诸葛瞻才八岁。于是，他强撑着虚弱的身体，用颤抖的手写下了著名的《诫子书》。文章只有短短86个字，却字字珠玑，句句智慧。

文章开篇提出君子要"静""俭"，继而提出治学忌"躁"，最后要求儿子勤勉惜时。短短86个字间，一个深爱儿子的慈父形象鲜活可见；短短86个字间，一种参透人生的智慧跃然纸上。最可贵的是，他给儿子提出的要求，自己全都做到了。《诫子书》不仅是他对儿子的嘱托，也是他一生的总结，更是后人修身立志的行为准则和精神财富。

《诫子书》中的拳拳劝勉、谆谆教诲，对于今天的我们都有着深刻的现实意义。背下来、记在心里，视作我们的行为准则吧！

微设计

1.导入：展示多幅"静以修身，俭以养德"办公室字画照片。

师释：诸葛亮家书中的这句话，已成为无数人的行为准则。

2.学生活动一：学生自由朗读课文，并对照注释理解全文。

3.学生活动二：学生找出不懂的字词，师生共同解答。

4.学生活动三：背诵活动。

（1）教师引导。"诫"的意思是告诫、劝勉。本课的重点就是背下、记下这经典的劝勉之言。

（2）学生自由朗读，要求读出节奏感。

（3）分组齐读展示，看哪个组读得最好。

（4）学生自由背诵，教师抽查展示。

5.学生活动四：说话。

教师引导：杜甫的《春望》里有"烽火连三月，家书抵万金"一句，而诸葛的这封家书映照着历史文明的隧道，其对中华文明的价值，何止万金？请你就家书中"静"的观点，结合自己的生活或学习，谈谈你的体会。

6.拓展。

家书文化历来是传统文化殿堂中的珍奇瑰宝,历史上的著名家书还有哪些?你知道吗?请大家课外学习了解。

如颜之推的《颜氏家训》、唐太宗的《诫皇属》、包拯的《包拯家训》、朱柏庐的《朱子家训》、李毓秀的《弟子规》、曹操的《诸儿令》、郑板桥的《郑板桥家书》、曾国藩的《曾国藩家书》,特别推荐黄花岗烈士林觉民的《与妻书》。

微点拨

1. 本文言简意赅,学生借助注释并不难理解,故在教师教学中关于字词的教学、主旨的归纳,只蜻蜓点水般梳理一下即可。为了真正发挥本文的教学价值、社会价值,教师可以要求学生当堂背诵。

2. 教学的前四个环节全都是围绕背诵进行的,是本课的重点。

3. "学生活动四:说话"环节是为了引导学生联系生活思考,学以致用。

4. "拓展"环节是为了引导学生感受中华家书文化,开阔学生视野,因而教师要督促学生在课外落实。

(本篇作者 雷祖明)

《猫》：我们冤枉了谁

微解读

郑振铎的《猫》通过叙述一家人与三只猫之间的故事，真切表现了作者内心复杂的情感。"猫"为叙事明线，勾连全篇；内心感受为情感暗线，贯穿全文。三次养猫，三次亡失，作者感情跌宕起伏，一次比一次深挚。第一只猫活泼，却不幸死去，作者感到"一缕的酸辛"；第二只猫"更有趣""更活泼"，还能捕鼠、爬树，却被人"捉去了"，作者感到"怅然""愤恨"；第三只猫"难看""忧郁""懒惰"，却因为芙蓉鸟事件被冤枉赶走，以致陈尸屋脊，作者备受良心谴责。

对于这篇经典小说，我比较反对将课后"思考探究"中关于三只猫的"来历、外形、性情、在家中的地位、结局"的表格填写作为教学重点。因为从文本内容和主旨来说，它并不是重点；从思维层面来说，它仅仅处于信息搜集、感知内容的浅层，无法切入深层次的探究。

文章开头第一句"我家养了好几次的猫，结局总是失踪或死亡"奠定了全文的感情基调。仔细读完全篇，人们能真切地感受到郑振铎文学作品"轻笼的哀愁"的特点。因此，我认为本文的教学重点应该是引导学生深刻体会作者在三只猫亡失后的情绪情感。特别是第三只猫，作者不惜用大量的细节描写这只猫蒙冤和受"虐待"的经过。当芙蓉鸟被吃之后，作者叫道："一定是猫，一定是猫！""一时怒气冲天，拿起楼门旁倚着的一根木棒，追过去打了一下。它很悲楚地叫了一声'咪呜'，便逃到屋瓦上了。"；当它得以"沉冤昭雪"后，作者不惜以几个独立段落铺陈自责之心："想到它的无抵抗的逃避，益使我感到我的暴怒、我的虐待，都是针，刺我良心的针！""我将怎样地对它表白我的误解呢？""我对于它的亡失，比以前的两只猫的亡失，更难过得多""我永无改正我的过失的机会了！"

要是我们跳出来审视文本和作者，还可以有更深层次的解读。

"我"冤枉了一只"不能说话辩诉"的猫，尚且良心如针刺，然而，妻子对"不能有什么话来辩护"的张妈的呵斥呢？我们有没有自责，抑或是道歉？

"我"对张妈告诉"我"的，"周家的丫头"所说的，捉走第二只猫的"不知名的"人的愤恨呢？其罪状被证实过吗？是不是被冤枉的？我们有没有自责，抑或是反省？

文学即人学，郑振铎深受五四时期从西方传入的科学、民主、博爱等思想的影响，在《猫》一文中，大胆揭示自己在弱猫面前凶恶残忍的人性，并把痛心疾首的批判与自省作为自己心灵救赎的急救包，以倡导人性中平等和正义的觉醒。不过，作者对"张妈"和"不知名的"人的冤枉和伤害呢？为什么没有自省？这是文章的瑕疵还是作者有意为之？

微设计

1. 整体感知。

请学生归纳概括三只猫亡失后，家人的情感反应分别是什么，并提炼出关键词。

（第一只猫：三妹难过，"我"一缕辛酸；第二只猫：三妹很不高兴，"我"怅然、愤恨；第三只猫："我"十分难过，更难过得多，刺"我"良心的针。）

2. 重点品析"第三只猫的亡失"。

（1）概括：当芙蓉鸟被吃后，从哪些细节看似是花白猫所为？

（2）对比：比较①②两句中"似乎"与"好像""一定"的作用。

①那只花白猫对于这一对黄鸟，似乎也特别注意，常常跳在桌上，对鸟笼凝望着。

②嘴里好像还在吃着什么。我想，它一定是在吃着这可怜的鸟的腿了。

（3）朗读：请学生对比朗读以下两句，体会人物的感情。

①我很愤怒，叫道："一定是猫，一定是猫！"

②妻子……便道："不是这猫咬死的还有谁？它常常对鸟笼望着，我早就叫张妈要小心了。张妈！你为什么不小心？！"

（4）模仿与想象。

请学生想象猫"悲楚地叫了一声'咪呜'"时的心理活动，并演读"咪呜"。

（5）朗读。

请学生朗读最后抒写"我"心情的句子，说说"我"自责自省的主要原因。

3.质疑探究。

（1）第二只猫的丢失，你认为是不是被过路人捉去了？依据是什么？

（尚不一定。因为张妈"诉说"一词有蹊跷，"于是这个亡失证实了"中的"于是"有蹊跷——周家丫头到底多大年龄，她能不能证实？）

（2）大家冤枉了花白猫，感到无限自责，但对于同为受冤者，又遭妻子严厉呵斥的张妈，我们有过自省吗？有过安慰吗？请谈谈你的看法。

板书小结

冤枉了猫　　　　　　——尚感自责

冤枉了张妈　　　　　——尚无自省

冤枉了"不知名的"人　——尚不自知

4.拓展写作。

请以"感谢黑猫……"为开头，写一篇300字左右的短文。

微点拨

1. "整体感知"环节可以训练学生的概括能力,因而教师要组织学生自己完成。

2. 在"重点品析'第三只猫的亡失'"环节,教师不要讲多了,以免学生先入为主,而是要通过多种形式的朗读,让学生自己进行文本体验、语言体验。另外,请学生演读"咪呜"的时候,要防止学生出现游戏心理,不可做得太多。

3. "质疑探究"环节是个创新点,不仅可以引导学生更加深入地理解全篇,还可以培养学生的质疑精神。

4. "拓展写作"环节建议安排在课外。

《狼》：狼计

微解读

  课文《狼》的预习提示中写道："人与动物之间也有争斗。描述这类关系的作品，有的旨在突出人的力量，有的为了反衬人的渺小，还有的则在人与动物的对比中揭示人性。读时注意思考：本文的落脚点在什么地方？"是屠户，还是狼？这是我们在教学中面临的选择。毫无疑问，这两个落脚点都有其合理性。

  在实际教学中，多数教例通过步步剖析，赞扬屠户的机智勇敢，落脚点在"屠户"。然而，文末点题句却是围绕狼展开的，"狼亦黠矣，而顷刻两毙，禽兽之变诈几何哉？止增笑耳。"不仅强调了"狼亦黠""顷刻两毙"的客观事实，还以"变诈几何""止增笑耳"的议论，明确表明作者对狼的鄙视态度，并以反问句式强化讽刺意味。再加上，文章标题也是"狼"。由此看来，将落脚点定在"狼"上更为准确。

狼是有灵性的动物。在毕淑敏的《母狼的智慧》中，母狼以死换生的勇敢、深情、智慧深深地打动了我们。在沈石溪的《狼王梦》中，母狼紫岚为了公狼的狼王遗志，苦苦训练狼崽狼孙，一次次努力一次次失败，最后为了狼孙安全，与金雕同归于尽，故事读来令人动容。在姜戎的《狼图腾》中，凶悍、残忍、智慧，极富团队精神和军事才能的狼，曾经是13世纪蒙古军队征战欧亚大陆的天然教官。蒲松龄的《狼》同样展示了狼的智慧，为了生存，为了顺利吃掉带刀屠户的"剩骨"，不冲动，不鲁莽，尽展计谋。尽管因为贪念以失败告终，然而两狼配合默契的"连环计"不得不让人惊叹。

七年级上册第五单元的单元提示也要求我们"形成尊重动物、善待生命的意识"，那么，我以"狼计"为教学切入点，站在狼的角度欣赏蒲松龄的这篇精彩小说，便不失为一良策。

微设计

1. 理一理。

狼为了吃屠户的剩骨，面临着怎样的危险或者不利形势？（屠户有扁担、刀等武器，还有麦场屏障。）

2. 议一议。

（1）梳理连环计谋。

学生自读文中写狼的句子，小组议一议狼在与屠户的交锋过程中运用了哪些计谋？

（2）评判计谋合理性。

①"缀行甚远"：为什么两狼没有一前一后扑上去咬死屠户？（有风险，说明狼谨慎。）

②"一狼得骨止，一狼仍从"：你在生活中见过动物吃食吗？你见过它们这样合作吗？

③"狼不敢前，眈眈相向"：请用自己的语言说说此刻狼的心理活动。

④"一狼径去，其一犬坐于前。久之，目似瞑，意暇甚"：这是什么计？（兵者，诡道也。制造假象，巧使障眼法。）

⑤"一狼洞其中，意将隧入以攻其后也"：这是狼出于什么判断之后所做的决策？（力量对比之后的稳妥之计。）

3. 练一练。

（1）学习以下"三十六计"。

调虎离山：比喻用计使对方离开原来的地方，以便乘机行事。

瞒天过海：形容用欺骗的手段，暗中行动。

暗度陈仓：比喻用制造假象的手段来达到某种目的。

声东击西：指造成要攻打东边的声势，实际上却攻打西边。是使对方产生错觉以出奇制胜的一种战术。

（2）请对应狼的计谋，填写文中原句。

调虎离山（　　　　）　瞒天过海（　　　　　）

暗度陈仓（　　　　）　声东击西（　　　　　）

4. 说一说。

（1）说一说狼的悔恨。

学生思考交流：狼最终"顷刻而毙"，恐怕泉下有知，也会心有不甘，你估计它们会后悔哪个环节做得不够好呢？

预设：①贪婪让自己忘记了危险。"投以骨""复投之"，屠户势单力薄，地形不利，内心恐惧，前后夹击，很可能连人带骨头都是我们的。可是，我们被眼前的利益冲昏了头脑。②"假寐"弄巧成拙。两个打一个，势均力敌，我们应该一拥而上，打什么心理战，真是一着不慎，满盘皆输呀！

（2）说一说狼的郁闷。

学生思考交流：蒲松龄说，"禽兽之变诈几何哉？止增笑耳。"假如你是狼，你想对人类说什么？

预设：①你是生命，我也是生命，都有生存的需要，也都有生存的权利。②你们残害我们的事还少吗？毛做了"狼毫"，皮做了"皮卡"。人类滥捕滥杀各种动物，这些动物的灭绝也会给自然和人类带来危害，恶待动物朋友就是恶待人类自己。

5. 读一读。

请学生课外阅读毕淑敏的《母狼的智慧》、沈石溪的《狼王梦》、姜戎的《狼图腾》。

微点拨

1. "理一理"环节比较简单，却是"狼计"产生的缘由，必须梳理清楚。

2. "议一议"环节是教学的重点，教师要引导学生在阅读课文后梳理出狼使用的计谋，评判其合理性。这个环节必须建立在对文章精细品读的基础上，因而要给学生充足的时间"读"和"议"，让他们充分发挥主动性，发表他们自己的见解。

3."练一练"环节能拓展学生的思维，加深学生对"狼计"的理解，同时还能帮他们积累成语，了解传统文化知识。

4."说一说"环节是个非常有创意的教学环节，能培养学生的创造性思维，同时还能引导学生认识到人与自然的关系，加强自我管理和反思，形成尊重动物、善待生命的意识，有利于进一步落实单元教学目标。

5."读一读"环节要求学生进行课外阅读，这种"类文阅读"不仅能提高学生的阅读能力，更能让学生进一步走进狼的情感世界，认识狼的智慧，从而欣赏动物，关注其命运。

（本篇作者　饶红云）

《天上的街市》:"牛郎织女"的新意象

微解读

"牛郎织女"在民间是以故事形式流传的,后来被化用到诗歌中。写牛郎织女七夕相会的诗歌很多,据统计,光《全唐诗》中以"七夕"直接命题的就有数十首诗。"牛郎织女"是中国文化里的一个原型意象,内涵主要有离别之苦、分居的无奈、真挚的爱情等。

到了五四时期,随着思想意识的进步发展,这一主题意象得以突破,人们开始赋予"牛郎织女"更丰富的意象内涵,如对爱情的积极、大胆的追求等。郭沫若的《天上的街市》改写了牛郎织女的故事,原本宽广而不可逾越的天河变成了"浅浅的""不甚宽广",可以自由地"闲游",表明了作者推翻旧社会的坚定态度,以及对理想和美好生活的追求。特别是"定然""定能"两个词程度的加强、次数的增加,更加突显了作者对理想信念的坚定不移。

牛郎织女,悲情之约,凄苦之约,纯美之约!这个中国神话故事,饱含着中国人深切的人文情怀,是几千年来中国青年男女追求爱情故事的蓝本,七夕也因此成了中国古代最为浪漫的节日。2008年,"牛郎织女传说"经国务院批准列入第二批国家级非物质文化遗产名录。

《天上的街市》凭借想象,再造时空,表达美好愿望和执着追求。因此,从"牛郎织女"的意象入手教学,不失为传承文化、浸润文明、弘扬民族精神和爱国之情的好选点。

微设计

1. 聊一聊。

请学生聊一聊牛郎织女的传说。

2. 读一读。

(1)朗读课后"积累拓展"中与牛郎织女有关的三首诗歌(杜牧《秋夕》、李商隐《七夕》、秦观《鹊桥仙》),以及汉代诗歌《迢迢牵牛星》、黄梅戏《天仙配》选段,说说诗人借牛郎织女的故事,表达了怎样的情感?

明确:《秋夕》写了一个失意宫女的孤独生活和凄凉心境;《七夕》表现了诗人悼念亡妻的悲痛心情;《鹊桥仙》表现了牛郎织女的纯真爱情和人间的悲欢离合;《迢迢牵牛星》写出了女子的离别相思之情,表露了人间夫妻不得团聚的悲哀;《天仙配》寄托着劳动人民对纯真美好爱情的向往。

（2）教师组织全班学生开展讨论、质疑活动。

3. 议一议。

（1）在《天上的街市》一诗中，作者对牛郎织女的故事做了哪些改变？

明确：原本宽广而不可逾越的天河变成了"浅浅的""不甚宽广"，可以自由地"闲游"。

（2）作者改变了牛郎织女的故事，有何作用？

明确：表明了作者推翻旧社会的坚定态度，以及对理想和美好生活的追求。

4. 背一背。

（1）背诵《天上的街市》全诗。

（2）背诵五首七夕古诗中的重点句。

5. 辩一辩。

分小组辩论：中国人应该过西方情人节，还是过七夕情人节？

微点拨

1. 本设计宜在学生理解全诗的基础上进行实践。

2. 在"聊一聊"教学环节，教师要注意调动学生的知识储备。

3. 在"读一读"教学环节，学习与牛郎织女有关的三首诗歌是课后练习的要求，教材设计得很好。教学设计中还补充了两首诗，既能引导学生深入了解牛郎织女的故事，还能提升学生的文化素养，教师一定要让学生熟练朗读，好好合作讨论。

4. "议一议"教学环节是重点，是学生掌握《天上的街市》主旨的关键。

5. 在"背一背"教学环节，教师要给足学生背诵的时间。

6. "辩一辩"教学环节，将语文与生活对接，可以打开学生的思路，提升其语言表达能力。"中国人应该过西方情人节，还是过七夕情人节？"结论不重要，重要的是要引导学生有条理、有创意地陈述自己的理由。

（本篇作者　杨振华）

《赫耳墨斯和雕像者》：笑点在哪里

微解读

在古希腊神话中，宙斯是天神和人类的主宰，赫拉是他的妻子，赫耳墨斯是他的儿子。宙斯家族高高在上，整天寻欢作乐，对凡间的人类并不怎么关心。赫耳墨斯是主管商业和旅行的神，他想知道自己"在人间受到多大的尊重"，于是化为凡人，来到雕像者的店里。调查的结果让他沦为笑柄：宙斯值"一个银元"，赫拉"还要贵一点儿"，而他自己只能算"添头"，也就是额外赠送给顾客的东西。

《伊索寓言》中的许多故事都像这样——语言诙谐，讽刺意味极强。读完《赫耳墨斯和雕像者》，人们忍俊不禁，于是我想，从本文的"笑点"切入教学，欣赏其人物形象、情节设置、语言特色和深刻寓意，会很有意思。

通过对"笑点"的品析，我们对《赫耳墨斯和雕像者》会有更加深入的理解。结尾处说"这故事适用于那些爱慕虚荣而不被人重视的人"，但是，它的意蕴仅限于此吗？宙斯、赫拉这些重量级的天神，在老百姓的心中也只是"一个银元""贵一点儿""添头"，如此低廉的价格，说明了什么？说明了工作不尽职、不尽责，对人们的疾苦视而不见，对所有的祈祷置若罔闻，人们在危难之际总是得不到他们帮助和庇护的天神，不仅不会受到人民的尊重，甚至会被人们漠视。

微设计

1. 作品及作品人物介绍。

《伊索寓言》共收集了三四百个小故事，其主要特点是篇幅短小、结构简单、语言凝练诙谐、讽喻现实等。

宙斯是天神，赫拉是宙斯之妻，赫耳墨斯是宙斯之子，也是主管商业和旅行的神。宙斯家族高高在上，整天寻欢作乐，对凡间的人类并不怎么关心。

2. 寻找笑点。

（1）学生自读课文，自由讨论：文章有哪些笑点（或者幽默之处）？

可以从人物形象、情节设置、语言特色和深刻寓意等方面回答。比如赫耳墨斯的自以为是、笑问、狼狈或尴尬，情节的突转等。

（2）学生活动：请梳理赫耳墨斯来到凡间的心理轨迹。

想知道自己在人间受到多大尊重—自己应该比父母更受尊重—?

（3）学生想象活动：请想象赫尔墨斯听到自己只是"添头"后的心理活动。

3. 补充笑点。

（1）请在下面四条横线上加上赫耳墨斯的神态描写，以增加笑点。

①赫耳墨斯……化作凡人，（____）来到一个雕像者的店里。

②他看见宙斯的雕像，（_____）问道："值多少钱？"

③赫耳墨斯看见自己的雕像，心想他身为神使，又是商人的庇护神，人们对他会更尊重些，于是（_____）问道："这个值多少钱？"

④雕像者回答说："假如你买了那两个，这个算添头，白送。"（_____）

（2）朗读活动：请揣摩人物心理，读出恰当的语气。

他看见宙斯的雕像，问道："值多少钱？"

赫耳墨斯又笑着问道："赫拉的雕像值多少钱？"

于是问道："这个值多少钱？"

雕像者回答说："假如你买了那两个，这个算添头，白送。"

4. 评价笑点。

（1）教师提示并提问：从"赫耳墨斯想知道他在人间受到多大的尊重"，到认为"人们对他会更尊重些"，再到"添头，白送"，故事的开头与结局形成了什么？

（2）教师小结：正是这巨大的反差（或鲜明的对比），产生了显著的幽默和讽刺效果，发人深省。

（3）学生集体讨论：你如何看待赫耳墨斯这个神？（没有固定答案，可回答虚荣心强，没有庇护百姓，严重迷失自我……）

微点拨

1. "作品及作品人物介绍"环节，对于学生理解全文帮助很大，教师稍作讲授即可，不必花过多的时间。

2. 在"寻找笑点"环节，教师要引导学生结合人物的心理轨迹进行理解。在寻找笑点的过程中，学生自然能领悟到作品的幽默与讽刺意味。这个环节教师要尽量组织学生自主学习，切不可包办。

3. 在"补充笑点"环节，教师一定要组织好朗读活动。学生在朗读中会逐步深入地理解寓言。积极组织学生在读中评，评后再读，这是学习语文、学习语言的根本。

4. "评价笑点"环节能让学生在故事开头与结局的巨大反差（或者鲜明对比）中感受到作品的幽默讽刺。特别是最后的集体讨论，可以进一步加深学生对作品的理解，培养学生敢于质疑的学习精神以及正确的人生观和价值观。

《蚊子和狮子》：有多少情节可以重来

微解读

《蚊子和狮子》选自《伊索寓言》。本篇故事告诉了人们，任何时候都要保持清醒、谦虚谨慎，才能立于不败之地的道理。

七年级上册第六单元的单元说明指出："想象是人类与生俱来的一种能力。借着想象的翅膀，我们可以超越自身局限，体验更广大的世界。"因此，想象应该是本单元的教学重点。在教学中，教师需要通过涵泳文字和品析故事，引领学生深刻体会文本想象的魅力，培养学生想象的能力。

想象力的培养不容易出现切实的教学效果，清人唐彪说："改窜旧文，重作旧题，始能深造。"因此，我从寓言改编入手，尝试解放学生的想象力。

正如丁剑平老师所认为的那样，教师可引导学生通过多种途径

（如情节改编、角色设计、视角变化、背景转换等）改编同一则寓言，并组织学生解读新的寓意，以调动学生学习寓言的积极性，使学生在自主建构、自主习得中掌握寓言的读写要素，提高寓言的读写能力。

本微课从"改编寓言情节产生新的寓意"角度解读，引导学生体会寓言的特点，培养学生的想象力和阅读力。

微设计

1. 一句话概括故事情节。

2. 多形式朗读训练。

3. 学生讨论。

（1）蚊子在挑战前后表现如何？你感受到了什么？（蚊子在挑战时足智多谋、沉着冷静，战胜后骄傲自满、得意扬扬，被粘住后悔恨不已。）

（2）本文的寓意是什么？（鼓励学生联系寓言的内容和自己的生活经验来谈。）

学生交流后，教师小结：寓言的篇幅一般比较短小，常常用假托的故事寄寓深刻的道理，给人以启示。小小的寓言，却准确深刻地概括了生活中的普遍现象，帮助我们正确认识生活。

4. **学生训练：多角度设计情节。**

（1）学生活动：四人为一组合作，重新设计情节，改写成一篇新的寓言，赋予其新的寓意。

提示：可通过情节改编、角色设计、视觉变化、背景转换等途径进行改编。

教师示例：

①情节改编。

蚊子将要被吃掉时，正好狮子经过，一巴掌拍掉了蜘蛛网。蚊子获救了，但蚊子非但不感谢狮子，还出言嘲讽狮子是它的手下败将。第二天，蚊子又被粘住了，碰巧狮子又经过这里。眼看就要被吃掉了，蚊子大声求救："手下败将，快点儿把这张该死的蜘蛛网弄掉！"狮子却头也不回地离开了。这个故事适用于那些骄傲自大、不懂得感恩的人。

②角色设计。

蚊子专咬狮子鼻子周围没毛的地方，狮子没有一味地生气，而是想办法躲开蚊子的攻击，不理会它。蚊子自觉没趣，不一会儿就飞走了。这说明遇事要沉着冷静才能解决问题。

③视觉变化。

蜘蛛问道："你怎么会被我的网粘住？"蚊子把它和狮子大战的事情说了一遍，蜘蛛若有所思地说："你虽然打败了狮子，但输给了我，所以说骄兵必败。"蚊子羞愧地点了点头，最后蜘蛛还是放走了蚊子。这说明知错能改，有时也是一种自救。

④背景转换。

蜘蛛的优势：蚊子战胜了狮子，却被蜘蛛网粘住了。这说明我们在生活中多学一种技能，就会多一重生存保障。

（2）展示小组成果，点评不同的情节设计及其寓意，请学生联系生活经验说一说自己的认识。

微点拨

1. 教师先要让学生疏通文意、熟悉寓言，才能进一步改编、拓展。

2. 在"情节改编"中，教师要提示学生运用改写、续写的方法进行创意表达。在"角色设计"中，学生可以站在狮子的角度再创作，也可续写蜘蛛的故事。在"视觉变化"中，教师要引导学生站在不同角度看问题，改变看待问题的视角。在"背景转换"中，教师要引导学生充分发挥联想和想象，利用新的时代发展背景以及其他学科的知识进行多样化改编。

3. 点评环节教师要注意引导学生深入体会寓言的特点。

（本篇作者　饶维）

《穿井得一人》：谣言止于智者

微解读

《穿井得一人》是寓言，讲述了宋国一户丁姓人家，因为家里没有水井，便让一个专门的劳力出门打水浇田。等到他家打了水井后，丁氏告诉别人："吾穿井得一人。"听到这话的人却转述为："丁氏穿井得一人。"消息传开后，住在国都中的人都开始谈论这件事。宋国国君听说后，就派人向丁氏求证内幕，丁氏回答道："是得到一个人的劳力，并非在井内挖到了一个活人。"

故事告诉我们：耳听为虚，眼见为实。凡事都要调查研究，仔细辨别，才能弄清真相。不可轻信流言，人云亦云，否则就会以讹传讹。

在当今这个信息技术发达的时代，每天都有无数的信息冲击着我们的眼球，轰炸着我们的耳膜。对此，我们是该轻信，还是该辨识?是该抱着猎奇的心理去盲从,还是该抱着审慎的态度去甄别?故事中的宋君是我们学习的榜样,他听到传言后并没有妄信,而是派人去调查,最终了解到了事情的真相。

本微课将重点研读"谣言"与"智者"的相互关系,引导学生结合现实生活深入领悟文章的寓意。

微设计

1.疏通文意,熟悉情节。

(1)朗读活动。要求字正腔圆,把握节奏,读出韵味;教师结合具体句子指导。

(2)合作翻译。第一步,四人小组合作学习,对照注释,疏通文意。第二步,学生接龙翻译,一人一句,由同桌修正补充。

(3)讲述故事。请1~2个学生讲述。

2.合作探究,解读寓意。

(1)品析重点句。

【屏显】

及其家穿井,告人曰:"吾穿井得一人。"有闻而传之者:"丁氏穿井得一人。"

①指名朗读。(明确"得"字应该读重音。)

②学生交流:丁氏与传闻者的"得"各是什么意思?(明确丁氏的"得"应理解为"节省",而传闻者将"得"理解为了"挖到"。)

③学生讨论:传闻者的讹传,责任在谁?(明确双方都有责

任：丁氏的语言表达有歧义，容易使听者产生误解，而传闻者对自己听到的事情不加辨别，以讹传讹。）

④学生朗读。教师提示学生需要揣摩丁氏是以怎样的语气告知旁人的，传闻者又是以怎样的语气传给他人的。（明确此时的丁氏应是欣喜的，因为挖井后，负责打水浇田的家人就可以不用常年居住在外了；传闻者自认为听到了一件奇闻，因而告知他人时是神秘兮兮的。）

【屏显】

国人道之，闻之于宋君。

①学生回答："道"是什么意思？

②学生交流：在"道"的前面加一个符合文意的修饰词。

③学生讨论：对此离奇的传闻，却没有人质疑，说明了什么？（猎奇、从众心理，无质疑精神，传谣心态……）

（2）认识宋君。

学生交流：宋君也听到了传闻，他又是如何处理的？

参考：宋君对于听到的传闻并没有像其他人一样选择盲目相信，而是"令人问之于丁氏"，对事情的真伪进行调查，以获得真相。这才是智者所为！

（3）理解寓意。

学生自由表达：从这个故事中，你明白了什么道理？

参考：①说话要表达清楚，防止产生歧义。②不要轻信流言蜚语，不要传播未经证实的话。③对待传闻应采取审慎的态度，调查研究，去伪存真。

3. 联系生活，防微杜渐。

学生活动：在现实生活中，有没有谣言"兴风作浪"的事例，有没有谣言止于智者的事例？请你任选一个，讲给大家听。

微点拨

1. "朗读活动"旨在进一步培养学生的诵读能力，在"一读正字音"和"二读明节奏"的基础上，进行"三读"，读出轻重缓急，读出韵味。

2. "合作翻译"旨在培养学生运用"信、达、雅"的原则翻译文言文，以此激发他们对文言文学习的兴趣，树立起学习文言文的信心。

3. "合作探究，解读寓意"环节设计了朗读、交流、讨论等一系列活动，可引导学生通过揣摩语言一步步深入探究形成讹传的原因：一是丁氏的语言表达不够清楚，容易产生歧义；二是传闻者没有调查，以讹传讹；三是传播者的从众和猎奇心理使他们乐于接受这种离奇的传闻。由此更能突出宋君之智，进而解读寓意，明白生活中应审慎求真的道理。

4. "联系生活，防微杜渐"环节则结合当今的时代特点，让学生能学以致用，形成正确的是非观和价值观。

（本篇作者　邵玉蓉）

《杞人忧天》：与杞人交友

微解读

　　《杞人忧天》刻画了一个杞国人的形象：他头顶蓝天，却整天担心蓝天会崩塌下来；他脚踏大地，却成天害怕大地会陷落下去，以至于睡不着觉，吃不下饭。他还担心天上的太阳、月亮、星星会掉下来，惶惶不可终日。后来，"杞人忧天"被用来比喻不必要的或缺乏根据的忧虑和担心。

　　作者运用夸张、荒诞的手法，将杞人的形象刻画得栩栩如生。一直以来，人们总是鄙视着他。然而，杞人真的是一个这么不堪之人吗？

　　杞人能思考到别人毫不关注的事，这是不是说明他思维敏锐和超前呢？杞人活在当下，却牵挂着未来的世界，这是不是说明他有忧患意识呢？经朋友开导后，杞人并没有陷入忧虑之中无法自拔，而是"舍然大喜"，这是不是说明他性格豁达，甚至有点儿可爱呢？

学者、作家周国平先生在《杞人是一位哲学家》一文中表示，杞人并非庸人，而是哲学家。因为当所有的人都在心安理得地过日子的时候，他的眼光却投向了天上，思考起了宇宙生灭的道理。天，按常识不会毁灭，但常识是真理吗？哲学就是一门突破常识的科学。

本微课将用现代的眼光来评判、分析杞人到底是一个什么样的人。

微设计

1. 初读课文，了解故事。

（1）学生自读课文，结合注解疏通文意。

（2）学生熟读课文，然后用自己喜欢的方式复述课文。

2. 揣摩对话，厘清杞人的忧虑。

【屏显】

杞国有人忧天地崩坠，身亡所寄，废寝食者。

其人曰："天果积气，日月星宿，不当坠耶？"

其人曰："奈地坏何？"

（1）朗读上面体现杞人"忧天"的三句话。

（2）根据你的理解，在杞人的话语前面加上神态或动作修饰语，并表演朗读。

3. 科学分析，探讨杞人的忧虑。

（1）讨论：杞人的这种担忧有道理吗？（学生各抒己见。）

（2）我们来看各种解释。

①看故事中"好心人"的解释。

【屏显】

天，积气耳，亡处亡气。若屈伸呼吸，终日在天中行止，奈何忧崩坠乎？

日月星宿，亦积气中之有光耀者，只使坠，亦不能有所中伤。

地，积块耳，充塞四虚，亡处亡块。若躇步跐蹈，终日在地上行止，奈何忧其坏？

学生朗读上面的句子后再讨论：这种解释有道理吗？（参考：科学性不强。）

②看古希腊哲学家的解释。

【屏显】

列子约公元前450年出生；同时代的古希腊哲学家阿那克萨戈拉（约公元前500年出生），根据陨石现象断言：天由石头构成，剧烈的旋转运动使这些石头聚在一起，一旦运动停止，天就会塌下来。（师点拨：当然这也不科学。）

③看现代宇宙学观点。

【屏显】

地球是宇宙中的星球之一，众多星球有相撞而毁灭的可能；火山喷发、地震海啸、干旱洪水是地球无法避免的灾难。

教师小结：从古至今，人们都在探索着宇宙，关注着我们生存的星球。

4. 开拓思维,深度品析杞人的形象。

(1) 师述:杞人忧天的故事后来演化为成语,其寓意、讽刺性都很明朗。

(2) 小组探究活动。

请用现代眼光评判:杞人是个什么样的人?你喜欢他还是讨厌他?说说你的理由。

教师相继给出提示词:身亡所寄、废寝食、舍然、大喜。喜欢或不喜欢,学生可以各抒己见,喜欢的理由可以是思维超前,有忧患意识,单纯、可爱、豁达,信赖朋友等;不喜欢的理由可以是患得患失、胆小怕事等。

(3) 阅读链接:周国平的《杞人是一位哲学家》。

5. 激活思维,理性看待杞人的形象。

组织学生开展辩论活动:杞人到底该不该忧天?

参考观点:杞人忧天正是他担忧自然的体现,所谓人无远虑,必有近忧。然而,对于未知的事物,如果我们一直沉浸在忧患之中,势必徒增很多烦恼。与其活在对未知的担忧之中,不如活得豁达一点儿。不过,这也体现了他对未知世界的探索精神,值得学习。

微点拨

1. "揣摩对话,厘清杞人的忧虑"环节,通过朗读和想象,学生可以充分把握杞人的性格形象。

2. "科学分析,探讨杞人的忧虑"环节,看似是引导学生科学认识关于"天"的问题,实质是为下文深度分析人物形象,引导学生用现代眼光评判人物打基础。

3."开拓思维,深度品析杞人的形象"环节是本课的教学重点。教师在引导学生深入理解杞人的形象时,既要释清寓意,也要多角度评判杞人,以培养学生在阅读和学习中的批判精神。

4."激活思维,理性看待杞人的形象"环节,教师可以根据教学实际情况,将它安排在课外进行。

(本篇作者 叶婷)

七年级下册

《邓稼先》：用纪律致敬民族和友情

微解读

邓稼先是中国核武器研究的奠基者之一，为中国核武器研制做出了卓越贡献，被授予"两弹一星"功勋奖章。邓稼先的好友、诺贝尔物理学奖获得者杨振宁写的《邓稼先》，角度独特，潜在信息也相当丰富。

在本文中，我将重点解读"民族感情？友情？"这一节。孙绍振教授解读此段时，认为邓稼先没有立即回答杨振宁关于中国原子弹工程是否有外国人参与的询问，而是向上请示后才予以回信，这体现了科学家的理性与严谨。我觉得还不够准确，为什么这样说呢？

作为中国原子弹理论研究的负责人，邓稼先全面掌握着三个组的研究工作，随时参与小组讨论和戈壁里的实验。大家过着单身汉般的生活,朝夕相处整整十年,自己的研究团队有无外国专家(包括寒春),还需要"去证实"吗?因为他不能说,这涉及国家军事机密和政治外交。"不说"是纪律,是职业品质。

据说,对于杨振宁的委婉"测试"(邓稼先夫人许鹿希语),邓稼先是在请示周恩来后,才予以回复,所以杨振宁一直到近半个月后才收到邓稼先派人送来的回信。

文章"民族感情?友情?"这一部分,虽然是作者杨振宁的情感叩问,但又何尝不是邓稼先优秀品质的体现呢?——对国家民族负责,也尊重同为科学家的好友杨振宁;既饱含民族感情,又充满了兄弟情谊。

微设计

1. 学生自读"民族感情?友情?"一节。
2. 学生讨论。

作为中国原子弹研发工作的领导人,邓稼先竟然不知道美国科学家寒春是否参加了中国原子弹工作,还需要"去证实",为什么?

参考:因为他不能说,这涉及国家军事机密和政治外交。"不说"是纪律,是职业品质。

阅读链接:寒春简介。

寒春,美国核物理专家,参与美国首批原子弹研究和制造的女科学家,曾与杨振宁是同事。"二战"时,美国在日本广岛、长崎丢下原子弹,致使十余万人失去生命。自己的研究成果成了杀人武器,这让寒春极为震惊和苦恼,她决定终身不再涉足物理领域。寒春1948年来华定居,因为她是参与过美国核武器研制的科学家,所以当中国的原子弹被成功引爆后,不少美国人认为,那一定是寒春的功劳,是寒春在帮红色中国研制原子弹。

虽然寒春没有参加中国的原子弹研究,但是她和丈夫阳早一起,从事奶牛品质改良及农机具革新工作,一直在为中国做贡献。2009年,阳早和寒春入选感动中国候选人物;2010年,伟大的国际主义战士寒春同志因病在北京逝世。

3.学生再次讨论。

"我在北京……避免问他的工作地点,他自己只说'在外地工作'"这说明了两个科学家具有什么品质?(参考:严谨、负责的职业品质。)

4.细品邓稼先的回信。

(1)你最深的体会是什么?

阅读链接:邓稼先和杨振宁的感情。

邓稼先和杨振宁两家是世交,两人从中学到大学一直是同学,友情持续数十年。1950年,邓稼先在获得博士学位几天后毅然回到祖国,为国效力,但他和留在美国的杨振宁感情深厚,没断来往。

1986年邓稼先病重,杨振宁先后两次看望邓稼先,两人畅所欲言,有感叹、有欢笑。杨振宁曾问邓稼先,国家到底给了他多少奖金,值得他把命都搭上?邓稼先比出两根手指表示,自己一共得了二十块钱,氢弹十块,原子弹十块。他接着对杨振宁说:"假如生命终结后可再生,那么,我仍选择中国,选择核事业。"

1986年7月29日,邓稼先去世,杨振宁在悼文中写道:"邓稼先是中国几千年传统文化所孕育出来的有最高奉献精神的儿子。"

（2）文中"援助"打引号的作用是不是表强调？（教师为学生讲解相关史料，引导学生明确此处打引号是表否定。）

5.作者杨振宁的"感情震荡"到底是因为什么？

参考：因为民族感情和友情——祖国的成就、朋友的成就。

微点拨

1.讨论要不要"去证实"的问题时，或许难以从文本中直接找到依据，需要学生结合基本生活常识进行推理。而探讨邓稼先到底为什么这样说，则需要教师补充背景材料，否则学生难以理解。

2.第三个环节的讨论，比较简单，容易处理。

3.在品析邓稼先给杨振宁回信的情节时，教师要通过阅读链接材料和最后一段的朗读，激起学生的民族自豪感。

《说和做——记闻一多先生言行片段》：语言之美

微解读

臧克家是杰出诗人、著名作家、忠诚的爱国主义者，他既是闻一多先生的高徒，也是知己。《说和做——记闻一多先生言行片段》一文，结构清晰，主旨明朗，属于"一望而知"的内容，理解起来较为容易，全文最有价值的探究点是其语言特色。

臧克家的文学作品在语言上向来有生动形象、精练含蓄，富于感情和音乐美的特点。《说和做——记闻一多先生言行片段》这一篇回忆性散文，同样将其语言特色表现得淋漓尽致，朗朗上口。

第一，生动形象。例如"他正向古代典籍钻探，有如向地壳寻求宝藏"一句，运用比喻，准确生动；"钻探"较之"研究"更形象，含义更丰富；"向……钻探"的表达，极富动感，情感态度鲜明。"他想吃尽、消化尽我们中华民族几千年来的文化史,炯炯目光,一直远射到有史以前。他要给我们衰微的民族开一剂救济的文化药方"中的"吃尽""消化尽""炯炯目光""远射""文化药方",这些词语表述生动形象,感染力十足。

第二,精练含蓄。文章多处运用"说"字,如"我是做了再说""他并没有先'说'""他自己也没有'说'"三处。第一个"说"字是告白的意思,后两个"说"字加了引号,有吹嘘、自诩的意思。一个"说"字,在不同的语言环境里赋予其不同含义,耐人寻味。又如,"目不窥园,足不下楼,兀兀穷年,沥尽心血""十年艰辛,一部《校补》赫然而出。""他潜心贯注,心会神凝,成了'何妨一下楼'的主人。"措辞精准,凝练无比,意蕴丰富。

第三,富于感情。这篇文章的叙述、描写抒情化,让人无法分清哪些是记叙,哪些是抒情。例如,"仰之弥高,越高,攀得越起劲;钻之弥坚,越坚,钻得越锲而不舍"洋溢着赞美之情。又如,"昂首挺胸,长须飘飘"显然是直描,但颂扬、景仰之情也随之流露。再如,"他惜寸阴、分阴"一句,一个情犹未尽的"分阴",用词独特,情感分明。再如,"此身别无长处,既然有一颗心,有一张嘴,讲话定要讲个痛快!""现在,他'说'了就'做'。言论与行动完全一致,这是人格的写照,而且是以生命作为代价的。"从这些句子中,我们可以看到一名学生对老师的深深崇敬和赞美!

第四,富于音乐美。"潜心贯注,心会神凝""迥乎不同""一反既往""警报迭起""慷慨淋漓""动人心,鼓壮志,气冲斗牛,声震天地"等词语,结构整齐,对比鲜明,富有节奏感,朗朗上口。"闻一多先生,是卓越的学者,热情澎湃的优秀诗人,大勇的革命烈士。他,是口的巨人。他,是行的高标"作为结束语,对闻一多的人格进行了艺术概括,句式短促,音调高亢,节奏分明,言简意赅。

本微课将重点品读课文第2段、第3段、第4段。

微设计

1.学生自由朗读,直到读熟为止。

2.品读重点句子。

(1)"他正向古代典籍钻探,有如向地壳寻求宝藏"中,"钻探"一词有什么妙用?(参考:会让人印象深刻。)

(2)"他想吃尽、消化尽我们中华民族几千年来的文化史,炯炯目光,一直远射到有史以前。他要给我们衰微的民族开一剂救济的文化药方。"这里面你最喜欢哪个词?说说你喜欢的理由。从"炯炯目光"中,你看到了一个什么样的闻一多?(参考:研究目标明确、兴趣浓厚、态度坚决。)

(3)"望闻问切"是中医的说法,在这里是什么意思?(参考:比拟的说法,把我们的民族比成一个病人,说明闻一多当时以文化研究救国的道路,也还仅仅走出了第一步。)

(4)"饭,几乎忘记了吃……'漂白了四壁'"这句换成"废寝忘食"好不好?(参考:不好,此句更具体。)

(5)第5段的"说"加了引号,它的意思是什么?(参考:有吹嘘的意味。)

（6）从这几段中，你看到了一个什么样的闻一多？（参考：勤奋专注、不修边幅、语言幽默。)

（7）积累：这几段引用了哪些典故？摘抄你喜欢的语句。

微点拨

1. "学生自由朗读"环节是探索作者语言特色的重要环节，教师一定要给足学生时间，让学生读熟。

2. 在"品读重点句子"环节，"钻探"一词非常形象，应与"研究"一词对比分析；"炯炯目光"的品析有点儿难，但能让学生体会到闻一多的精神，因此教师要多组织学生讨论；分析"望闻问切"时，教师可引入时代背景的介绍，让学生了解当时探求救国方法的重要性；关于"饭，几乎忘记了吃……'漂白了四壁'"这句能否换成"废寝忘食"的讨论对学生写作文很有帮助，可以让学生体会到写作要具体，不能空洞；第5段的"说"加引号的目的，可用对比的方法进行品析；阅读讨论有利于学生对闻一多的形象形成一个较为清晰的认识；本文词语丰富，用典典雅，因而要注重知识的积累，切不可走过场，最好组织学生将好词好句摘抄在笔记本上。

《孙权劝学》：鲁肃为何"结友"吕蒙

微解读

《孙权劝学》的核心教学价值当是劝学的重要性与学习的必要性，然而，仅从文章最后"肃遂拜蒙母，结友而别"一句切入解读，亦十分有趣。

吕蒙是武将，早先不事学习，受人轻视。按照《三国志·吴书·吕蒙传》的记载，曾有小官员轻视吕蒙，说"彼竖子何能为？此欲以肉喂虎耳"。后来，他又当面耻笑羞辱吕蒙。

鲁肃到陆口，途经吕蒙驻地寻阳。吕蒙问鲁肃："君受重任，与关羽为邻，将何计略以备不虞？"鲁肃为一代儒将，看不上武夫出身的吕蒙（"意尚轻蒙"），预估他不会有好点子，便敷衍道："临时施宜。"吕蒙说："今东西虽为一家，而关羽实熊虎也，计安可不豫定？"于是，吕蒙详尽地分析当时的利害，并提出了五条建议。鲁肃听后，大惊曰："吕子明，吾不知卿才略所及乃至于此也。"

吕蒙少年出道，鲁肃早就认识他，并未与之"结友"，直到"寻阳论议"，才有"肃遂拜蒙母，结友而别"之举。"遂"，"于是，就"的意思，言外之意是只有在"才略所及乃至于此也"，即"非复吴下阿蒙"的前提下，鲁肃才拜见对方的母亲，吕蒙才具备与鲁肃"结友"的资格，足可见有文化是多么重要啊！

微设计

1. 对比阅读，明结友之心。

【屏显】

肃遂别。

肃遂结友而别。

肃遂拜蒙母，结友而别。

学生小组讨论：上面三个句子，哪个好？说说你的理由。（参考：第三句更能表现鲁肃对吕蒙的敬重。）

2. 追根溯源，探结友之因。

（1）全班讨论：鲁肃是孙权非常器重的大将，和周瑜是好朋友，他大吕蒙7岁，早就扬名天下。其实鲁肃和吕蒙多年前就认识，但鲁肃一直瞧不起吕蒙（"意尚轻蒙"），因为他觉得吕蒙只是个武将，没什么文化。

为何他们经过"寻阳论议"之后会结友？请你说说原因。〔参考：吕蒙有了巨大进步（"今者才略，非复吴下阿蒙"）——足可见有文化的重要性！〕

（2）欣赏对话：

（鲁肃）大惊曰："卿今者才略，非复吴下阿蒙！"

蒙曰："士别三日，即更刮目相待，大兄何见事之晚乎！"

①请学生朗读对话，读出人物的语气。

提示：

吴下：泛指吴地。阿蒙：指吕蒙。吴下阿蒙：居于吴地一隅的吕蒙，比喻人学识尚浅。

三日：概数。 刮目：擦眼睛，表示用新眼光看人。见事：知晓事情。

②关注吕蒙的语气，讨论"曰"前可加什么修饰词？（自得、自豪。）

③吕蒙的语气得体吗？（回答"得体"或"不得体"均可，但要阐述理由；若回答"得体"，可从朋友感情融洽，调侃的角度来谈。）

④再次分角色朗读。

讨论：从孙权与吕蒙的交往来看，他们是好朋友吗？（既是君臣，也是朋友。孙权关心吕蒙，吕蒙尽职尽责，善于接受朋友的劝告。）

（3）引导性品析：从"蒙乃始就学"一句中，你看出了什么信息？

3.溯古论今，秀语文之趣。

（1）学生活动：请学生结合现实生活中的交友故事（本人的或者旁人的故事），谈谈学习（或者个人实力）的重要性。

（2）拓展。

①作为晚清四大名臣之一，曾国藩交友有"八交九不交"，其中交八种益友中的一条就是要交胜己者。所谓胜己者，就是在某些方面比自己强的人。从其身上学习优点，互相切磋，提升自己。结交这样的朋友，对人生大有益处。

②网络名言："你的实力，决定了你的社交价值，也决定了世界看你的眼色。"

师总结：努力学习，当你拥有了绝对的实力时，周围的人、周围的世界便有可能因你而改变！

微点拨

1. 在"对比阅读，明结友之心"环节，通过对比，学生能体会鲁肃对吕蒙的敬重。

2. 在"追根溯源，探结友之因"环节，教师一定要组织好学生朗读，让他们读出人物的语气，感受人物的心理活动。从语言中体会吕蒙的进步以及鲁肃的反应。关于吕蒙和孙权是不是好朋友的讨论，让品析更深一层，因而学生可以深刻体会到他们不仅是君臣，也是朋友。

3. "溯古论今，秀语文之趣"环节，主要是为了结合生活引导学生进一步体会学习的重要性、实力的重要性，鼓励学生好好学习。

（本篇作者　宋婷）

《黄河颂》：动情而读

微解读

远古时期，黄河流域由于气候、水文等条件有利于农作物生长，先民们定居在这里。黄河孕育了中华文明，哺育了中华儿女。因此，人们亲切地称黄河为母亲河。

《黄河颂》是组诗《黄河大合唱》的第二部，由光未然在1939年写成。经冼星海谱曲后，这部音乐作品响彻中华大地。作品由八个乐章组成，诗人采用象征的手法歌颂了我们的民族，激励中华儿女以坚定的决心保卫黄河、保卫中国。它旋律激昂、意境壮阔、气势磅礴、热情洋溢，充满了强烈的冲击力和震撼力，展示了黄河桀骜不驯的血性和中华民族的英雄气概。作者的创作意图是借此激发人们对中华民族的热爱，增强人们誓死保卫家园的民族意识。

从诗歌内容的把握以及情感的理解来说，学习这首诗其实并不难,因此无须过度分析。我们的教学重点应该放在朗读上,通过动情朗读激发学生的情感。虽然诗成已久,但那奔放豪迈而铿锵有力的诗句和强烈的情感,至今仍然能引起我们的共鸣,唤起我们作为炎黄子孙的自豪感。同时,还要落实朗读方法的指导,培养学生的朗读能力。

微设计

1.话说母亲河。

(1)播放黄河视频和图片。

(2)请学生说一说黄河历史。

(3)教师介绍《黄河大合唱》组诗创作的时代背景。

2.吟读《黄河颂》。

(1)朗读准备。学生标出朗读节奏和重音。

(2)朗读竞赛。让学生选择自己最喜欢的段落,有感情地朗读。(需说说自己这样处理的理由。)

(3)教师指导。对"我站在高山之巅,望黄河滚滚,奔向东南。惊涛澎湃,掀起万丈狂澜;浊流宛转,结成九曲连环;从昆仑山下奔向黄海之边;把中原大地劈成南北两面"一段,从重音、语速的把握,情感的表达几个方面指导:

"滚滚""奔""澎湃""万丈"要重读,以表现黄河一往无前、不可阻挡的磅礴气势。"从昆仑山下奔向黄海之边;把中原大地劈成南北两面"一句朗读语速要加快,其中的"奔""劈"要重读,读出雷霆万钧的气势,展现出黄河的伟大力量。

（4）自由品读。学生根据指导，自由大声地朗读全诗。

（5）男女生朗读竞赛。

（6）全班有感情地朗读。

（7）组织5位朗读优秀者以轮读的形式表演朗读。

3.领略黄河魂。

黄河有着怎样的气势和精神？请找出相关词语。

小结：黄河精神，民族精神。

微点拨

1."话说母亲河"环节，让学生不仅对黄河的样貌有直观的了解，更对黄河的历史以及抗日战争时期的特定创作背景有所了解。在这个环节，教师要向学生介绍光未然和冼星海。

2.在"吟读《黄河颂》"环节，朗读是重点，也是核心。在教学组织中，一定要将各种形式的朗读（单读、齐读、轮读、竞赛读、表演读）落实到位，学生的点评要陈述理由，教师的指导要具体（比如重音、节奏以及关键词的处理）。

3.在"领略黄河魂"环节，教师应该让学生充分发挥学习自主性，通过关键词语的品读来领略黄河的气势和精神，理解中华民族的伟大精神。

（本篇作者　程爱群）

《老山界》：绝壁上的"睡功"

微解读

  《老山界》叙述的是中央红军在突破敌人的湘江封锁线后，翻越"长征中所过的第一座难走的山"——老山界的故事。全文以生动优美、真挚细腻的笔触，描写了长征中红军克服的重重困难，表现了在中国共产党领导下的红军艰苦奋斗、勇往直前的坚强意志和大无畏的革命乐观主义精神。

  本文的核心教学价值清晰明朗，无非是引导学生体会红军面对困难时所展示出来的坚强意志和乐观精神。就其困难来说，难在恶劣环境，难在爬山，难在吃饭，难在睡觉，难在疲劳不堪。其中，睡觉之难是长征途中红军战士面临的最严峻的问题。

  住是军队最基本的需求。红军战士在两万五千里的长征途中露宿野外，天为盖、地为铺是常态，爬雪山、过草地、渡大河，经历数百场战斗，一路上几乎都没有可供安稳休息的场所。他们只能用棍子往地上一插，靠小树搭块油布遮雨，背靠背挤在一起露宿；过草地时，就将油布铺在泥泞渍水里坐着打盹儿，淋雨或者冻醒都是常有的事。正是因为他们在这顶无遮蔽、底无铺垫、周无围挡的艰苦条件下渡过了"住"的难关，才创造了世界军事史上的一个奇迹。

因此，就《老山界》一课深入研讨红军战士的睡觉之难，定能激发学生对革命先烈的崇敬之情。本微课将重点品读"就在这里睡觉？怎么行呢？……不知什么时候又睡着了"这三段。

微设计

1. 朗读活动。

全班同学齐读—教师指导—点一位同学朗读。

2. 信息整理。

这三段文字是写红军在绝壁上睡觉。这样睡觉难在哪里？他们是如何克服的？（路窄危险，寒气逼人。）

3. 语言赏析。

（1）写寒冷的词语中，你觉得哪一个最触动你？（预设：寒气逼人，刺入肌骨，身子蜷起来。）

（2）这三段文字运用了哪些修辞手法？作用是什么？（排比、比喻、拟人。）

（3）讨论：将"天上闪烁的星星好像黑色幕上缀着的宝石"一句中的"缀着的宝石"改为"鬼火"是不是更加符合人物的心

境?（不是，"宝石"更能体现人物的乐观精神。）

（4）"冻醒了的同志们围着火堆小声地谈着话"，请你想象：同志们在谈什么?

（5）"耳朵里有不可捉摸的声响"，你认为这些声音指什么?（预设：战争中的战马嘶鸣声、拼杀声……）

（6）写所闻时，作者用了四个"像……"，这四句能否调换位置？为什么？（参考：不能调换。四个"像"分为两组，一组以动物作比，另一组以水流作比。两组在比声音方面都是一小一大，表现了听觉上或小或大的两种"不可捉摸"的感觉。如果调换，就不能表现出矛盾的感觉了。）

4.仿写活动。

在"像波涛在澎湃"后，仿照其所用的修辞手法及形式，续写两个句子。（参考：像落花在飘零，像狂风在肆虐。）

5.阅读链接：感受红军"住"的艰难。

6.请两位同学美美地朗读，读出情感，读出味道。

微点拨

1."朗读活动"环节要落实好，让学生充分感知内容以及文字之美。

2."信息整理"环节中提出的问题对于学生来说是不难的，主要是考查他们的信息收集和归纳概括能力。

3."语言赏析"环节是教学的重点。这个环节设计了一套"组合拳"，从字、词、句角度进行赏析，赏析的方式有改写、想象和推测。丰富的教学形式能加深学生对文本的理解,突出"语文味"。

4. "仿写活动"环节涉及的是课文中规定背诵的段落。把握写作顺序有助于背诵,更有助于理解。在此基础上,教师要让学生掌握所写内容、所用修辞以及"以动衬静"的写作手法等。

5. "阅读链接"环节能帮助学生更加全面、更加深入地理解红军长征途中的艰难环境。

《谁是最可爱的人》：防空洞里那"三笑"

微解读

1950年10月，中国人民志愿军跨过鸭绿江，开始了抗美援朝、保家卫国的伟大斗争。作家魏巍从朝鲜战场回来后写出了经典通讯报道《谁是最可爱的人》。文章经《人民日报》发表后，产生了巨大的影响。从此，"最可爱的人"成了志愿军战士的代名词。

《谁是最可爱的人》之所以能产生这样的影响力，在于它提炼了一个有鲜明时代精神的主题，感染、激励、教育着一代代人。

《谁是最可爱的人》选取了三个典型故事（松骨峰战斗、冒火救儿童、防空洞对话），从三个侧面表现了爱国主义、国际主义以及革命英雄主义精神。"松骨峰战斗"直面敌人，表现了志愿军战士的革命英雄主义精神；马玉祥冲入熊熊大火救人，表现了志愿军战士的国际主义精神;"防空洞对话"直面美好心灵:"我在这里吃雪,正是为了我们祖国的人民不吃雪。""我在这里蹲防空洞,祖国的人民就可以不蹲防空洞啊。""只要能使人民得到幸福,就是我们最大的幸福。"——通过这些普普通通的话语,我们可以看出志愿军战士为人民吃苦、为祖国献身的高尚品质,这也正是他们在朝鲜战场上英勇战斗的力量源泉。

作者魏巍认为写战士要想写得生动,就不仅要写出战士的英雄行为,还要写出战士英雄行为中的英雄的思想感情。一切英雄壮举都不是偶然的,它总是有思想基础和精神力量作为底子的,这也是报告文学的灵魂所在。

因此,本微课我将重点研读"防空洞对话",引导学生从战士平凡的言行举止中感受他们真挚的家国情怀。

微设计

1. 背景介绍。

抗美援朝战争的胜利,维护了亚洲和世界和平,巩固了中国新生的人民政权,为国内经济建设和社会改革赢得了稳定的和平环境。

在抗美援朝战争中,十几万名战士长眠于异国他乡。

2. 细读探究。

学生自读"防空洞对话"部分,重点品析三次对话。

(1)第一次对话。

【屏显】

我问他:"你不觉得苦吗?"他把正送往嘴里的一勺雪收回来,笑了笑,说:"怎么能不觉得?我们革命军队又不是个怪物。不过……又算什么哩!"

①展示朗读。分组朗读志愿军战士的回答,体会其情感。

②讨论活动。志愿军战士到底觉得苦不苦?说说你的理解。(预设:"苦"和"不苦"都有道理。"苦"是因为环境太恶劣,"不苦"是因为有强烈的爱国爱人民的情感,即使苦也心甘。)

③对比朗读。"祖国的人民"要读出什么味道?

我在这里吃雪,正是为了我们祖国的人民不吃雪。

我在这里蹲防空洞,祖国的人民就可以不蹲防空洞啊。

④创作活动。请根据你对人物心理的理解,在括号内加上"笑"的修饰语。

【屏显】

他把正送往嘴里的一勺雪收回来,笑了笑,说:"怎么能不觉得?我们革命军队又不是个怪物。不过我们的光荣也就在这里。"

创作:这是(　　)的笑。(预设:苦涩、坦然、乐观、自豪等。)

(2)第二次对话。

【屏显】

我又问:"你想不想祖国啊?"

他笑起来:"谁不想哩,说不想,那是假话,可是我不愿意回去……算什么话呢?"

①展示朗读。请学生朗读志愿军战士的回答,注意语气,体会

情感。

②学生讨论：志愿军战士的回答中，除了"祖国的老百姓"还提到了什么，有何意义？（预设：提到了"朝鲜"，体现了志愿军战士的朴实、坚决，富有国际主义精神等。）

③创作活动。请根据你对人物心理的理解，在括号内加上"笑"的修饰语。

【屏显】

他笑起来："谁不想哩，说不想，那是假话……算什么话呢？"

创作：这是（　　）的笑。（预设：辛酸、难过、坚定，有责任感等。）

（3）第三次对话。

【屏显】

我接着问："你们经历了这么多危险，吃了这么多苦，你们对祖国对朝鲜有什么要求吗？"他想了一下，才回答我："我们什么也不要。可是说心里话——我这话可不一定恰当啊，我们是想要……回到咱们的祖国去。"

①请学生朗读这一问中志愿军的回答，体会其中蕴含的情感，思考要读出什么味道。

②学生讨论：志愿军战士经历了这么多危险，吃了这么多苦，仅仅要求有一枚"朝鲜解放纪念章"，这枚纪念章可以换成别的东西吗？说明原因。（预设：不可以换成财富类的，但可以换成感谢信之类的。这主要体现了志愿军战士作为普通人的伟大之处：甘于奉献，不求回报，纯朴无私。）

③创作活动。请根据你对人物心理的理解,在括号内加上"笑"的修饰语。

【屏显】

他笑着,用手指比个铜子儿大小,怕我不明白:"一块'朝鲜解放纪念章',我们愿意戴在胸脯上,回到咱们的祖国去。"

创作:这是(　　)的笑。 (预设:害羞、纯朴、忠厚、高兴等。)

3. 拓展总结。

(1)播放中印边界冲突视频。

明确:爱国精神、革命精神值得我们每个人学习。普通人也可以在自己的岗位上做出贡献,实现自己的个人价值。

(2)教师总结。

微点拨

1. 学生对抗美援朝战争了解甚少,生活在和平年代的他们也无法理解战士们那坚定的信念从何而来。相关背景知识的介绍有助于学生对人物形象的理解。

2. 在"细读探究"环节,教师应重点研读防空洞里的三次对话,通过朗读、讨论、对比和创作等教学活动,引导学生领悟人物的精神,体会作者对他们的赞美之情。三次加修饰语的活动,可帮助学生揣摩人物心理,归纳人物品质,拉近了学生与人物的距离,引发了学生心灵上的共鸣,真正起到了由读文到读人的效果。

3. "拓展总结"环节旨在告诉学生:从来没有什么岁月静好,

只是有人替你负重前行。除了要学会感恩外,学生还要明白爱国精神需要传承,祖国的未来需要靠他们来建设。播放相关视频,有助于激发学生的爱国热情、学习热情,帮他们树立人生目标。

(本篇作者 刘婧)

《木兰诗》：英雄本色

微解读

　　《木兰诗》是中国南北朝时北方的一首乐府民歌，与《孔雀东南飞》合称"乐府双璧"。木兰女扮男装、替父从军，取得卓著功勋后辞官还家的行为所体现出的孝与忠，英勇无畏，以及保家卫国的热情、不慕官禄的气度，人们津津乐道。

　　有人曾说"战争，让女人走开"。然而，木兰，一个平凡而柔弱的中国古代少女，果敢做出了征战沙场、替父从军的不平凡决定。恶劣的环境、残酷的战争，我们难以想象一个女子到底经历了怎样的艰难险阻，更难以想象一个女子是靠着怎样的信念才坚持下来的。中国历史文化中这段最为经典的巾帼英雄传奇，凸显出了极高的思想价值。

　　木兰从应征到征战，再到凯旋，经历了整整十二年。作者详写了应征和凯旋，略写了征战。

在战争面前，木兰因为"阿爷无大儿，木兰无长兄，愿为市鞍马，从此替爷征"，然后立即积极主动地做好战前准备："东市买骏马，西市买鞍鞯，南市买辔头，北市买长鞭。"同时，面对残酷的战争，她不输男儿，尽展英雄本色："万里赴戎机，关山度若飞。朔气传金柝，寒光照铁衣。将军百战死，壮士十年归。"

在名利面前，当"可汗问所欲"时，"木兰不用尚书郎，愿驰千里足，送儿还故乡"，展示了一个平凡英雄的精神底色。

在亲人面前，她既有离家征战时"旦辞爷娘去，暮宿黄河边，不闻爷娘唤女声，但闻黄河流水鸣溅溅。旦辞黄河去，暮至黑山头，不闻爷娘唤女声，但闻燕山胡骑鸣啾啾"的无限思念，也有凯旋归家时"开我东阁门，坐我西阁床，脱我战时袍，著我旧时裳。当窗理云鬓，对镜帖花黄"的无限欣喜以及对女儿情调的无限怀念。

在战友面前，"出门看火伴，火伴皆惊忙：同行十二年，不知木兰是女郎"一句给了我们无穷的想象：木兰克服了多少困难，她又是如何用远超男儿的英勇气概度过这十二年征战的呢？

根据《木兰诗》一课的预习提示"这首民歌既展现木兰的英雄气概，也表现她的女儿情怀"，我选择以"家国情怀"切入教学，引导学生在品味诗歌的同时，领略中华民族引以为傲的精神文化。

微设计

1. 战争面前。

（1）请学生朗读第1段、第2段。

①思考：运用了哪些修辞手法？（排比、夸张。）

②讨论：面对可汗的"点兵"，你如何评价木兰的应征决定？哪一个字或词感动了你？

（2）请学生朗读第3段。

①"东市买骏马，西市买鞍鞯，南市买辔头，北市买长鞭"一句所用的修辞手法是什么？（互文。）

②木兰竟然自己花钱主动准备武器装备，你看出了什么？（参考：积极备战，为父分忧，为国解难。）

（3）请学生朗读第4段。

①请选择一个词加以品析。

品析句式：从_____中，我看出了_____。

（参考：万里、赴、关山、飞、朔气、金柝、寒光、铁衣、百战死、十年归；战争之艰苦卓绝，木兰之英勇顽强。）

②本段运用了什么修辞手法？（对偶、互文。）

2. 名利面前。

（1）请学生朗读第5段。

（2）释义：策勋、十二转、百千强、可汗、尚书郎、千里足。

（3）讨论。

①可汗亲自接见并赏赐，木兰为什么能抵挡住名利的诱惑？（不慕高官厚禄的品性；替父从军、替父分忧的本色。）

②从"愿驰千里足,送儿还故乡"一句中,你看出了什么?(归心似箭,思念亲人。)

3.亲人面前。

(1)请学生朗读木兰离家时的句子。

【屏显】

旦辞爷娘去,暮宿黄河边,不闻爷娘唤女声,但闻黄河流水鸣溅溅。

旦辞黄河去,暮至黑山头,不闻爷娘唤女声,但闻燕山胡骑鸣啾啾。

①从这几句话中,你读出了什么?(行军紧迫,留恋亲人,专心战事和国事。)

②"宿"与"至","鸣溅溅"与"鸣啾啾"可否互换?

(2)请学生朗读木兰回家时的句子。

【屏显】

爷娘闻女来,出郭相扶将;阿姊闻妹来,当户理红妆;小弟闻姊来,磨刀霍霍向猪羊。开我东阁门,坐我西阁床。脱我战时袍,著我旧时裳。当窗理云鬓,对镜帖花黄。

面对亲人,木兰的内心是欢乐还是酸苦?说说你的理解。

4.战友面前。

请学生朗读下面的句子。

【屏显】

出门看火伴,火伴皆惊忙:同行十二年,不知木兰是女郎。

讨论:从这句话中可以看出木兰是什么性格?(调皮;勇敢坚强:十二年沙场征战,出生入死无异男儿。)

5. 探究质疑。

木兰艰苦卓绝的十二年征战，诗歌只用了短短的30个字略写。为什么木兰却能够成为中国传统文化中最典型的巾帼英雄形象，而且家喻户晓呢？（作者详写了英雄精神力量的源泉：爱家、爱国的情怀最为动人。）

微点拨

1. 在"战争面前"教学环节，教师要组织好讨论，引导学生初步感受木兰应征入伍、积极备战的力量源泉；战争场面虽然是略写，但描写含蓄隽永，要充分调动学生的认知和想象，让他们体会文字背后的韵味；互文修辞是学生新接触的知识点，需要讲述清楚。

2. 在"名利面前"教学环节，"策勋、十二转、百千强、可汗、尚书郎、千里足"等关键词的理解很重要，教师要在讨论中引导学生挖掘木兰的精神内涵。特别需要注意的是，教师不能忽视学生的思维过程。

3. 在"亲人面前"教学环节，教师要通过反复朗读的方式，引导学生感受木兰的女儿情怀，让英雄的形象显得不单薄，能够"立起来"。对"木兰的内心是欢乐还是酸苦"的讨论，教师可借助想象法，将学生带入情境中。

4. "战友面前"教学环节或许有点儿难，特别是木兰的"调皮"性格，学生不易感受到。

5. "探究质疑"教学环节详略的处理比较经典，教师要引导学生理解这样处理产生的突出效果。

《阿长与〈山海经〉》：说说阿长——不虚美，不隐恶

微解读

  鲁迅先生继承了古典文学在实录写作时"不虚美，不隐恶"的优良传统，主张描写人物应该做到"有真意，去粉饰，少做作，勿卖弄"（《南腔北调集·作文秘诀》），并且执着实践这一原则，真实地写人，真实地记事，真实地表现对那个时代的爱与憎，塑造了一个个生动而个性鲜明的人物形象。

  当代作家李朝全评价道："《阿长与〈山海经〉》以娓娓的笔调，叙讲他对于去世已三十年的保姆阿长的深深的怀念和爱戴。阿长是千千万万中国普通妇女的一员，她有着愚昧、迷信等方面的缺点，却也有着更多的闪耀着人性光辉的爱与恨，荣辱羞耻感。"就是这样普通的阿长，作者并没有隐瞒她坏的方面，而是让她的本色

就这样展现在我们面前，让我们读罢只觉得真实，只觉得亲切，只觉得耀目。阿长历经千辛万苦给"哥儿"买来《山海经》。因为阿长的真实，阿长才能做成这件别人完成不了的事情；因为阿长的执着，买来《山海经》才显得那么合情合理。难怪鲁迅对她产生了崇高的敬意，这不正是"不虚美，不隐恶"（不夸大好的方面，不隐藏坏的方面）的写照吗？不虚美却处处美，不隐恶故处处真。

《阿长与〈山海经〉》是纪实类的文章，属于典型的"小人物镜头"。他们平凡且有弱点，但在他们身上又常常闪现优秀品格的光辉，引导人们向善、务实、求美。那我们该怎样更好地深入理解他们呢？我觉得，用"不虚美，不隐恶"这种方法来深刻细读人物，是一种全面又不失偏颇的实事求是之法。在阅读时不强加自己的主观意愿去评判，不刻意粉饰人物的某些缺点，这样我们才能在学习中、生活中更理解"小人物"们。另外，在描写人物时，选取人物的各个方面来写，而不是一味地写好的或者坏的方面，对于我们的写作有很大的借鉴意义。

微设计

1.说说阿长的"恶"。

（1）学生合作活动。

思考问题，小组自由讨论：阿长作为社会底层的小人物，她的普通之处体现在哪里？请结合文章内容说一说。

（2）师生讨论活动。

师生讨论，归纳出七件事：常喜欢切切察察（不佩服）；限制我的行动（讨厌）；睡觉时挤得我无法翻身（非常讨厌）；懂得许多规矩和麻烦的礼节（不耐烦）；讲"长毛"攻城时护城（空前敬意）；谋害我的隐鼠；为我买《山海经》（新的敬意、伟大的神力）。其中，给我买来《山海经》一事是重点。

（3）教师小结。

"恶"：称呼不定、其貌不扬、姓名不知、切切察察、睡相不好、多陈规陋习、讲"长毛"故事、饶舌多事、粗俗、迷信、无知。

文章自始至终一直在刻画她关心、爱护孩子的品质，虽然也讲了阿长很多缺点，但就是这些刻画，让阿长的形象更真实。这些都是作者的记忆，真的是"不隐恶故处处真"。

2.说说阿长的"美"。

（1）说说阿长的真心。

出示"梦里也记得元旦的……可以下床玩耍去了"这几段，组织学生活动。

①读一读：分角色朗读表演。

②议一议：请抓住人物的语言、动作、心理，说说人物的性格或品质。

语言描写："恭喜恭喜！大家恭喜！真聪明！恭喜恭喜！"（叠声"恭喜恭喜"的体会；四个感叹号的体会。）

动作描写：伸出、按住、摇着、塞（结合生活实际理解）。

神态描写：惶急（着急和不安）、十分喜欢似的。

教师小结：阿长真诚善良。

（2）说说阿长的伟大。

阿长她是那么善良,把福橘塞在"我"的嘴里,希望"我"的生活也美好顺溜。但这一切在幼时的鲁迅看来是那样的令人不耐烦。一个文盲却能为"我"买来心爱的书,可见她是多么关心"我",多么在乎"我"的感受。当"我"得知后,"我"的表现是什么?

【屏显】

我似乎遇着了一个霹雳,全体都震悚起来……这又使我发生新的敬意了,别人不肯做,或不能做的事,她却能够做成功。她确有伟大的神力。

学生品析活动:

①"霹雳""震悚"表达了什么内心情感?
②齐读选文,为什么说长妈妈具有"伟大的神力"?
③到底是什么让长妈妈有这样"伟大的神力"呢?(善良、纯朴、关心孩子。)

教师小结:阿长做了别人不肯做或不能做的事——买来了《山海经》,伟大的神力来源于阿长的真诚与善良。正是这种善良、纯朴的优秀品质,让"粗拙"的《山海经》成了"我"最心爱的宝书,而且影响了"我"的一生,让长妈妈成了"我"最怀念的人。

微点拨

1."说说阿长的'恶'"教学环节,实际上是梳理文章中作者对阿长主要事件的描写,考查学生的归纳概括能力,因而教师要尽量组织学生多发言、多讨论。

同时，教师要引导学生理解为何作者在文章的前半部分会用大量的笔墨写"讨厌""憎恶"阿长。强烈的"恶"使阿长的形象真实地立在我们眼前，不隐恶故处处真，也让读者能更深刻地体会后文中深沉的"爱"。

2. 在"说说阿长的真心"教学步骤中，教师要通过组织朗读，让学生去体会、理解人物的品质；还要联系学生的生活实际，帮助学生深入理解人物形象。

3. "说说阿长的伟大"教学步骤，主要运用讨论法，讨论"伟大的神力"的语言内涵。

（本篇作者　卢洁）

《老王》：老王的话外音

微解读

《老王》是杨绛先生的一篇回忆性散文，写的是"我们"一家与三轮车夫老王交往的生活片段，表达了"我"对老王的愧怍。

文章结尾说："几年过去了，我渐渐明白：那是一个幸运的人对一个不幸者的愧怍。""我"为什么会愧怍呢？是"我"对老王不好吗？答案是否定的。因为"我常坐老王的三轮"，显然"我们"一家很照顾老王的生意；"我女儿说他是夜盲症，给他吃了大瓶的鱼肝油，晚上就看得见了"，显然"我们"一家在生活上也是关心老王的。这样看来，"我"不仅不应该感到愧怍，还应该感到欣慰才对，毕竟对于生活窘困的老王来说，"我们"尽量给予了他物质上的关怀与照顾。由此可见，作者对老王的愧怍不是停留在物质层面上的。

老王送钱先生去医院后,坚决不肯拿钱,还说"我送钱先生看病,不要钱";老王送香油和鸡蛋给"我们"时,也说"我不是要钱"。由此可见,老王本人的需要也不是停留在物质层面上的。

文章最后一段提到,"一再追忆老王和我对答的话""总觉得心上不安",几年过去后,作者才渐渐明白,自己的愧怍是对老王精神需求的漠视,甚至是侮辱。

因此,作为读者的我们,要真正懂得老王的内心、老王的需求,就应该去探究他的话,探究他的"话外音"。

微设计

1. 在文中找出老王说的话并反复朗读,整体感知这些话的特点。

2. 理解老王说的话。

(1)学生思考:为什么"我送钱先生看病,不要钱",并且还问"你还有钱吗?"

(2)学生讨论:在老王的心中,"我们"一家仅仅是照顾他生意的顾客吗?

明确:老王把"我们"一家当好朋友、亲近的人。

(3)对比品析。

	原句	改句
对比句一	他只说:"我不吃。"	他只说:"我不想吃。"
对比句二	他赶忙止住我说:"我不是要钱。"	他赶忙止住我说:"我不要钱。"

学生讨论：找出原句与改句的区别。

学生朗读：感受原句与改句的区别。

学生发言：结合对比句，你从原句中读出了什么？

教师补充背景："文化大革命"时期，物资凭票供应，有钱也很难买到。

预设：老王的话的含义是"我不吃，我的鸡蛋和香油要给我最亲近的人，也就是你们吃"。老王把作者一家当作最亲近的人，他不想要钱，他想要的是情谊、安慰、临终关怀、感谢、家庭的温暖、亲人的关照等精神上的慰藉。

3.说出老王的话外音。

要求：学生要把自己当成老王，用自己的话解说自己（老王）的诉求。注意语气、情感要符合人物当时的境况。

4.**演读老王说的话。**

（1）将学生分为两组，每个小组分成3对到5对（分别表演老王和"我"），表演对话的情景。

要求：注意人物在不同阶段的身体、精神状态，并结合动作与神态，表现人物的心理。

教师提示一：演读"我送钱先生看病，不要钱"的时候，注意结合前句"坚决不肯拿钱"中的"坚决"一词。演读"你还有钱吗"这句时，要抓住"哑着嗓子""悄悄问"的动作、神态。

教师提示二：演读"我不吃""我不是要钱"时，要注意此时老王正处于病痛折磨状态，内心企盼得到温暖与关怀。

（2）师生互议共评。

5. 关注身边的"老王"。

讨论：我们的身边也有许许多多的"老王"，我们应该如何对待他们？

微点拨

1. 找出老王的话，可以让学生将老王的语言特点与人物性格特点联系起来，有利于学生深入理解老王这一人物。

2. 品读理解老王的话时，教师一定要组织好学生反复朗读、深入朗读。朗读的方式可以多样，如学生自由读、两人对比读、示范读等。

3. 在"理解老王说的话"环节，教师要注意指导学生理解其言外之意，把握老王当时的境况与心理活动，同时要用得体的语言表达出来。

4. 演读环节的组织很重要。第一次表演后先由学生点评，选出表演得最好的一对，再由教师进行指导（人物的身体、精神状态、细微的动作、神态变化），然后让学生再次上台表演，这个环节要鼓励学生大胆展示。老王的语言很简洁，因此神态与动作等细节的想象与模拟很关键。

5. "关注身边的'老王'"环节，旨在让学生将语文学习与现实生活结合起来，学会关注社会、关注生活，关爱身边的弱者，以平等的态度对待他人，保持一颗善良的心。

（本篇作者　方亚城）

《卖油翁》：理解结尾

微解读

《卖油翁》选自《归田录》卷一。《归田录》是古代中国文言轶事小说，是宋代著名文学家欧阳修所撰，多记朝廷旧事和士大夫琐事，而且大多为作者本人的经历见闻。《卖油翁》中的陈康肃公实有其人，即陈尧咨，其家族相当显赫，有一门两状元两宰相之荣耀，陈尧咨在家排行第三，亦是状元。

如何理解《卖油翁》结尾"康肃笑而遣之"一句？部分参考书上认为陈尧咨的"笑"中有会意，有尴尬，也有解嘲；"笑"和"遣"也表现出陈尧咨通达爽快的一面。这个解释成立的前提是卖油翁凭借精湛的技艺及深入浅出的道理阐释，让心高气傲的陈尧咨心悦诚服。对此，我们可以从两个方面来辨析。

第一，陈尧咨到底有没有心悦诚服？

诚然，"射箭术"和"酌油术"，均是熟能生巧。但二者的含金量不可相提并论。陈尧咨，一位身怀绝技、百步穿杨的射箭高手，对卖油翁的"酌油术"，有没有理由"尴尬"？

面对一个卖油老头的"睨之""微颔之"，陈尧咨"忿然"而问，虽然稍欠风度，却也是正常反应。然而卖油翁能自由出入"家圃"，陈尧咨能静静地看完卖油翁的表演而不作贬评，正体现了他自信且人品贵重。因此，"康肃笑而遣之"中应该没有"尴尬"，只有大度和包容。

第二，作者行文到底是不是赞扬卖油翁，贬低陈尧咨？

从故事情节来看，如果故事在卖油翁的"惟手熟尔"处戛然而止，那么整个情节无异于卖油翁单纯的"炫技式"表演；加上"康肃笑而遣之"一句，不仅意味着矛盾冲突的化解，而且形成了一种突转，让文章波澜起伏，深化了其意蕴。因此，这篇《卖油翁》的主人公应该是陈尧咨而非卖油翁，一味地将卖油翁的技艺和训教拔高，是不恰当的（《归田录》记录的是朝廷旧事和士大夫琐事，故从全书篇目来看，主角也应是朝廷高官陈尧咨）。何况卖油翁并非谦虚之人——一个卖油小商贩，走街串巷招揽生意应是其本分，何以撂担止步于陈氏家圃前"久而不去"，还对陈尧咨高超的箭术"睨之""微颔之"？无非是刻意炫耀自己的酌油之技。如果还原到现实生活场景中，我们完全还可以将卖油翁理解成一个可爱的老顽童，并无恶意地用精湛的技艺刁难一下陈尧咨，用训导的言语卖弄一下自己的阅历。因此，解读时无须将其拔得太高。当然，卖油翁的行为和语言所阐释的"熟能生巧""实践出真知""人外有人"的道理亦是至真的。

微设计

1. 教师布置学习任务。

请根据自己对人物的理解,在括号中补充人物神态,并说说你的理由。

康肃(　　)笑而遣之。

2. 学生活动。

(1)学生分小组讨论。

(2)学生代表展示成果,教师择机指定学生代表进行神态和语言表演。

预设:学生一般会答出会意、尴尬、解嘲、爽快之类的词语,如果学生答不出大度之类的词语,则进行以下拓展活动。

3. 拓展活动:陈尧咨及其家族介绍。

4. 学生讨论活动。

(1)"射箭术"和"酌油术"到底哪个更厉害?请你进一步理解陈康肃的"笑"。(大度。)

(2)"康肃笑而遣之"一句可否删除?请说说你的理由。(不能删除,此句说明陈尧咨才是文章真正的主人公。)

5. 拓展思维。

请你结合全篇及自己的生活经历,说说陈尧咨和卖油翁的性格、为人或情商。(可以从某一个侧面谈,也可以综合看待。)

微点拨

1. 在"教师布置学习任务"环节，教师要锁定本课内容，在课件上明确出示任务。

2. 在"学生活动"环节，教师要指导学生通读全文，在理解的基础上认真讨论，要求他们说出理由。可以让学生通过表演（神态和语言）加深理解。

3. "拓展活动"环节能帮助学生进一步了解陈尧咨，准确判定其"笑"的神态。

4. "学生讨论活动"环节的两个问题有点儿难，但对于理解文章和人物非常重要，教师一定要组织学生讨论到位。特别是关于"'康肃笑而遣之'一句可否删除"的讨论，涉及行文结构方面的知识，更有难度。因此，教师要在关键处适当点拨学生。

5. "拓展思维"环节很有意思。在前面学习的基础上，学生一定能更全面、更准确地把握人物性格。让学生结合自己的生活实际讨论陈尧咨和卖油翁的"性格、为人或情商"，能拉近学生与人物的距离，帮助学生将语文和生活对接。

《叶圣陶先生二三事》：宽厚待人

微解读

《叶圣陶先生二三事》用作者与叶圣陶先生交往中的几件小事，表现了叶圣陶严谨自律、待人宽厚的节操和风范，字里行间流露出作者的追思景仰之情。

著名诗人臧克家说过："温、良、恭、俭、让这五个大字是做人的一种美德，我觉得叶老先生身上兼而有之。"叶圣陶先生是中国文艺界、教育界的老前辈，他的儒雅和宽厚让人感慨和敬佩，正如作者张中行在文中所说，"孔老夫子认为虽心向往之而力有未能的，可是叶圣陶先生却偏偏做到了。因此，我常常跟别人说：'叶老既是躬行君子，又能学而不厌，诲人不倦，所以确是人之师表。'"。著名文学家萧乾曾写过《万世师表叶圣陶》，他表示，在他所接触过的师长中，有几位是圣哲型的——不仅学问好、文笔好，而且为人正派、表里一致，不投机，不看风向，对人一腔热忱，对国家事业抱献身精神。其中，叶老是他尤为敬重的一位。

在《叶圣陶先生二三事》中，往事虽小，却尤为感人：对于吕叔湘的文章，他尽管极忙，仍然细致认真到为其描标点；对于自己的晚辈、下级（作者张中行），他不耻下问，尊重体贴；对于拜访的客人，他过门越阶，鞠躬远送；对于不巧错过的来访朋友，他愧疚悔恨，真诚写信道歉。以至于作者由衷感叹："凡是同叶圣陶先生有些交往的，无不为他的待人厚而深受感动。""想到十年来的社会现象，像叶圣陶先生这样的人竟越来越少了。"

本文位于七年级下册第四单元，单元提示中说："本单元所选的文章，从不同角度展现了中华美德以及时代对这些美德的呼唤。阅读这些课文，可以陶冶情操，净化心灵，使人追求道德修养的更高境界。"因此，在教学中，教师务必要让学生领会"躬行君子"叶圣陶"待人厚"的美德。本微课将着重品读第3段、第4段、第5段。

微设计

1. 概括故事。

请学生细读文章第3段、第4段、第5段，概括表现叶圣陶宽厚品德的四个小故事。（明确：细描标点，修润文字，恭送客人，真诚回信。）

2. 小组讨论。

任选其中一个故事，谈谈你的看法（提示：可结合生活实际）。

每个小组可选2~3个代表展示。

3. 品赏句子。

（1）可是下次还是照样来商量，好像应该做主的是我，不是他。

①"照样"指什么？

②拓展：叶圣陶的身份地位。

③你看出了什么？

（2）想到我在京城工作这么多年，最后沦为住旅店，感到很悲伤。

①"沦为"是什么意思？

②"悲伤"是不是有些夸张？

4. 拓展迁移。

《尚书》中有"皇天无亲，惟德是辅"（老天爷对人无所偏袒，专门辅助有德之人），请谈谈你的理解并说说生活中你见过、听说过、遇到过类似的事吗？

5. 积累。

（1）躬行君子，则吾未之有得。（做一个身体力行的君子，那我还没有做到。）

（2）学而不厌，诲人不倦，何有于我哉？（学习不觉得厌烦，教人不知道疲倦，对我来说，做到了哪些呢？）

微点拨

1. 在"概括故事"环节，为培养学生的归纳概括能力，教师要保证学生自读的时间,让他们尽量概括得准确一些。

2."小组讨论"环节是重点,教师要让学生充分发挥自主性,将叶圣陶的品德与生活实际联系在一起。特别是在小组代表的展示中,教师要善于聆听和点拨,引导学生更深刻地认识中华传统美德。

3.在品赏第一个句子时,介绍叶圣陶的身份地位能够帮助学生进一步理解叶老谦逊低调、尊重他人的美德。品赏第二个句子可以帮助学生领会叶老真诚善良的美德。

4."拓展迁移"环节能让学生深刻认识到美德的力量,激励学生加强道德修养。这属于情感、态度和价值观的熏陶教育,亦不可忽视。

《驿路梨花》：会说话的小茅屋

微解读

　　《驿路梨花》通过记叙发生在哀牢山路边一所小茅屋的故事，讴歌了以梨花为代表的青年一代的优秀品质，生动地表现了雷锋精神在少数民族地区生根、开花，不断传扬的动人情景，歌颂了各族人民助人为乐的高尚品质。

　　本文最突出的教学价值有两点：一是写作的指导价值，其中设置悬念和误会使故事情节一波三折的构思，以花喻人的象征手法，虽然不是特别新颖的教学选点，但对于七年级学生的写作来说有很好的指导性；二是情感、态度和价值观的熏陶教育，小说以揭开"谁是小茅屋的主人"谜团为线索，将瑶族老人、哈尼小姑娘们、解放军叔叔、梨花姑娘的精神风貌一一展现，进而上升到对雷锋精神以及中华美德的弘扬。

从以上两个方面切入是绝对正确的教学选择，但教学设计略显中规中矩。从认知层面来说，亦较浅显——学生只要阅读得稍微细致一点儿，基本都能准确归纳。如何将文本教出新意，如何在无疑处激起智慧的火花，从"小茅屋"切入是不是一个有趣的角度呢？

悬念和误会、主人公的寻找、主旨的彰显，无不围绕着这间"小茅屋"。如果仅仅关注"小茅屋"的存在和存在后的供需，而不关注其搭建的初衷、体贴的设计等，便不足以让学生真切体会到主人公暖人的情怀，深刻认识到主人公的精神品质。

微设计

1.阅读全文，请为"小茅屋"画像（用图画和文字的形式均可）。

关键点：草顶、竹篾泥墙的外形；屋里漆黑；白木门板上用黑炭写着两个字："请进！"；火塘里的灰是冷的；一张简陋的大竹床铺着厚厚的稻草；倚在墙边的大竹筒里装满了水；墙上写着几行粗大的字："屋后边有干柴，梁上竹筒里有米，有盐巴，有辣子。"

2.讨论。

（1）在"小茅屋"的设计中，最让你感到温暖的细节是什么？

预设："请进"二字；厚厚的稻草；大竹筒里装满了水；墙上写着几行粗大的字："屋后边有干柴，梁上竹筒里有米，有盐巴，有辣子"。

（2）从这些细节中，你感受到了主人公的什么性格？

预设：细心周到、热心善良。

3.想象活动。

请你想象解放军最初搭建"小茅屋"时的对话和神态。

4.请按照时间顺序，梳理梨花姑娘、瑶族老人、哈尼小姑娘们、"我们"照料小茅屋的链条。

解放军：砍树割草盖起了房子→梨花姑娘：屋里的米、水、干柴，以及充满热情的"请进"二字→哈尼小姑娘们：趁砍柴、拾菌子、找草药的机会来照料这间"小茅屋"→瑶族老人：一袋米→"我们"：把"小茅屋"修葺一下，给屋顶加点儿草，把房前屋后的排水沟再挖深一些。

小结：驿路梨花处处开。

微点拨

1.在为"小茅屋"画像时，会画图的学生画图，不会画图的则可用文字表述。教师可以让学生独立完成，也可以采用小组合作的形式完成。此环节设计的目的是让学生充分了解"小茅屋"的外观和内部设施。

2.在"讨论"环节，教师要引导学生抓住关键字词仔细品读，深刻领会主人公热心善良和细心周到的精神品质。

3.在"想象活动"环节，教师要让学生充分发挥想象力，引导学生体会解放军搭建"小茅屋"的初衷，感受人物精神。

4. 梳理"照料小茅屋的链条",便于学生在厘清故事顺序的基础上体会文章的倒叙手法,进一步感悟到雷锋精神在少数民族地区生根、开花和不断传扬。

《陋室铭》:"三比"显"德馨"

微解读

《陋室铭》作于公元824—公元826年间,刘禹锡因在担任监察御史期间参加了王叔文的"永贞革新",被贬至安徽和州。相传当时和州的知县见刘禹锡是被贬谪至此的,就故意刁难。半年时间里,知县强迫刘禹锡搬了三次家,住房面积一次比一次小,条件一次比一次差,于是刘禹锡在居所写下此文。为此,有人说这篇文章是"气"出来的。可我认为,一位能用"晴空一鹤排云上,便引诗情到碧霄"来写秋的人自然是一位心胸宽广、乐观旷达之人,定不会为俗人俗物所扰。

作者开篇先写"山不在高,有仙则名。水不在深,有龙则灵",再笔锋一转,以"斯是陋室,惟吾德馨"直接切入主题,运用比兴手法点明自己不慕名利、安贫乐道的高尚志趣。山可以不用高,水可以不用深,只要有了"仙""龙"就可以声名远播。居所虽然简陋,却因主人的"德"而"馨",此乃第一"比"。

接着,作者用"苔痕上阶绿,草色入帘青。谈笑有鸿儒,往来无白丁。可以调素琴,阅金经。无丝竹之乱耳,无案牍之劳形"描绘陋室之陋,并借自己交友、喜好的描述来明志。所居是僻静荒凉的陋室,交往的却是"鸿儒"。将陋室之陋与自己的高尚情操相对比,此乃第二"比"。

然后,作者写下"南阳诸葛庐,西蜀子云亭"一句,以诸葛亮的草庐、扬子云的子云亭自况,表明自己荣辱不惊、淡泊名利、坚守节操的高尚品德,此乃第三"比"。

最后,作者以"何陋之有"作结,说明陋室"不陋",余味无穷。如此心胸豁达、安贫乐道之人怎会因小人陷害而耿耿于怀呢?所以我认为《陋室铭》绝不是被"气"出来的,而是由心中自然"溢"出来的。

微设计

1.解题。

铭:古代刻在器物上用来警诫自己或者称述功德的文字,后来成为一种文体。这种文体一般都是用骈句,句式较为整齐,朗朗上口。《陋室铭》就是写在陋室之上用来警诫自己或称述功德的文字。

2.室之比。

读文章,注意读音断句,思考"何陋之有"该用什么语气读?

（1）疑问语气，找一找陋室之陋。（苔痕上阶绿，草色入帘青。）

（2）反问语气，找一找主人为什么认为不陋？

谈笑有鸿儒，往来无白丁——所识皆君子。

可以调素琴，阅金经——所阅皆典雅。

无丝竹之乱耳，无案牍之劳形——所欲皆淡泊。

小结：陋与不陋成对比，以室之陋衬德之馨。

3. 人之比。

（1）教师介绍"南阳诸葛庐"和"西蜀子云亭"。

"南阳诸葛庐"中，诸葛亮是三国时期著名军事家、政治家。此人才华卓越、神机妙算，一生为复兴汉室鞠躬尽瘁，忠贞爱国之心流传千古。

"西蜀子云亭"中，扬子云即扬雄，西汉文学家，以《长杨赋》《甘泉赋》等佳作闻名于世。此人不慕富贵、博学多才，与司马相如齐名。

（2）学生讨论：思考诸葛庐、子云亭与陋室的关系；思考诸葛亮、扬雄与刘禹锡的联系。

小结：用诸葛庐、子云亭之陋和陋室相类比，将诸葛亮、扬雄与自己联系起来，表明自己淡泊名利、重学崇德的志趣。

4. 物之比。

（1）学生翻译："山不在高，有仙则名。水不在深，有龙则灵。"

（2）教师讲解比兴。

"比者，以彼物比此物也。""兴者，先言他物以引起所咏之词也。"通俗地讲,"比"就是比喻,是用某些有相似点的事物来比拟想说的某一事物,使其特征更加鲜明突出;"兴"就是起兴,即借助其他事物作为诗歌发端,以引起所要歌咏的内容。"比"与"兴"常常连用。

(3)学生讨论:文章是如何比兴的?有何作用?

小结:作者开篇用比兴手法,点明"斯是陋室,惟吾德馨",托物言志,表明虽是陋室,但因为"我"高尚的品德,陋室也不陋了。

微点拨

1. 教师首先应让学生对"铭"这种文体有所了解,理解题目的意思,让学生知道这是一篇托物言志的文章,作者是借陋室来表明自己的志趣。

2. 此文内容简短、句式整齐、朗朗上口,特别适合朗读。教师应建议学生多读,在读中理解领悟;应让学生读出问句"何陋之有"的语气,并根据不同的读法来解读文章。学生在理解之后自然会认为反问语气更合适。

3. 当学生找出陋室陋在"苔痕上阶绿,草色入帘青"的时候,教师要注意提醒学生理解"上""入"这两个字作为动词的意思分别是"蔓上""映入"。在此可以尝试让学生抓住"上""入"二字赏析此句,体会一个简单对偶句的"神效"——勾画出一个布满青苔、环境清雅的陋室。

4. 分析完陋室后,教师应进一步引导学生分析陋室的主人,对比陋室之陋和主人品德之馨,让学生理解作者是在以陋室烘托自己志趣的高尚。

5. 在分析类比的时候,教师要注意引导学生抓住相似点。学生对诸葛亮有一定的了解,能很快抓住诸葛亮与刘禹锡的相似点,但对扬雄可能不太了解,此时则需要教师及时补充材料,引导学生理解。

6.七年级的学生理解比兴手法可能有一定的难度,这个不用着急,在此只需要了解即可。

(本篇作者　陈莹)

《爱莲说》：衬托的力量

微解读

《爱莲说》是北宋学者周敦颐的一篇议论性散文，作者通过描写莲的形象和品质，歌颂了莲花的坚贞品格，托物言志，表现了作者洁身自爱的高洁人格，以及不与世俗同流合污的人生态度。文章还运用对比、反衬的手法，以菊、牡丹衬托莲之美，将菊花的隐逸、牡丹的富贵和莲花的高洁作对比，加深了"爱莲"的主题。如果缺少菊花和牡丹的对比衬托，内容就会显得空洞，表现自然无力。

《爱莲说》最大的亮点并不是其以花喻人的写作手法，因为在中国文学作品中，以物拟人、以物喻人的品格是极为常见的。它最大的亮点在于选材的开山意义，因为在周敦颐之前，人们多以"岁寒三友"或"花中四君子"喻人的品格。

在教学《爱莲说》时，从写法切入也好，从主旨切入也好（托物言志的手法、衬托的手法、作者的志趣），都能领略全文风采。然而，周敦颐在赞莲之时，为何偏偏选择菊花和牡丹来作为衬托？有何特殊意义呢？"水陆草木之花，可爱者甚蕃"，用其他的花（比如梅花）来衬托行不行？我认为，从这个点引入讨论，能让学生更深入地理解全文。

《爱莲说》一文的衬托是非常合理的。"陶渊明是中国第一位田园诗人，被称为'古今隐逸诗人之宗'，他不为五斗米折腰，解绶归隐后，饮酒赋诗，安享'采菊东篱下，悠然见南山'的田园逸趣，堪称中国古代气节的代言人。周敦颐用莲花和菊花对比，并没有轻率地、全面地否定陶渊明的菊花之爱，而是巧妙地将自己和陶渊明放在同一层次上，这是自许；在对世俗趣味的批判中，显示自己的孤立"（孙绍振教授语），有掩饰不住的孤高。

《爱莲说》一文的衬托是极有力量的。《爱莲说》全文可以概括为"一条线索""两个陪衬""三种类型"。"一条线索"是以莲为线索连缀全篇；"两个陪衬"是指用菊花和牡丹作为"莲"的正衬和反衬；"三种类型"是以写三种花来写三类人——人格高洁、襟怀洒落的君子，追求富贵的人，洁身自好、不与世俗同流合污的隐士。

微设计

1. 组织学生根据课下注释读懂、读熟全文。
2. 品读重点句子。

予独爱莲之出淤泥而不染，濯清涟而不妖，中通外直，不蔓不枝，香远益清，亭亭净植，可远观而不可亵玩焉。

（1）读出节奏，读出味道。

（2）归纳莲花的特征，概括莲花的品格。

3. 讨论。

（1）文章主写莲，却还写了菊花和牡丹，有何作用？（衬托莲花。）

（2）莲、菊花、牡丹分别象征了什么人？

4. 质疑。

（1）拓展：陶渊明的故事和品格。

（2）周敦颐的"爱莲"真的超越了陶渊明的"爱菊"吗？

参考：我爱莲就是爱莲的君子品德，我不愿像陶渊明那样消极避世，也不愿像世人那样追逐功名富贵；我要在污浊的世间独立不迁，永远保持高洁的操守和崇高的品德；我和陶渊明有相似之处，我的思想境界或许更高。

5. 辨论。

（1）拓展：古人有以"岁寒三友"或"花中四君子"喻人品格的习惯。

墙角数枝梅，凌寒独自开。——王安石《梅花》

不经一番寒彻骨，怎得梅花扑鼻香。——黄檗禅师《上堂开示颂》

零落成泥碾作尘，只有香如故。——陆游《卜算子·咏梅》

（2）周敦颐为什么不用"岁寒三友"中的梅花来衬托呢？

参考：写陶渊明爱菊，是正衬，突出自己的高洁；写世人爱牡丹，是反衬。梅花体现的是不惧风雪、坚贞不屈的精神，与作者的风骨稍有不同，用其衬托显得不够准确。

6. 积累。

（1）杨万里《晓出净慈寺送林子方》。

（2）《汉乐府·江南》。

（3）柳永《望海潮·东南形胜》。

微点拨

1. 读懂、读熟环节，一是为了给学生打下坚实的传统文化底子，二是为了方便后面的品析。

2. 在"品读重点句子"环节，教师要把握莲花的特征和品格，引导学生在理解的基础上熟读成诵。

3. 在"讨论"环节，教师要引导学生理解：全文以莲为线索，菊花和牡丹是衬托，三种植物分别象征了三种人。

4. "质疑"环节将作者和陶渊明相对比，能让学生更深刻地理解周敦颐的品格，更深刻地理解文章。

5. "辩论"环节旨在引导学生跳出课本，拓展学生的思维，帮助学生进一步理解作者的品格。

6. "积累"环节有利于增强学生的传统文化底蕴。

《紫藤萝瀑布》：精湛的语言力

微解读

宗璞的散文独具特色，她在《真情·洞见·美言》中写道："一篇好散文，我以为需要三个条件，即真情、洞见和美言。……所谓美言，就是要美的文字，散文特别需要文字上的功夫。本来文学是语言的艺术，散文似乎更为苛求。"

宗璞不仅善于运用多种修辞手法来激活她的语言和灵感，激发她的情绪，在遣词造句上也是精益求精。她既讲究辞藻的修饰，又重视字词的锤炼，特别是很多动词用得极其精当出彩。宗璞出身书香门第，深受中外优秀文化的滋养，自小喜爱鉴赏名画，对中外绘画研究颇深。因此，她写起散文来也比较注意文字的色彩与画面感。但凡涉及景物描写，她的散文往往与一定的色彩相联系，能唤起人们的联想。而且其色彩描写多为暖色调，常抒发热情、甜美、喜悦、积极、向上的情感。

《紫藤萝瀑布》一文完美地体现了宗璞散文的这几个特点。她将盛开的藤萝比作瀑布，将花朵人格化，将那盛开的花朵比作"张满了的帆"，那"船舱鼓鼓的，又像一个忍俊不禁的笑容，就要绽开似的。"——这一个个比喻，无不生动精彩。她用"辉煌"修饰"淡紫色"，用流动、欢笑、生长等动词描写藤萝，化静为动；用泛着、迸溅、挑逗等动词描写藤萝中"最浅淡的部分"，精妙无比；用推着、挤着、在笑、嚷嚷等拟人化的动作描写花朵——这一个个动词的运用，显示出作者遣词造句的过人功力。"淡紫色""深深浅浅的紫""最浅淡""颜色便上浅下深，好像那紫色沉淀下来了""浅紫色的光辉和浅紫色的芳香"——这一系列的色彩描绘，画面感很强，还让人感受到一种生命的力量。

本微课将重点品读《紫藤萝瀑布》第2段至第6段中的精彩语言。

微设计

1. 赏析语言之精美。

（1）学生齐读、点读。

（2）比喻句赏析：结合第2段讨论这片紫藤萝与瀑布有哪些相似点。

参考：一是"从空中垂下，不见其发端，也不见其终极"；二是"深深浅浅的紫，仿佛在流动，在欢笑"；三是"泛着点点银光，就像迸溅的水花"；四是"在和阳光互相挑逗"。

（3）动词赏析：在第2段中，你认为哪些动词用得准确而生动？说说理由。

参考：流动、欢笑、生长、泛、迸溅、挑逗。

（4）拟人句赏析。

①请找出拟人句。

参考：花朵儿一串挨着一串，一朵接着一朵，彼此推着挤着，好不活泼热闹！"我在开花！"它们在笑。"我在开花！"它们嚷嚷。

②"在笑""嚷嚷"句式不太整齐，将"嚷嚷"改为"在嚷"好不好？

参考：不好，失去了花朵们热闹叫嚷的味道。

（5）自主赏析。

同桌讨论：在第6段中，你最喜欢哪一句或哪个词语？

（6）全班有感情地朗读第2段至第6段。

2. 赏析表达之充实。

【屏显】

从未见过开得这样盛的藤萝，只见一片辉煌的淡紫色，像一条瀑布，从空中垂下，不见其发端，也不见其终极。只是深深浅浅的紫，仿佛在流动，在欢笑，在不停地生长。紫色的大条幅上，泛着点点银光，就像迸溅的水花。仔细看时，才知道那是每一朵紫花中的最浅淡的部分，在和阳光互相挑逗。

（1）讨论：删除"只见一片辉煌的淡紫色"中的"辉煌"一词行不行？

（2）讨论：删除"从空中垂下，不见其发端，也不见其终极"一句行不行？（参考：不行，删除的话，这一比喻就显得不够合理，不能被读者认可。）

（3）对比下面两句话，哪一句更好？

①紫色的大条幅上，泛着点点银光，就像迸溅的水花。仔细看时，才知道那是每一朵紫花中的最浅淡的部分，在和阳光互相挑逗。

②紫色的大条幅上，每一朵紫花中的最浅淡的部分在阳光的映照下，泛着点点银光，就像迸溅的水花。

（4）写作训练：请补充下面的比喻句，使其完整可信。
①含羞草像一个害羞的小姑娘，_____。
②春风像个慈祥的母亲，_____。

参考示例：

①含羞草像一个害羞的小姑娘，只要在它的叶片上轻轻一碰，它就合拢起来，枝条也跟着低垂下来，好像不敢见人似的。

②春风像个慈祥的母亲，拂着你的脸颊，使你感到舒畅。

微点拨

1. 在"赏析语言之精美"环节，教师要通过朗读、对比等多种方式品析修辞和动词的用法，要特别注意抓住关键词，培养学生的语言感悟力。教师在组织赏析活动之前，可以先让学生自主赏析。

2. "赏析表达之充实"环节的实施也许有些困难，但对于写作的指导作用很大。在写作教学实践中，很多学生都有内容空洞的毛病，教师总感觉没有针对性训练的抓手。我在平时的作文训练中常常使用这个方法，引导学生深刻认识自己在写作中存在的问题，取得了很明显的成效。

在这个环节组织多次讨论是为了让学生理解透彻，"写作训练"是为了让学生运用掌握的知识。这两步都要落实好。

（本篇作者　刘芸）

《伟大的悲剧》：勇敢的心

微解读

　　阿蒙森—斯科特站，这座位于南极点的科学考察站，其命名是为了纪念人类历史上最早到达南极点的两名科学家——挪威人阿蒙森和英国人斯科特。

　　《伟大的悲剧》是奥地利作家茨威格根据英国人斯科特遗留下来的一些底片、胶卷、书信和遗书，发挥自己天才般的文学想象写成的。写的是斯科特探险队一行五人精疲力竭却又满怀希望地奔向南极点，却悲哀地发现挪威人已经捷足先登，只好无奈地踏上归途，但由于天气寒冷及准备不足，他们与严寒饥饿搏斗了两个月，最后一个个悲壮地死去。

　　历史往往钟情于胜利者，赞歌总是献给最后的赢家。然而《伟大的悲剧》却是茨威格为失败者——英国探险队斯科特一行而作，因为他敏锐地捕捉到了他们探险南极的伟大价值。

这篇传记最震撼人心的是斯科特探险队员在面对失败和死亡时表现出来的镇定勇敢的精神风貌、兄弟般的情谊，以及热爱祖国、眷恋亲人的真挚感情。为了不拖累同伴，皇家禁卫军的骑兵上尉劳伦斯·奥茨勇敢走向"狂吼怒号的暴风雪""像一个英雄似的向死神走去"，多么令人崇敬的从容赴死！他们"骄傲地在帐篷里等待死神的来临，不管还要忍受怎样的痛苦。他们爬进各自的睡袋，却始终没有向世界哀叹过一声自己最后遭遇到的种种苦难"，多么有尊严地直面死亡！"英雄们的遗体已冻僵在睡袋里，死去的斯科特还像亲兄弟似的搂着威尔逊"，多么悲壮的死亡！难怪"在英国国家主教堂里，国王跪下来悼念这几位英雄"。

教学中如果抓住五个探险队员——倒在寒冷南极荒漠的经过和细节，一定能突出悲剧的不同凡响。

微设计

1. 梳理情节：五个人分别是如何死去的。

参考：埃文斯，疯死；奥茨，为减轻同伴负担主动赴死；剩下三个人，冻死在帐篷里。

2. 说感动：最让你感动的是哪一个人的死亡？

预设：奥茨为减轻同伴负担主动赴死的从容勇敢；三个人在帐篷里有尊严地死去。

3. 重点品析斯科特海军上校的"死亡日记"。

（1）他为什么要写"死亡日记"？

（2）"我的妻子"与"我的遗孀"有什么不同？

（3）"悲伤地、坚决地"的作用是什么？

（4）他的"死亡日记"体现出什么？（爱：爱民族，爱朋友，爱亲人。）

4. 说话活动。

请用精练的语句，在后面横线上评价"在英国国家主教堂里，国王跪下来悼念这几位英雄"中的"跪"。

在英国国家主教堂里，国王跪下来悼念这几位英雄。这一跪，_____

教师小结活动：将学生的答案编成一首诗歌，让全班一齐朗读，然后总结出镇定勇敢、团结协作、兄弟情谊、热爱祖国、眷恋亲人等主题。

5. 播放音乐《勇敢的心》片段。

微点拨

1. 在"梳理情节"环节，教师应指导学生用跳读的方法了解五个探险队员的死亡经历，让学生初步受到震撼。

2. 在"说感动"环节，教师应尽量让多名学生说，鼓励个性化表达，引导他们抓住能表现人物精神的关键词句来谈，不脱离文本。

3. "死亡日记"品析环节以斯科特为重点，以点带面，可让学生进一步感受探险队员的精神风貌。在品析中，教师要运用多种教学手段，如讨论、对比、朗读，让学生充分发挥学习的主动性。

4."说话活动"环节旨在训练学生对主旨的理解能力和语言的组织表达能力。"这一跪……"的补充评价活动,可以让学生充分体会到文学之美、创造之美。

(本篇作者　饶爱华)

《太空一日》：科学就是意外接着意外

微解读

　　航天英雄杨利伟是我国航天事业的代表人物。作为我国航天第一人，杨利伟乘由长征二号火箭运载的"神舟五号"飞船首次进入太空，标志着我国的航天事业开始进入一个新时期。《太空一日》一文详细地描述了杨利伟在太空中绕地飞行14圈所看见的太空奇景、乘坐飞船的身体感受、太空中遇到的惊魂险境，这些对我国航天科学的发展有着非凡的意义。

　　爱因斯坦说过，没有侥幸这回事，最偶然的意外，似乎也都是有必然性的。很多伟大的发明都源于科学家偶然捕捉到的"意外"：阿基米德在洗澡时突然发现了浮力定律；牛顿被一个掉落的苹果砸到头，发现了万有引力定律；瓦特看到沸腾的水把壶盖掀起来，由此发明了蒸汽机……同样，《太空一日》也用了大量的文字记叙了杨利伟在太空中的一些"意外",而这些"意外"必定成为突破航天技术瓶颈、发展航天科技的重要元素。

因此,我将本课的教学切入点定在飞行中那一个又一个的"意外"上,核心教学价值指向主人公不顾危险和痛苦,执着于航天技术发展,坚持记录飞行数据的科学精神。

微设计

1. 导入。

请学生注意"我以为自己要牺牲了"一节中的"意外出现了"一句。用阿基米德、牛顿、瓦特的例子来引出观点——伟大的发明常源于科学家偶然捕捉到的"意外",科学就是意外接着意外。

2. 理解"意外",感受英雄形象。

(1)活动一:航天科学家杨利伟在《太空一日》中用大量的文字记叙了自己在太空中的五次"意外",请学生快速阅读全文,将它们找出来。同时思考在这些"意外"面前,他有怎样的心理活动或举动?填写下面的表格。

	意外情况	心理活动或举动
第一次意外		
第二次意外		
第三次意外		
第四次意外		
第五次意外		

参考：

第一次意外：共振叠加，五脏六腑似乎都要碎了——非常痛苦，以为要牺牲了，顽强忍受。

第二次意外：失重状态下产生"本末倒置"的错觉，倒着飞很难受，容易诱发空间运动病——靠意志克服，眼睛闭着猛想，最终得以适应。

第三次意外：出现神秘的敲击声——很紧张，边听边看，冷静观察。

第四次意外：返程时舷窗出现裂纹——紧张、担心，通过观察判断应该没事。

第五次意外：抛伞开伞时飞船晃动很大，折磨人——让人不知道怎么回事，感到紧张，重视这个过程。

（2）活动二：通过杨利伟遇到危险时的表现，可以看出他有怎样的优秀品质？

参考：沉着，稳重，坚韧，一丝不苟，心理素质好，不怕牺牲、敢于牺牲。

3. 请学生细读下面的句子，讨论杨利伟对待科学的态度。

（1）那种共振持续26秒钟后，慢慢减轻。

（2）从载人飞船上看到的地球，并非呈现球状，而只是一段弧。

（3）我几次努力寻找长城，但是没有结果。"神舟六号"和"神舟七号"飞行时，我曾叮嘱航天员们仔细看看，但他们也没看到长城。在太空，实际上看不到地球上的任何单体建筑。我询问过国际上的很多航天员，没有谁能拿出确凿证据说看到了什么。即使是大城市,在夜晚看到时也只是淡淡的红色。

(4)回到地面后,人们对这个神秘的声音做过许多猜测。技术人员想弄清它到底来自哪里,就用各种办法模拟它,拿着录音让我一次又一次地听,我却总是觉得不像。对航天员最基本的要求是严谨,不是当时的声音,我就不能签字,所以就让我反复听,断断续续听了一年多。但是直到现在也没有确认,那个神秘的声音也没有在我耳边准确地再现过。

(5)6时4分,飞船飞行至距离地面100公里,逐渐进入稠密大气层。

参考:

(1)用准确的数字记录自己感受不适的时间,体现了杨利伟严谨、科学的态度。

(2)体现了杨利伟实事求是的科学态度。

(3)体现了杨利伟客观的科学态度。

(4)体现了杨利伟实事求是、严谨、科学的态度。

(5)准确地记录时间、高度,体现了杨利伟严谨、科学的态度。

小结:杨利伟在太空飞行中经历了各种不可预料的危险和"意外",展示了一个航天员的科学精神和拼搏勇气。同时,我们也深深体会到,正是因为有杨利伟、费俊龙、聂海胜、翟志刚、刘伯明、景海鹏、刘旺、张晓光、刘洋、王亚平等一批航天英雄,我们才见证了祖国航天事业中的一个又一个奇迹。

4. 拓展。

北斗卫星导航系统是中国独立研发、自主运行，与世界其他卫星导航系统兼容互用的全球卫星导航系统，也是中国航天史上迄今为止规模最大、系统性最强、涉及最广、技术最复杂和建设周期最长的航天基础工程。

微点拨

1. "导入"环节要强化"意外"。

2. "意外"梳理环节是填表活动，在这个环节，教师一定让学生发挥自主性，引导学生"亲密接触"语言文字，培养他们精细阅读和精准表达的好习惯。至于杨利伟的品质归纳，倒不是很难，学生一般都能答出。

3. 品析句子环节，教师一定要引导学生扣住关键词（"26秒""并非……而只是""几次努力""叮嘱""一次又一次地听""反复听""听了一年多""6时4分""100公里"），体会其表达效果。这是语文学习的重要方法。

4. "拓展"环节很有意思，北斗卫星导航系统相关信息的介绍，能让学生深刻领悟到航天技术带给我们的生活变化，激发学生热爱科学，并为祖国的科学发展而骄傲的思想感情。

《活板》：活板印刷的技术密码

微解读

本文选自北宋科学家沈括的《梦溪笔谈·技艺》，文中介绍的印刷术，是活字印刷技术，相对于雕版印刷来说，它是"活"的。从"死板"到"活板"，是印刷行业的进步，是科学的进步，是后人对前人的超越，反映了古代人民的智慧。因此，本课课文预习提示中明确指出"阅读课文，了解我国古代的活字印刷术，感受古代人民的智慧"。

《活板》一课主要介绍了活板印刷的工序流程，但如果在教学选择时，仅仅停留于厘清工序上，学生是无法体会到其中的智慧的。因此，教师要引导学生从关键词句中，从一些工艺细节中，解读活板印刷的技术密码，领会其"灵活"的制印特点，这样才能让学生深刻感受到古人所取得的伟大成就。我抓住"印、火、板、土、帖"五个关键字巧妙切入教学,提出火在印刷中的作用是什么,印刷过程中到底要设置几个铁板,泥、土作为原料有何优势等问题,引导学生体会其背后的技术原理与工艺的独特,从而让学生深刻感受到我国古代劳动人民的智慧。

在教学中,解决提出的这些问题并不难,但我们在解决的过程中至少要让学生明白三点,即表达之巧,技术之精,智慧之美。如此揣摩、品析文字并从中体会其背后的密码,方有实实在在的"语文味"!

微设计

学习几个关键字:印、火、板、土、帖。

1.印。

(1)教师出示对比句,学生在文中画线。

每字为一印

每一字皆有数印

每字有二十余印

(2)学生讨论:每字一印、数印、二十余印,这是前后矛盾,还是各有针对的情况?

参考:一般是一字一印;部分字是一字多印,以备一板内有重复者。

(3)还有一种特殊情况:有奇字素无备者,旋刻之,以草火烧,瞬息可成。

小结:刻字、补字灵活。

2. 火。

（1）教师出示对比句，学生在文中画线。

火烧令坚

以草火烧

持就火炀之

用讫再火令药熔

（2）学生讨论："火"字的意思是什么？作用分别是什么？

小结：制字灵活。

3. 板。

（1）教师出示对比句，学生在文中画线。

先设一铁板

常作二铁板

（2）学生讨论：只设一铁板好不好？

小结：印刷灵活。

4. 土。

（1）教师出示对比句，学生在文中画线。

用胶泥刻字

不若燔土

（2）用泥、土的好处是什么？

小结：拆板灵活。

（3）用了什么说明方法？（作比较。）

5. 帖。

（1）教师出示对比句，学生在文中画线。

以纸帖之

每韵为一帖

（2）正音与释义。

小结：存贮灵活。

（3）体验一道工序。

①现代汉语中常用汉字有数千个，排版时，这么多的字怎样才能快捷地找到呢？它与字典查字法有什么不同？

②在实际印刷中找字、贮字难不难？

小结：我国古代劳动人民是充满智慧的。

微点拨

1.在"印"字的学习中，教师要注意引导学生讨论；在"火"字的学习中，要注重学生的积累；在"板"字的学习中，要注意组织学生讨论；在"土"字的学习中，要注意引导学生作对比；在"帖"字的学习中，要注意组织学生积累和运用。

2."体验一道工序"这个小环节是将活板贮字、找字方法与现代查字典的方法进行古今对接，从而让学生更好地体会古代劳动人民的智慧。

八年级上册

《藤野先生》：知心藤野

微解读

　　《藤野先生》是一篇回忆性散文，记叙了作者在仙台学医时和藤野先生相识、相交、相离的经历。文中藤野先生认真负责、严谨求实、关爱学生的优秀品质给我留下了深刻印象，平时教学我总是围绕这个点进行分析，然而，学生对藤野先生的感觉总是那么遥远。

　　直到一次文本细读时，藤野先生的一个反常举动引起了我的注意：当鲁迅决定放弃学医时，一向关心他的藤野先生竟无任何挽留，只说了一句："为医学而教的解剖学之类，对于生物学也没有什么大帮助。"

　　于是，我仔细品读藤野先生所说的每一句话，体会藤野先生为鲁迅所做的每一件事情，我发现藤野先生之所以让鲁迅铭记感激，主要是因为他更像一位知心大哥而非师长——他知道鲁迅需要什么。因此,我选择从这个角度出发开展教学,试图拉近学生与文本的距离。

微设计

1. 忆知心事。

(1)学生自读文章第6段至第35段,概括鲁迅与藤野先生之间发生的事情。

参考:添改讲义、纠正解剖图、关心实习、了解裹脚、诘责学生会干事、离别赠相。

(2)细读知心事。

请学生重点研读"添改讲义"和"诘责学生会干事"两件事,回答:

藤野先生为什么连文法都修改?

鲁迅留学时已经是成年小伙子了,为一件同学诬陷的小事,藤野先生为何还要一同去?

明确:只有祖国强大,国人才会受到尊重。

2. 品知心话。

(1)找出文中藤野先生所说的话,用藤野先生的语气读一读。

(2)细读知心话:对比原句与改句,这两句表现出的关怀程度有没有不同?

①改句式朗读:

原句:"我的讲义,你能抄下来么?"

改句:"我的讲义,你抄下来么?"

②改标点朗读:

原句:"拿来我看!"

改句:"拿来我看。"

③省略后朗读:

原句:"你看,你将这条血管移了一点位置了。——自然,这样一移,的确比较的好看些,然而解剖图不是美术,实物是那么样的,我们没法改换它。现在我给你改好了,以后你要全照着黑板上那样的画。"

改句:"你看,你将这条血管移了一点位置了。现在我给你改好了,以后你要全照着黑板上那样的画。"

明确:说出了鲁迅画错解剖图的原因,让鲁迅觉得藤野先生真是知心、贴心。

④增加后读:

原句:"为医学而教的解剖学之类,怕于生物学也没有什么大帮助。"

改句:"为医学而教的解剖学之类,怕于生物学也没有什么大帮助。你学了这么久的医学,也有很大的进步,要不就不要改了,就跟着我继续学习吧!"

明确:虽然藤野先生是舍不得鲁迅的,可是他了解鲁迅、懂鲁迅,他再不舍也不强加挽留,坚持尊重鲁迅的选择。

3. 探知心因。

阅读藤野先生的《谨忆周树人君》相关文段,进一步认识知心的藤野先生。

（1）在藤野先生的回忆里，周树人是这样的：周君身材不高，脸圆圆的，看上去人很聪明。记得那时周君的身体就不太好，脸色不是健康的血色。

（2）关于认真修改周君的课堂笔记，藤野先生说：周君上课时虽然非常认真地记笔记，可是从他入学时还不能充分地听、说日语的情况来看，学习上大概很吃力。于是我讲完课后就留下来，看看周君的笔记，把周君漏记、记错的地方添改过来。

（3）为什么对周君这样特别照顾，藤野先生的解释是：尽管日清战争已过去多年，不幸的是那时社会上还有日本人把中国人骂为"梳辫子和尚"，说中国人坏话的风气。所以在仙台医学专门学校也有这么一伙人以白眼看待周君，把他当成异己。少年时代我向福井藩校毕业的野坂先生学习过汉文，所以我很尊敬中国人的先贤，同时也感到要爱惜来自这个国家的人们。这大概就是我让周君感到特别亲切、特别感激的缘故吧。

（4）1935年，藤野先生读了鲁迅的《藤野先生》，却没有联系鲁迅，也不让外人知道，这是为什么呢？他说：周君在小说里、或是对他的朋友，都把我称为恩师，如果我能早些读到他的这些作品就好了。听说周君直到逝世前都想知道我的消息，如果我能早些和周君联系上的话，周君会该有多么欢喜啊。可是现在什么也无济于事了，真是遗憾。我退休后居住在偏僻的农村里，对外面的世界不甚了解，尤其对文学是个完全不懂的门外汉。

4. 写知心话。

在藤野先生与鲁迅分别的日子里，我想藤野先生也如鲁迅一样,希望能再次联系。假如你是藤野先生,在看了鲁迅为自己写的文章后,你会对他说什么呢?请代藤野先生给鲁迅写一封信。

要求:①站在藤野先生的角度,以第一人称来写。②语言的表达要符合藤野先生的性格特点。③语言流畅,情感真实恰当。

微点拨

1. 在"忆知心事"环节,教师要让学生多多讨论,引导他们体察到藤野先生一切为了鲁迅的心思。

2. "品知心话"环节通过"改""省""增"的品析方式,对比朗读,学生可以进一步把握人物心理和性格。此环节难度不大,教师不要直接给答案,而要引导学生在反复的朗读体验中对比语言妙味,理解人物心理。

3. 在"探知心因"环节,教师要围绕要求做好点评工作,指导学生在表达中体现"知心藤野"的性格特点。

(本篇作者 陈莹)

《回忆我的母亲》：伟人的基因

微解读

八年级上册第二单元的单元提示中说，本单元的课文"是过往时代生活的记录，又可成为未来人生旅途中的宝贵财富"。在教学中，引导学生追溯伟人的足迹，不一定能让他们成为伟人，但至少能让他们看到伟人成长的闪光点。

《圣经》也说"太阳底下没有新鲜事"。沿着这些光辉的足迹，或许能寻得一点成长的力量。读朱德的《回忆我的母亲》，我深刻感受到伟人之所以成为伟人，是有基因（当然不是指科学概念中的基因，而是指从小的生活环境和家庭教育）传承一说的。

要是我们仅仅从写人的角度归纳或解读"我的母亲"的优秀品质，未免太过机械、浅显，课后"思考探究"中的第二点——"说说'我'从母亲身上得到了哪些教益"已经给出了很好的提示。从

"伟人的基因"这个角度教学，引导学生体会"伟人何以成为伟人"的道理，一定能让"传记"发挥出最大的教育作用，进而成为后人真正的财富！

微设计

1. 想一想。

默读课文最后五段（"母亲最大的特点是一生不曾脱离过劳动……愿母亲在地下安息"），思考母亲给了"我"什么？

参考：热爱劳动的好习惯，直面困难的勇气，生产知识，革命意志。

2. 议一议。

围绕以上四个方面，结合全文，让学生分小组说说"母亲的故事"，然后再请一名代表分享其感触最深的故事。

3. 资料补充。

朱德还有一种极为可贵的品格，使他在党内外永远受人敬重，那就是团结同志、平易近人。补充王树增的长篇小说《长征》、聂聆的《始终与人民群众心连心——论朱德的群众思想》一文中关于朱德相关品格的阐述。

4. 拓展学习。

（1）毛泽东之母损己利人的故事。

（2）成就一代伟人的周恩来嗣母的故事。

教师小结：她们都是普通的母亲，但正是她们的养育与熏陶，使"伟人成为了伟人。"

5. 读一读。

请全班学生深情朗读课文最后两段。

6. 说一说。

请5~8名学生说说自己的父母或者老师的身上,有哪些值得学习的优秀品质?该如何向他们学习?建议结合实际的案例来谈。

微点拨

1. "想一想"环节主要训练学生的归纳能力,帮助学生体会"母亲"的优秀品质,因而教师要注意让学生自主归纳。

2. "议一议"环节可以让学生在上一环节的基础上进一步理解"母亲"的个性品格。

3. "资料补充"环节和"拓展学习"环节是为了引导学生更深地理解父母与教师对人的影响。

4. 在"读一读"环节,教师要组织学生深情朗读,读出感情,读出作者对母亲的爱与怀念。

5. "说一说"环节将语文与生活对接,引导学生观照自己、观照自己的母亲,并以良好的心态看待亲近者的积极影响。因此,在这个环节中,只要学生愿意说,教师便应尽量让他们多说。

《三峡》：三峡的另一种美

微解读

三峡是美丽的。刘白羽《长江三日》的激情之美、余秋雨《三峡》的文化之美是当代人对三峡美的阐释，而北魏地理学家郦道元的《三峡》又阐释了一种怎样的美呢？

文章先写山的雄伟之美——"重岩叠嶂，隐天蔽日，自非亭午夜分，不见曦月"，再写水的险急之势——"有时朝发白帝，暮到江陵，其间千二百里，虽乘奔御风，不以疾也"，与山之雄伟呼应。接下去，由山之壮美转向山之秀美——"绝巘多生怪柏，悬泉瀑布，飞漱其间，清荣峻茂，良多趣味"，最后笔锋一转，从情感的角度写出三峡的凄美——"林寒涧肃，常有高猿长啸，属引凄异，空谷传响，哀转久绝"。

郦道元的《三峡》经历了岁月的考验，终成经典，在中国古典散文史上,很难被超越。除了语言上的巧妙提炼,时序上的处理更为精妙。从夏写到春冬,再写到秋,这不同于自然界的季节变换,目的就是使情感表达更为有序——先山水,再悲情。关于这一点,孙绍振教授是这样解释的:"在时序上将秋放在春冬之后,在情趣上将猿鸣之悲放在结尾,实际上是反差与递进的统一,也是意脉的高潮。豪情之美、雅趣之美和悲凉之美乃构成'三峡之美'主题的三重变奏。"

因此,本微课将从"三峡的凄美"角度解读,力求让学生更深刻地理解文本。

微设计

1. 温习导入。

文章前三段通过描写三峡的山之雄伟、水之险急和秀丽,表现了三峡的豪情之美、雅趣之美,那么文章最后一段,又是写的一种什么美呢?

2. 自读自学。

学生对照课下注释自读《三峡》最后一段,理解"霜旦""涧肃""属引""凄异""响""绝"等字词。

3. 朗读自译。

学生朗读全段,边读边译,边读边背。

4. 问题探究。

(1)作者为何不按照春夏秋冬的正常顺序写作,而将秋的描写放在最后?

参考：从夏写到春冬，再写到秋，这不同于自然界的季节变换，目的就是使情感表达更为有序——先山水，再悲情。这样来看，将秋的描写放在最后，有利于情感的表达。

（2）对比下面两句，说说哪句更合理。

①常有高猿长啸，属引清远。渔者歌曰：巴东三峡巫峡长，猿鸣一声泪沾裳。——盛弘之

②每至晴初霜旦，林寒涧肃，常有高猿长啸，属引凄异，空谷传响，哀转久绝。故渔者歌曰：巴东三峡巫峡长，猿鸣三声泪沾裳。——郦道元

教师提示：可以从增加的词句、改变的字词上进行对比品析。

参考：第二句增加了"林寒涧肃""空谷传响，哀转久绝"，为表现凄美、悲情造势。另外，将"属引清远"改为"属引凄异"更为准确，"猿鸣一声"改为"猿鸣三声"更为合理。

（3）品析"渔者之歌"，讨论：三峡自古乃旅游胜地，渔者在三峡无限美景面前，应该感觉快慰无比，为何还如此"歌曰"？

教师小结：这一段写出了三峡的凄美。

5. 朗读感受。

全班学生反复朗读，要求：把握节奏，读出感情。

课外阅读：刘白羽《长江三日》、余秋雨《三峡》、舒婷《神女峰》、李白《早发白帝城》《上三峡》、卢照邻《巫山高》。

微点拨

1."温习导入"环节的目标是引导学生回顾全文结构，为最后

一段的分析打好基础。

2. 在"自读自学"和"朗读自译"环节，教师要保证学生读懂、读熟，要给足学生自主学习的时间（为了节省时间，翻译环节只需要学生口头自译即可）。

3. "问题探究"环节设置的几个问题都有一定的难度，但对于学生理解全文帮助很大，因而教师一定要组织好问题讨论、语言对比和对"渔者之歌"质疑这三项活动。尽量先小组讨论，再全班讨论，教师的指导要及时。

4. "朗读感受"环节是学习文言文的重要内容，教师一定要让学生反复朗读，读出节奏，读出感情。

《答谢中书书》：写景书信的背后

微解读

《答谢中书书》是一篇精致的写景美文。作者先以"山川之美，古来共谈"总领全文，仰视"高峰入云"，俯视"清流见底"，平视"两岸石壁，五色交辉"；再以"青林翠竹，四时俱备"写四季之美；最后过渡到"晓雾将歇，猿鸟乱鸣；夕日欲颓，沉鳞竞跃"的一日朝暮之美。其文辞清丽，为六朝山水小品名作。

这样一篇写景美文，竟然是一封书信。书信多记事陈情，而此封书信重写景，并无叙事，这是为何？这与作者生活的时代，以及他个人的人生经历、人生志趣紧密相关。

陶弘景博学多才，是历史上的一位传奇人物。可是，他生活的时代，政局动荡、矛盾尖锐，不少文人选择归隐山林，以期求得精神上的自由与解脱。陶弘景也是这样,他"虽在朱门,闭影不交外物,唯以披阅为务",于永明十年(公元492年)辞去朝廷食禄,隐居茅山。梁武帝曾亲写诏书问他"山中何所有?卿何恋而不返?",希望陶弘景出山辅政,可陶弘景答曰:"山中何所有,岭上多白云。只可自怡悦,不堪持赠君。"可见他不愿出山的决心。后来梁武帝多次礼聘,但他仍不出,并画二牛图献给梁武帝,进一步表明自己的心志。

陶弘景的这封信,是答谢中书(即谢征)的。谢中书写给陶弘景的书信已失,有人猜测是谢中书奉梁武帝之命,请陶弘景还朝为官,辅佐政事。陶弘景写这封回信,就是想告诉谢中书:我早已归隐山林,无心入朝为官,现在生活的环境"实是欲界之仙都",以写景的方式表明心志,婉拒谢中书。

教学时,从这封写景书信背后的故事切入,能让学生更好地理解书信中蕴含的无心为官、寄情山水的人生志趣。

微设计

1. 朗读课文。

(1)教师范读。

(2)学生自由、大声地朗读课文。要求:读准字音、节奏,读出感情。

(3)学生展示朗读。

(4)小组朗读竞赛。

2. 合作探究。

（1）对照注释，自读质疑。

（2）全班释疑，合作翻译。

（3）小组研讨。

①文中总领全文的是哪一句？全文围绕哪个字展开描写？

②文章是从哪些角度写景的？描写了什么景物？这些景物具有怎样的特征？

③你认为文中有哪些精妙的用词？妙在哪里？

教师指导：将学生分组，以小组为单位，学生先独立思考，再在小组内合作探究，然后全班展示交流。

明确：本文以"山川之美，古来共谈"总领全文，围绕一个"美"字，从视角的变换、四时、一日之朝暮等角度展开写景，描绘了一幅人间仙境图。这里山高水清、石壁斑斓、林青竹翠、猿鸟啼啭、鱼儿欢腾。"乱"与"竞"展现的是生机与活力。

3. 解读"书信"。

（1）解题：答，答复；谢中书，即谢征，中书是其官职名。最后一个"书"是指书信，古代书信多记事陈情。

（2）简介时代背景。

（3）简介作者及其与梁武帝的关系。

（4）引导学生思考：作者在这封书信中为什么只写景而不叙事？这封写景书信的背后究竟蕴含着什么？有什么深意？

（5）请学生从文中找出直抒胸臆的句子，体会作者的思想感情，理解作者在书信中写景的目的。

明确：作者生活的南北朝时期，政局动荡、矛盾尖锐，他选择归隐。梁武帝多次礼聘让他出山辅政，他坚决不从。此封答谢中书的书信，之所以只写景而不叙事，就是为了向谢中书表明自己无心为官、只愿寄情山水的人生志趣。

微点拨

1.在"朗读课文"环节，教师要注意朗读形式的多样化，并对学生提出相应的朗读要求。通过朗读培养学生的语感，让他们初步感知文本内容。

2.在"合作探究"环节，教师首先要引导学生结合注释，合作完成字、词、句的学习，进而疏通文意；然后将学生分组，以小组为单位，探究课文在写景方面的特色，让学生在合作探究中逐步习得赏析写景美文的方法。

3.在"解读'书信'"环节，对谢中书以及"书"这种文体进行简单介绍，可以帮助学生理解题目的意思。至于这封写景书信背后所蕴含的深意，教师可以提前布置任务，让学生利用课外时间收集一些资料，如时代背景、人物经历等，然后在班上进行交流学习，再结合文中直抒胸臆的句子深入理解作者在书信中写景的目的。

（本篇作者　田凤英）

《记承天寺夜游》:"闲"的味道

微解读

《记承天寺夜游》结尾"何夜无月?何处无竹柏?但少闲人如吾两人者耳",传达出作者怎样的微妙心境呢?面对清澈透明的月光、一同赏月的好友,作者为什么自称"闲人"?这些问题一直是本文研讨的重点。

所谓"知人论世",就是要联系苏轼的人生经历和人生志趣来谈。此文写作时是宋神宗元丰六年(公元1083年),作者因为"乌台诗案"被贬到黄州已经有四年了。虽然挂名团练副使,但有职无权,仅发生活费,近乎流放。因生活艰难,作者在友人的帮助下开荒"东坡",自耕自种以维持生计。

在这种处境下,苏轼与同样被贬官的好友张怀民夜游承天寺,写下"庭下如积水空明,水中藻、荇交横"——笔下无月,意中尽是月,这写月光的传神之笔,动静结合,为读者描绘出一种空灵的境界，映衬作者"透明的胸襟"。于是，作者连发两问："何夜无月？何处无竹柏？"以此表明如自己般的"闲人"不多。

这"闲人"的感叹，其意蕴何其丰富！是自嘲？是自慰？是自傲？有没有惆怅和悲凉呢？

康震教授在解读此篇时说："人只有真正地静下心来，才能关注到花开花落这等等闲之事，才能意识到世间之美……苏轼和张怀民的安闲当然是被迫的，不是他们主动的选择，但是即便是被动的选择，也要努力地、主动地在这安闲当中寻找一份美的情绪，享受这份安逸和安闲。这不正是苏轼的可爱之处吗？"

微设计

1. 作者及背景介绍。

2. 自读自学。

（1）朗读课文，理解"欣然""念""遂""相与""盖""但"等字词。

（2）对照课下注释，边读边译。

3. 问题探究。

（1）从文中哪些地方可以看出苏轼是"闲人"？

参考：①入夜即"解衣欲睡"。②见"月色入户"，便"欣然起行"。③与张怀民"步于中庭"，连"竹柏影"都看得那么仔细，那么清楚。

（2）你觉得苏轼是一个怎样的"闲人"？

参考：

①清闲的人：被贬到黄州当一个小官，没什么事做。

②悠闲的人：在庭中散步，悠闲自在。

③有闲情雅致的人：在有月亮的晚上，半夜跑出来和朋友赏月。

（3）学生自主探究：苏轼乃大学士，官至尚书，但屡次被贬。此时的他自称"闲人"，到底表达了怎样的心情呢？

4. 再次诵读课文，在诵读中感受苏轼豁达的情怀。

5. 拓展延伸。

请你讲讲体现苏轼旷达心境的故事，或者背诵相关诗歌。

微点拨

1. 了解背景，初步感知。为了避免阅读的随意性，让学生少走弯路，课前教师可以向学生布置收集苏轼资料的作业，导学铺垫。

2. 本文篇幅短小，在理解古文大意时，教师可组织学生借助课下注释，同桌互助，边读边译。让学生在反复吟诵中感受作品的张力，体会文言词句的意韵之美。

3. "问题探究"环节中的这几个问题环环相扣，紧紧围绕闲人闲情展开，教师要先鼓励学生相互释疑，再适当点拨，以培养学生思考问题、分析问题的能力。其中最核心的问题是"闲的意味"，它表达了作者怎样的心情——这是个开放式的问题，教师一定要多多组织学生回答，只要学生能自圆其说，都要予以肯定。

（本篇作者　戴雪萍）

《野望》：孤独的隐者

微解读

在诗歌发展鼎盛的唐朝，他的名字实在太不起眼。可是，当你翻开《唐才子传》就会发现，卷一除了"六帝"外，第一个名字就是他的名字——王绩。

王绩是一位很矛盾的诗人，如果说他生性淡泊、甘愿隐居，可他年少时就拜谒群臣，胸怀壮志；如果说他抱负远大、一心为官，他又三仕三隐、嗜酒如命。王绩到底是一个什么样的人呢？当我走进王绩的世界后才发现，其实他是一位不被理解的孤独的隐者。

王绩出生于地地道道的书香门第，从小博闻强识，胸怀大志。十多岁就崭露头角，被称为"神仙童子"，后被举荐为官，授秘书正字。谁知隋炀帝好大喜功，刚愎自用，听信小人谗言，这让王绩失望透顶。人们只知道他是因酒误职，却无人理解他为何嗜酒，更无人理解他的辞官决定。这位才子也开始变得越来越沉默，无人可倾诉衷肠，他只能感叹道："网罗在天，吾将安之！"唐高祖武德年间，王绩被征召到门下省待诏。唐太宗贞观初年，王绩因病去职归乡，从此隐居山野不复为官。没人理解为何"神仙童子"成了"山野隐士"，王绩也只能把自己孤独的秘密埋藏在《野望》之中。

微设计

1. 望孤独之景。

（1）解题："野望"是什么意思？

参考：野望是在田野中眺望，而不是眺望田野的意思。

（2）读诗，找找诗人都"望"到了些什么？读的过程中应该重读哪些字？为什么？

参考：望到了"树树皆秋色，山山唯落晖。牧人驱犊返，猎马带禽归"；应该重读"皆""唯""返""归"，因为这些字写出了秋景的萧索与他人有家可归的温情，突出了诗人的孤独寂寞之感。

（3）请给你们找到的景物添加颜色，并说明原因。

参考：昏黄色、灰褐色、土黄色等。这些颜色反映出秋天凄凉的特点和作者孤独惆怅的心情。

2. 读孤独之人。

（1）用2~3个词语来形容诗人的形象，说一说你的理解。

（2）教师讲解王绩的生平和"采薇"的典故。

（3）扮演诗人说出他的心里话。

3. 品孤独之情。

（1）讨论：诗人为何孤独？说出你的理解。（参考：怀才不遇，不被理解。）

（2）对比。

①柳宗元也是孤独的。

学生讨论：《江雪》一诗，你从哪里看出孤独？他因为什么而孤独？

参考：因为被贬谪。

②陶渊明也是孤独的。

学生讨论：《饮酒（其五）》一诗，你从哪句看出他的孤独？这又是一种怎样的孤独呢？

参考：陶渊明是王绩的偶像，陶渊明的隐居也是孤独的，比如从诗中"结庐在人境，而无车马喧"可以看出来，在闹市之中，他不被打扰，这是一种内心宁静、悠闲自在的孤独；从"采菊东篱下，悠然见南山"可以看出他喜欢这种孤独，享受这种孤独。

（3）朗读。有感情地朗读并背诵全诗。

微点拨

1. 从解题开始，让学生慢慢地进入诗歌的学习，不会让学生产生紧迫感。在解题的过程中，除了理解"野望"的意思，还要抓住"望"这个字，为接下来的教学活动打基础。

2. 在找景色的时候一定要让学生多读，在读的过程中体会"皆""唯"等字的妙处，还要引导学生认识到："树树皆秋色，山山唯落晖"一句所描绘的景色是单一的景色,正是这种单一的景色显示出诗人内心的孤独。

3.给找到的景物添加颜色这个教学活动,主要是为了让学生通过对颜色的想象来明确诗歌带来的感受,从而更好地体会到诗人写景就是在抒情,诗人通过萧条、凄凉的景色来反映内心的彷徨与孤独。这样做能给很多有所感触却一时之间不知道用什么词语来形容的学生一个缓冲的时间,让他们能找出更好的词语来赏析诗歌。

4."读孤独之人"和"品孤独之情"这两个部分慢慢地将课堂的教学内容扩充开来,让学生学会知识的迁移和运用,将学过的知识融会贯通。

(本篇作者　陈莹)

《背影》：成熟的痛

微解读

《背影》一文是令无数人爱不释手的经典，许多教师都说，《背影》是常教常新，再教再感动！许多语文名师都对《背影》有过无比精彩的教学演绎，不过我最喜欢、最认可的还是江苏特级教师丁卫军的解读角度（父子间复杂的爱），以及黑龙江特级教师董一菲的解读角度（父爱的艰难）。

随着岁月的沉淀和年龄的增长，我对长辈、对生活的认识日益丰富深刻，重读《背影》，那深藏于背影与泪光之中的父子之情，让我产生了与往日不一样的认知和感动。

《背影》写作的切入点是浦口送别时父亲的背影，自1917年浦口送别到1925年创作此文，这感人至深的"背影"其实留存在作者心中已整整八年。其间，朱家父子间发生了什么？父亲浦口分别后赴南京，不仅没有谋到差事，还病倒外乡，从此贫病交加，债台高筑，心情郁愤；朱自清北大毕业后回乡教书，因家庭纠纷与父亲生出隔阂；父子冷战期间，朱父对孙儿的牵挂一天浓过一天，这份爱曾经真切地出现在朱自清的成长经历中，如今又悉数给了孙辈。

但《背影》写作的触发点是朱自清父亲的一封来信："我身体平安，唯膀子疼痛厉害，举箸提笔，诸多不便，大约大去之期不远矣。"收到这封信后，作者的思绪一下回到了八年前。他想到了祖母去世奔丧时，自己对交卸差使、变卖典质，还了亏空，借钱办丧事的父亲的无比怜悯；想到了浦口送别时，自己对和脚夫再三讲价却说话不大漂亮的父亲的嫌弃；想到了父亲爬月台买橘子时，自己对饱含着父爱的"肥胖"、艰难、"努力"的背影的无限感动（或许此刻他才明白，父亲的背影其实早已深深地烙在自己心中）；想到了自己对父亲混入人流的背影的无限依恋；想到了父亲晚年"老境却如此颓唐"，他的自责、愧疚与懊悔铺天盖地地涌来——他责怪自己的不懂事、愧疚于自己的不体谅、懊悔父子多年的隔阂……这一切，深深地刺痛着他的心！父子骨肉相连的情感，让他噙满眼泪，挥笔写下了这篇感人至深的经典美文。

八年来，萦绕脑际的"浦口背影"一直让他羞愧。至1925年写作《背影》时，朱自清真正懂得了父亲贯彻始终的疼爱与牵挂，真正懂得了父亲颠沛流离的艰辛与困苦，真正懂得了一生刚傲却老境颓唐的父亲，是因为爱，才在自己面前显得那么伤感和脆弱！

这段心理历程标志着朱自清的成熟，但这成熟付出了不小的代价，一路追忆，留给朱自清的只有悔。这迟到的悔，更化为痛！因此，从"成熟的痛"切入教学，或许是较为准确的角度。

微设计

1. 看全篇，理思路。

（1）请大家自读课文，说说本文所写的内容。

（2）教师指导：文章四次出现"背影"，"背影"是全文的线索，以"背影"开头，以"背影"结尾，前后照应。四次出现"泪"，其中有三次是和"背影"在一起的。正如课后"思考探究"里所说，文章中，"我"对父亲的情感态度是有变化的。这节课我们主要围绕"泪"品析作者的情感变化。

2. 看句段，悟情感。

（1）品读第一次流泪。

到徐州见着父亲，看见满院狼藉的东西，又想起祖母，不禁簌簌地流下眼泪。

①"我"流下眼泪的原因是什么？

②朗读此句，重读"又"字，请学生再作补充。

③请结合文中第3段，在"父亲"一词前加上修饰语。

到徐州见着_____父亲，看见满院狼藉的东西……流下眼泪。（预设：颓唐的、落魄的等。）

④此时，"我"对父亲是一种什么样的情感？（预设：怜悯或同情。）

（2）比较下面两个句子。

我那时真是聪明过分，总觉他说话不大漂亮……送我上车。

唉，我现在想想，那时真是太聪明了！

①用了什么修辞？（参考：反语。）

②"那时"出现两次，"我""那时"对父亲是一种什么态度？（参考：嫌弃。）

③"现在""那时"形成对比，有什么作用？（参考：说明现在懂事了，有悔意了。）

④朗读这两句，要注意重读哪些词？（参考：重读"现在""那时""太"，并不是"聪明"一词。）

（3）品读爬月台一段"我说道……心里很轻松似的"（第二次眼泪）。

①男女生分工朗读，注意人物对话的语气。

②讨论：父亲爬月台，到底难不难？

参考：可以有两种答案。第一种答案是难，为什么难？因为父亲年龄大、身材肥胖、爬月台"不容易"，顺势品析相关词语，如"蹒跚""探身"。另一种答案是不难，爬月台的难、生活的难……一切的难在父爱的笼罩下，都显得一点儿都不难了，不是有一句"心里很轻松似的"吗？

③看见他的背影，我的泪很快地流下来了"，此时的"泪"表达了"我"什么样的情感？（参考：体会到父爱后的感动、心酸。）

（4）品读第三次流泪。

等他的背影混入来来往往的人里，再找不着了，我便进来坐下，我的眼泪又来了。

①全班齐读。

②最打动你的一个词语是什么？（预设：来来往往；再找不着了；又。）

③讨论：此时的"泪"表达了"我"什么样的情感？（预设：依恋。）

（5）品读第四次流泪。

①全班有感情地齐读课文最后一段。

②此时的"泪"表达的情感非常复杂，大家说说有哪些情感，并简述理由。（追问：他伤感什么？自责什么？懊悔什么？）

③此时，父子之间相互理解了。他们彼此理解了对方的什么？为什么父亲来信不报平安，反而说"大约大去之期不远矣"？（资料拓展：此时父亲并不老，只有56岁，此后一直活了20年。）

参考：这是父亲脆弱的表现，也是想念儿孙，盼儿孙归的表现。

④"我读到此处，在晶莹的泪光中……背影"，说明这是真正触动朱自清的话。此时此刻，父亲八年前蹒跚的背影重现，朱自清内心的回应是什么？——"唉！我不知何时再能与他相见"，请学生朗读，读好"唉"字。

⑤播放音乐《懂你》片段。

3. 看生活，懂父母。

你与父母之间有过令你自责与懊悔的故事吗？请简要说说。

结束语：珍惜吧！同学们，好好爱你们的父母，理解他们，体谅他们，莫让迟到的自责和懊悔伤了年华。

微点拨

1. "看全篇，理思路"环节是整体感知，学生的自读要到位，因为"背影"和"泪"很明显，思维性并不强，所以可由教师直接点出。

2. "看句段，悟情感"环节主要是围绕"泪"展开，师生可抓住文章中的几个关键句段品析，体悟作者对父亲的情感变化。

在品析"到徐州见着父亲，看见满院狼藉的东西，又想起祖母，不禁簌簌地流下眼泪"一句时，"又"字很关键。在品析爬月台一段时，父亲到底"难不难"的讨论能将学生对父爱的理解引向深处。在品析"等他的背影混入来来往往的人里，再找不着了，我便进来坐下，我的眼泪又来了"一句时，要从"来来往往""再找不着了""又"这几个关键词语中体会感情。最后一段的品析是难点，要引出作者伤感、自责、懊悔的复杂情感，还要引出父子之间的相互理解。为此，学生的仔细品读和教师的资料拓展很重要。父亲那封信的潜台词解读也很关键，它与作者最后的抒情相呼应，标志着父子俩冰释前嫌。

3. "看生活，懂父母"环节是将文章与生活结合，教育学生理解父母，懂得感恩。

《白杨礼赞》:"物"与"志"之间

微解读

托物言志这种写作手法,对于八年级的学生而言(小学早就接触过),并不是新鲜知识点。特别是在阅读教学中,学生能轻松理解并解释明白。

当我们学习《白杨礼赞》时,托物言志的手法又出现了。到底应该教什么,如何教,于学生而言才不是"炒现饭"?先来看看几个常见的教学内容。一是"白杨树象征了什么",这完全是无疑之问,或者说是毫无价值的问题,完全涉及不到思维层面的训练(因为文中第7段直接表明了)。因此,"白杨树象征了什么"不应是重点教学内容。二是"白杨树有什么特点",《白杨礼赞》不是说明文而是散文,肯定不是站在科学的角度,全面介绍白杨树的特点,而是有选择性、倾向性地描述白杨树的特性,以达到服务文章主旨的目的（赞美北方农民、民族精神）。因此，"白杨树有什么特点"肯定也不是核心教学内容。

我认为将《白杨礼赞》的核心教学内容定位于托物言志中"物"与"志"的紧密联系，应该最为合宜（特别是侧重于写作教学时）。

微设计

1. 托物言志的学习。

教师讲述：本文表面上是写白杨，实质上是写北方农民以及民族精神——借助白杨，表达一种情感或说明一种道理，这种手法就叫托物言志。比如，春蚕、蜡烛——"春蚕到死丝方尽，蜡炬成灰泪始干"后来经常被用来赞美教师的奉献精神。

又如，松柏不畏严寒，四季常青，象征坚强不屈的精神。还有，荷花是花中的君子，象征清白高洁；牡丹盛开之时，绚丽灿烂，象征荣华富贵……

2. 群文学习。

（1）回顾温习。

①七年级上册冰心的《荷叶·母亲》（片段）。

雨势并不减退，红莲却不摇动了。雨点不住地打着，只能在那勇敢慈怜的荷叶上面，聚了些流转无力的水珠。

我心中深深地受了感动——母亲啊！你是荷叶，我是红莲。心中的雨点来了，除了你，谁是我在无遮拦天空下的荫蔽？

训练：这便是象征。雨中的荷叶象征_____，被荷叶呵护着的红莲又象征着_____。（答案：母亲；儿女。）

师述：本文没有直接写母爱，母爱是抽象的，实在是不好写。作者写了具体的荷叶和荷花，除了诗意的美，母爱也体现得更强烈！

②七年级下册贾平凹的《一棵小桃树》（片段）。

雨还在下着，我的小桃树千百次地俯下身去，又千百次地挣扎起来，一树的桃花，一片，一片，湿得深重，像一只天鹅，羽毛渐渐剥脱，变得赤裸的了，黑枯的了。然而，就在那俯地的刹那，我突然看见那树的顶端，高高的一枝儿上，竟还保留着一个欲绽的花苞，嫩黄的，嫩红的，在风中摇着，抖着满身的雨水，几次要掉下来了，但却没有掉下去，像风浪里航道上的指示灯，闪着时隐时现的嫩黄的光，嫩红的光。

我心里稍稍有些安慰了。啊，小桃树啊！我该怎么感激你？你到底还有一朵花呢，明日一早，你会开吗？你开的是灼灼的吗？香香的吗？我亲爱的，你那花是会开得美的，而且会孕出一个桃儿来的；我还叫你是我的梦的精灵，对吗？

训练1：本文是一篇_____（写作手法）的散文，作者明写小桃树的顽强生长，暗写自己对美好未来、人生理想的执着追求。（答案：托物言志。）

训练2：将写小桃树顽强生长的词句画出来，并请一位学生朗读。

③七年级下册周敦颐的《爱莲说》（文章略）。

训练1：请全班学生背诵。

训练2：文章也是采用象征手法，以物喻人，托物言志，以莲

喻_____。(答案:君子)

(2)群文学习。

①席慕蓉的《贝壳》(文章略)。

训练1:请画出描写小贝壳特征的句子。

训练2:这是一篇托物言志的散文。作者借助一枚小小的贝壳,寄寓她对_____的深刻理解。(答案:生命、人生。)

②九年级下册高尔基的《海燕》(文章略)。

训练1:请结合全文,根据自己的理解完成填空。

这篇散文诗反映的是1905年俄国革命前急剧发展的革命形势。文中海燕象征_____;大海和波涛象征人民群众的力量;暴风雨象征革命浪潮;太阳象征光明未来;狂风、乌云和雷电,则象征_____;海鸥、海鸭和企鹅,则象征害怕革命的假革命和不革命者。(答案:坚强无畏、英勇善战的革命先驱;丑恶虚弱的反动势力。)

训练2:请全班同学朗读最后几段。

3. 写作训练。

(1)教师总结指导:①选择恰当的象征物,象征的意义要清晰明朗。②象征是有条件的,那就是象征物和被象征的对象,二者必须具有一致性(有内在联系)。

(2)布置任务:请用象征手法描写一个事物,字数在200字以内。提示:象征体和象征义之间的联系要非常紧密。

(3)指导写作。

分两段:①第1段写事物的特征(外形或内在特性),第2段揭示象征义。②在这种托物言志的手法中,"物"与"志"一定要吻合,而且要让读者认可。

（4）学生写作。

（5）教师评讲。（重点：①象征体与象征义的联系是不是吻合的。②语言。）

微点拨

1．"托物言志的学习"环节，从学生角度而言，应该只是温习，或者进一步理解。教师举几个最常见的例子，即可加深学生的理解。

2．"群文学习"环节旨在通过大量包含托物言志手法的文章，并辅以针对性的训练，让学生透彻理解这种写作手法理解"物"与"志"之间的紧密联系。这个环节，教师不能多讲，只适当地点拨，主要是让学生自己阅读，自己训练，自己理解。

3．"写作训练"环节将教学目标集中在仿写上，保证学生在理解的基础上能运用、会运用。在这个环节中教师要做好两点，一是写作指导要到位（比如给学生分两段的框架建议），二是针对学生的片段写作要评讲到位，特别是要指导学生在写作中注意"物"与"志"的高度吻合，在写"物"的特性时，要有选择性、倾向性，与"志"无关联的特性果断不写。

《中国石拱桥》：对比赵州桥和卢沟桥

微解读

对比赵州桥和卢沟桥，这是一个很独特的教学选点。

赵州桥和卢沟桥作为世界著名的两座石拱桥，虽然"同框"于《中国石拱桥》，但它们总是作为"拱上加拱"和"联拱石桥"的代表存在于我们的理解中。阅读此文也好，教学此文也好，如果仅仅局限于此，对这两座桥的理解认识必定略显"扁平"。

如何突破？我认为将赵州桥和卢沟桥进行对比分析，对比其长、其宽、其美、其固，应能帮助学生建立起对赵州桥和卢沟桥的立体认知。

当然，这样教学的终极目标并不是对比二者谁更优秀，谁的建筑价值和历史地位更高，而是通过对比，激发学生思维，巧妙引导学生更深层次地理解说明方法和说明语言，理解其中的文化内涵。

特别是弄清关于洨河上的赵州桥和永定河上的卢沟桥能否彼此取代的问题，浅问深究，锻炼思维和能力。

微设计

1. 学生活动一。

自读课文，请回答：赵州桥和卢沟桥哪座桥更长？哪座桥更宽？哪座桥的石拱更长？哪座桥的历史更悠久？（板书：列数字的说明方法。）

2. 学生活动二。

（1）讨论：你觉得赵州桥和卢沟桥哪座桥更好看？说说你的理由。

（2）朗读：读第5段和第6段的优美句子，感受赵州桥和卢沟桥之美。（板书：说明语言的生动，摹状貌的说明方法。）

3. 学生活动三。

（1）再讨论：你觉得赵州桥和卢沟桥哪座桥更坚固？说说你的理由。

（2）回答："永定河发水时……足见它的坚固"一句运用了什么说明方法？（作比较。）

4. 学生活动四。

创造性问题讨论：永定河上的桥能否也设计成赵州桥"拱上加拱"的形式？（参考：应该不能，永定河太宽了，石拱太长就不坚固了。）

5. 学生活动五。

读最后一段,思考古今。

1961年,云南省建成了一座世界最长的独拱石桥,名叫"长虹大桥",石拱长达112.5米。……近几年来,全国造了总长20余万米的这种拱桥,其中最大的一孔,长达150米。

这是在科学技术发达的今天,运用了钢筋水泥的结果,而赵州桥和卢沟桥呢?

微点拨

1. "学生活动一"是很简单的,其教学目的是让学生感受到列数字的说明方法在说明事物时的重要性。

2. "学生活动二"中关于"赵州桥和卢沟桥哪座桥更好看"的讨论,以及"学生活动三"中关于"哪座桥更坚固"的讨论,是为了引导学生更全面地了解它们,答案不求统一,学生言之有理即可。

3. "学生活动四"是创造性问题的讨论,可能有点儿难度。但它对于学生深度理解赵州桥和卢沟桥非常有帮助,因此,教师在组织教学时一定要让学生的思维活跃起来。

4. "学生活动五"传导了文本阅读中古今对接的思维方式,可进一步激活学生思维,开阔学生视野。

《苏州园林》：跟课文学写作

微解读

叶圣陶先生的《苏州园林》堪称说明文典范，数十年来从未在中学教材中缺席过，其教学价值无限丰富。无论是从文学价值还是从写作价值来说，它都是我们永远"教不完"的经典。

解读和设计《苏州园林》，我耗时最长、费神最多，却依然无法给自己一个满意的答案！就从说明文写作的一个侧面切入教学吧！

我们都知道，说明文写作要抓住事物的特征。比如《中国石拱桥》就抓住了赵州桥和卢沟桥的特征。那么《苏州园林》的"抓特征"与《中国石拱桥》的"抓特征"有没有不同呢？答案是："有的！"《中国石拱桥》聚焦个体，重点抓赵州桥和卢沟桥的个体特征（虽然文章也简略叙述了中国石拱桥形式优美、结构坚固、历史悠久的共性特征）。而《苏州园林》呢？文章开头是这样写的："苏州园林据说有一百多处，……苏州各个园林在不同之中有个共同点，似乎设计者和匠师们一致追求的是：务必使游览者无论站在哪个点上，眼前总是一幅完美的图画。"这说明《苏州园林》是抓住一百多处园林的共性特征来写的，而不仅是写某一处园林的个体特征。

说明文抓个体特征写作，其实不难。如写钢笔的特征、猫的特征、松树的特征、某建筑物的特征，只要观察到位，处理起来不仅不难，而且还挺有意思的。然而，要想抓住一个群体景物的共性特征来写，从思维层面来说，这就不仅需要观察，还需要归纳概括，经历一个由特殊到一般的过程，写作难度会大增。

写一处园林宜突出个性特征，写苏州那一百多处园林，自然要抓住其共体特征。学习叶圣陶先生"抓住苏州园林的共性特征"的精湛写作技艺，就是我本课的教学重点。

微设计

1. 梳理结构。

（1）学生自读课文，思考两个问题：①苏州园林的总体特征（即共性特征）是什么？②作者是从哪四个方面来说明的？

参考：总体特征是"务必使游览者无论站在哪个点上，眼前总是一幅完美的图画"。四个方面是"讲究亭台轩榭的布局，讲究假山池沼的配合，讲究花草树木的映衬，讲究近景远景的层次"。

（2）学生讨论：第2段中的四个"讲究"分别呼应哪几段？请

具体阐述。

参考：呼应第3段至第6段；具体阐述略。

（3）请学生将第2段表述总体特征的句子和第3段至第6段具体分说的句子做上记号，并反复朗读。

（4）师小结：这种由总到分的结构（先总写总体特征，再分段具体说明）是学习说明文写作框架的好参照。

总结方法：总体特征→具体说明→更具体说明（运用说明方法）。

阐释方法：

【总体特征】务必使游览者无论站在哪个点上，眼前总是一幅完美的图画。

↓

【具体说明】苏州园林栽种和修剪树木也着眼在画意。

↓

【更具体说明】高树与低树俯仰生姿。落叶树与常绿树相间，花时不同的多种花树相间，这就一年四季不感到寂寞。没有修剪得像宝塔那样的松柏，没有阅兵式似的道旁树；因为依据中国画的审美观点看，这是不足取的。

↓

【举例说明】有几个园里有古老的藤萝，盘曲嶙峋的枝干就是一幅好画。开花的时候满眼的珠光宝气，使游览者感到无限的繁华和欢悦，可是没法说出来。

（5）拓展理解。拿写岳麓山自然风光的选文作例子，请学生圈出说明总特征的句子，再圈出具体分说的句子。

2. 模仿写作。

（1）说话训练。

我们班同学的共同点（总体特征）是什么？训练要求：请用一句话表述。

（2）仿写训练。

请仿照课文第2段，利用"总分式"结构说明我们班同学的特点。训练要求：总说部分用一句话，分说部分用一组排比句。

仿写：我们班同学有一个共同特点，那就是_____。看吧，他们_____；他们_____；他们_____。

（3）列提纲训练。

请以"我们的校园文化氛围非常浓厚"为总体特征，从3个到5个方面进行说明。

训练要求：①列出写作简纲。②同桌合作完成细纲。

师生共同点评两组同学的提纲。

教师指导：可从优美整洁的校园环境、独具特色的校园建筑、具有警示和激励作用的校风、校训、校歌，以及多姿多彩的文体娱乐活动等方面来列。还可从学习风气、进取精神、行为准则、道德规范等方面来列。

（4）课后作文：请仿照《苏州园林》的写作结构，以《我们的校园》为题作文。

微点拨

1. "梳理结构"环节旨在方便学生理解借鉴，为后面的写作训练服务。在这个环节中，学生完全可以理解《苏州园林》是如何先抓住总特征，再进行具体分说的。这个环节是依照学生的思维认知层级设计的。"总结方法"让学生切实掌握抓特征写作的方法，最后的"拓展理解"可以强化学生的理解和认识。教师可针对学情适当取舍。

2."模仿写作"环节，按照"说话训练—仿写训练—列提纲训练—课后作文"的顺序进行，依照学生的认知规律，由浅入深，由易到难，特别注重写作的过程指导，强调师生的合作互动。

《富贵不能淫》：信仰的力量

微解读

　　《富贵不能淫》选自《孟子》，是一篇简短的驳论文。作者先反驳景春关于大丈夫的观点，并幽默地以"妾妇之道"为喻予以挖苦讽刺，再针锋相对地提出自己的观点：真正的大丈夫应该"富贵不能淫，贫贱不能移，威武不能屈"。"富贵""贫贱"和"威武"是人生要面临的三种考验，如何突围？那就得"居天下之广居，立天下之正位，行天下之大道"，然后再抱以"得志，与民由之；不得志，独行其道"的立身处世态度，才能成为堂堂正正的大丈夫。

　　孟子关于"大丈夫"的千古名言，闪耀着思想和人格力量的光辉！正是因为抱着这样的人生信仰，孟子一生都在追求不止、奋斗不歇，终成与孔子齐名的哲学家、思想家、政治家、教育家。古往今来，多少仁人志士在这种信仰的激励下，不畏强暴，坚守正义，展现了中华民族伟大而坚韧的精神风采！

因此，我认为将孟子的精神信仰作为本课的教学切入点，具有非常重要的时代意义。在教学活动中，教师应带领学生贴近文字，抓字词、抓句式、抓朗读、抓互动，让学生充分感受语言的魅力、思维的魅力和精神的魅力。

微设计

1.知人论世——作者简介和写作背景介绍。

2.朗读训练——走进文本内容。

（1）教师示范朗读全文，学生边听边小声跟读。

（2）学生自由朗读课文，注意字音和节奏。

（3）全班齐读，读出气势。

3.研读文本——感受崇高信仰。

（1）观点立场。

①请学生合作找出表明景春和孟子各自心目中大丈夫标准的句子。

②关键词句的朗读、品味、评析（反问句）。

是焉得为大丈夫乎？

子未学礼乎？

③教师小结：景春和孟子不同的"大丈夫观"。

（2）崇高信仰。

教师过渡：孟子所处的战国时代，诸侯争霸，经年战争。人们的正常生活被扰乱了，思想道德被摧垮了，但是孟子一直坚守自己的"仁政"信仰。

①学生说话活动:试用下列句子说话。

_____(文中原句或自己的语言)体现了孟子崇高的信仰,因为_____。

参考:

"居天下之广居,立天下之正位,行天下之大道"体现了孟子崇高的信仰,因为这里的"广居""正位""大道"分别喻指孟子坚守的"仁""礼""义",是大丈夫首先要坚持的原则。

"得志,与民由之;不得志,独行其道"体现了孟子崇高的信仰,因为这句话不仅体现了孟子"穷则独善其身,达则兼善天下"和"民为贵"的思想,还强调守志,即大丈夫无论得志与否都不能放弃原则。

"富贵不能淫,贫贱不能移,威武不能屈"体现了孟子崇高的信仰,因为只有经受了"富贵""贫贱""威武"这三种考验依然矢志不移的人,才是真正的大丈夫。

②学生朗读活动:点名朗读下列句子。(要求读出孟子的凛然正气。)

【屏显】

以顺为正者,妾妇之道也。居天下之广居,立天下之正位,行天下之大道。得志,与民由之;不得志,独行其道。富贵不能淫,贫贱不能移,威武不能屈。此之谓大丈夫。

师生合作,点评指导。(第一句中,"也"字语调应拖长,读出嘲讽、慨叹之感;第二句是排比句,应读出大义凛然之感;第三句运用了对比手法,应读出由衷赞叹之感;最后两句为分总结构,一气呵成,应连读,使凛然正气达到高潮。)

全班大声齐读，读出凛然正气。

③拓展链接。

播放《外交风云》中"中国外交官在联合国会议上怒怼美国，全场起立鼓掌"的视频片段。

④自由表达。

在中国历史上或者我们身边，坚守信仰的事例举不胜举。请试举一例。

示例：张桂梅坚守教育梦想，无私奉献的感人故事。

微点拨

1. 朗读教学是本文的重要教学形式。多种形式的朗读为研读全文打下基础。

2. 在"研读文本"环节，让学生明确景春和孟子双方的观点，这是学习驳论文的前提。通过对关键词句的朗读与评价，学生不仅能进一步理解孟子的观点，还能体会其精神情感。在之后的"学生说话活动"中，教师要引导学生深入理解孟子的信仰。在这个教学环节中，要充分锻炼学生的自主学习能力，鼓励他们自由发言，然后再一次以朗读来强化学生的理解，让他们感受孟子的凛然正气。

3. "拓展链接"和"自由表达"环节都着力于拓展学生视野的广度与思维的深度，激励他们去成为社会需要的人，去成为成全别人、成就自己的人，将"信仰"深深植入学生心中。

（本篇作者　饶红云）

《生于忧患,死于安乐》:在逆境中奋起

微解读

孟子是儒家学派的重要代表人物,被后世尊称为"亚圣"。他的思想主要体现在《孟子》一书中,该书展示了其在政治、哲学、教育、伦理道德上的突出贡献。

《生于忧患,死于安乐》是《孟子》中的经典,侧重体现了孟子朴素唯物主义的哲学观点。孟子在这篇不到二百字的短章中,围绕客观环境与个人和国家命运的关系,阐述了"生于忧患,死于安乐"的深刻道理。在春秋战国那连年战乱的时代,一个国家要立于不败之地,就不能安于现状、不思进取,而要居安思危、奋发图强。

文章开头并没有正面提出任何观点,而是列举了舜、傅说、胶鬲、管夷吾、孙叔敖、百里奚等六位古代圣贤的例子。这六个人的

共同特点是他们在担当"大任"之前都曾饱经忧患。正因为付出了非同寻常的代价，这些圣贤才能"动心忍性，曾益其所不能"，成就一番宏大的事业。"入则无法家拂士，出则无敌国外患者，国恒亡"，忧患可以使人发愤图强，安乐则会使人松懈；逆境中求生，顺境中灭亡，这就是人生哲理。孟子将这种客观环境与个人命运的互动关系，推广到客观环境和国家命运的关系上，提升到安邦治国的层面，使得文章的寓意更为深广。

《生于忧患，死于安乐》一文，立论高远，见解卓越，论证明晰，逻辑严谨；运用排比，层层深入，形成压倒一切的逼人气势，具有"耀目"的艺术高度。

本课拥有丰富的教学价值，拥有太多的教学选点。鉴于八年级学生对议论文的了解不深，我选择从本文所展示的人生哲理角度切入教学，激励学生在逆境中奋起。我想告诉学生：失败和挫折不一定是坏事，它们会成为你前进的动力，你会越挫越勇，增强坚毅担当的意识；逆境和忧患不一定是坏事，它们往往还是人生的宝贵财富，生命会因它们而丰富多彩！

微设计

1. 作者、作品介绍。

2. 自读自学，合作提升。

（1）学生读顺、读通、读熟全文。

（2）结合课下注释，合作翻译，讨论质疑。

（3）师生共同释疑。

3. 逆境中的个人。

（1）讲故事。请六个学生分别讲述舜、傅说、胶鬲、管夷吾、孙叔敖、百里奚的故事。

（2）说道理。这六人的故事有何共同点？从中你悟出了什么道理？

①先用自己的话来说。（参考：身处逆境须奋发努力。）

②再用文章中的话来说。（故天将降大任于是人也，必先苦其心志，劳其筋骨，饿其体肤，空乏其身，行拂乱其所为，所以动心忍性，曾益其所不能。）

（3）朗读活动。朗读以上几句，要求：①读出节奏，读出气势。②小组竞赛朗读。

（4）说话活动。这些句子是从哪几个方面写客观环境对人的磨炼的？（明确：思想、身体、行为三个方面。）

（5）思维拓展。

【屏显】

盖文王拘而演《周易》；仲尼厄而作《春秋》；屈原放逐，乃赋《离骚》；左丘失明，厥有《国语》；孙子膑脚，《兵法》修列；不韦迁蜀，世传《吕览》；韩非囚秦，《说难》《孤愤》；《诗》三百篇，大底圣贤发愤之所为作也。

请你讲一个现实生活（或新闻报道）中经历逆境磨砺成才的故事。

4. 逆境中的国家。

师过渡：一个人面对逆境应该如此，那么一个国家呢？

（1）朗读。

【屏显】

入则无法家拂士，出则无敌国外患者，国恒亡。然后知生于忧患而死于安乐也。

（2）表达。说说你如何理解这句话。

（3）质疑。

"入则无法家拂士"与"生于忧患，死于安乐"这个中心论点似乎没有关系，你认为呢？说说你的理解。

参考：正直大臣，坚守法度，执行法治，直谏贤士，处处提醒国君克己慎行，皆因心怀忧患意识。

（4）思维拓展。

【屏显】

柳宗元《敌戒》：敌存灭祸，敌去召过。

欧阳修《伶官传序》：忧劳可以兴国，逸豫可以亡身，自然之理也。

请列举在逆境中奋起或在安乐享受中灭亡的国家。（提示：学生根据自己的积累，任选一个方面回答，古今中外的素材均可。）

5.组织课外辩论活动。

（1）辩论主题：逆境一定能造就人才。

（2）学生四人一小组，确定辩论思路。

（3）小组代表展示。

教师要引导学生在辩论中认识到：逆境的确能造就人才，但这句话的成立是有先决条件的，即面对逆境不能沉沦，而要发愤图强，努力向上。

微点拨

1. 扫清字词障碍是阅读文言文的前提,八年级学生已具备阅读文言文的基本能力,疏通文意时,应让学生自主质疑、释疑,教师适时点拨即可。

2. 学生带着问题讲故事、听故事,思维活跃,得出"身处逆境须奋发努力"的结论自然水到渠成。"故"字统领的句子是对六个事例所含道理的普遍性概括,是千古传诵的名句。对这些句子的朗读要到位,让学生在朗读中铭记经典,在朗读竞赛中感悟孟子语言的气势,发挥普遍真理对人的激励作用。

在"逆境中的个人"环节的"思维拓展"中,司马迁的话是以文字的形式打动学生,视频的播放或故事的讲述是在情境中感染学生,二者均可点燃学生在逆境中奋起的激情。

3. 让学生谈对"入则无法家拂士……安乐也"的理解,是对学生理解能力和语言表达能力的训练。教师要鼓励学生从句子翻译、观点论证、内容理解、思想启迪等多个角度表达。

4. 列举在逆境中奋起或在安乐享受中灭亡的国家和课外辩论活动都是对学生思维的拓展,前者是素材的积累和对"在逆境中奋起"的深化,后者是对学生逻辑思维能力的训练,也是"在逆境中奋起"在学生生活上的延伸,因而要鼓励学生多说、大胆表达,在说话活动中提升能力。

(本篇作者 饶红云)

《愚公移山》：就这样被你征服

微解读

解读《愚公移山》，首先需要理解"愚公"和"智叟"。无论是从内容、语气，还是从称呼（"公""叟"含义微妙，褒贬明显）来看，创作者的倾向非常明显，"愚公"其实是智，"智叟"其实是愚，二者用的是反语。其次要清楚这是一篇寓言，是虚构的，是想象的，主要指向某种道理。

关于移山事件，从理论上说，愚公的观点是成立的。因为劳动力是无限的，山的体积是有限的，以无限战胜有限，只是时间问题。愚公强有力的唯物主义式推理终使智叟"亡以应"。从实践上来说，人力的渺小和大自然的宏大是不成正比例的，愚公匆忙上马的浩大工程，因为有限的人力、简陋的器具等，显得漏洞百出。

也许，正因为作者意识到这移山创举有太多的不确定性，所以他并没有将愚公的理论付诸实践。没关系，作者本意（或者说，作品的主旨）并不在此，而是在于宣扬愚公的精神！这充满浪漫主义情调的创举，和"世上无难事，只要肯登攀"这样的豪言有异曲同工之妙。

在策划移山创举的过程中，"年且九十"的愚公通过"聚室而谋"征服家人，通过"叩石垦壤"征服"邻人""遗男"，通过口才征服智叟，通过不懈的努力征服"操蛇之神"以及天帝。

这一切，靠的是什么？是精神！是气魄！是毅力！文章结尾巧妙借助山神惧怕，天帝感动，"夸娥氏二子负二山"达成愿景，反映了古代劳动人民征服自然、改造自然的伟大气魄和坚强毅力。

从实际来说，要移走"方七百里，高万仞"的山，再笨的人也清楚，这近乎搞笑。这一点，创作者不可能不清楚，但他为什么还会为此事注入如此浪漫的想象、恢宏的气魄呢？是为了宣扬一种精神！从这个角度来说，有些教师为了教学创新，设计一些所谓的"探究活动"，比如质疑愚公移山的可行性，或者为愚公设计修路和搬家方案等，就显得画蛇添足，有辱经典了。他们似乎忘记了这是一篇寓言，忘记了寓言的"成形之法"就是将具有教育意义的道理或深刻的思想寄托在一个虚构的故事里，忘记了寓言常常运用夸张、借喻等手法。寓言，是不用考量实现的可能性的。试想：如果我们在教学《守株待兔》的寓言故事时，为了追求合理的客观实际，和学生一起研究"如何在树下抓到兔"；在教学《揠苗助长》的寓言故事时，研究"如何让秧苗长得更快"，这偏离寓言实质之举，岂不是笑话！

微设计

1. 征服家人。

（1）看愚公的创意。

朗读："吾与汝毕力平险，指通豫南，达于汉阴，可乎？"

要求：读出愚公的风采，并注意应重读的几个字，适时请学生回答这样读的理由。

释义：毕、阴。

补充：汉水南岸是富庶的鱼米之乡。

学生活动：请你说说从这句话中可以看出愚公是个什么样的人。（提示：深入人物内部精神，如人物性格、气概、创意……）

（2）看家人的反应。

提问：愚公提出想法后，一家人态度如何？请用原文回答。

点拨："杂然相许"和"杂曰"，二者表示家人响应的态度是有变化的，有什么变化？

追问：客观地说，完成移山任务的难度可想而知。但是一家人不仅热烈响应，还积极去做，这一家人完成宏大构想的力量源泉是什么？（参考：来自愚公，是愚公坚定的信念、明确的目标征服了他们。）

2. 征服邻居。

齐读："邻人京城氏之孀妻有遗男，始龀，跳往助之。"

释义：孀妻、遗男、始龀。

提问：明知路途遥远，"寒暑易节，始一反焉"，小男孩儿也来相助，应该不是图新奇、图好玩。那么，你估计这七八岁的孩子来助阵的背后,有什么故事?

小结:他妈妈也是支持的——征服了邻居。

3.征服智叟。

(1)对比朗读,请读出人物对话的语气,并思考二者的态度有何不同?

其妻献疑曰:"以君之力,曾不能损魁父之丘,如太行、王屋何?且焉置土石?"

河曲智叟笑而止之曰:"甚矣,汝之不惠!以残年余力,曾不能毁山之一毛,其如土石何?"

释义:以、如……何、焉、汝之不惠、其如。

(2)欣赏愚公辩词。

看修辞手法:顶真。

看对比手法:子孙无穷,而山不加增。

看反问语气:何苦而不平?

(3)齐读愚公辩词。

愚公凭借自己的口才,使得"河曲智叟亡以应"。在这愚智之辩中,我们知道了其实愚公不愚,智叟不智。

4.征服山神。

山神到底惧什么?(山去,神位无归。)

5.征服天帝。

天帝因为感动,命夸娥氏二子负二山。请根据自己的理解加以想象,在横线处补充一句话(建议用文言句式)。

帝感其诚,命夸娥氏二子负二山,二子叹曰:_____。

6. 本篇寓言的主旨是什么？

讨论：这个故事是不是真的？既然不是真的，为何成为经典？

小结：这就是寓言。寓言就是借助一个虚构的、夸张的故事，寄寓有教育意义的道理或深刻的思想。它不需要真实。愚公移山的故事，反映了古代劳动人民征服自然、改造自然的伟大气魄和坚强毅力。

微点拨

1. 在"征服家人"环节，教师要注重从朗读切入，引导学生在朗读中体味人物语言。给学生科普一点儿地理知识或许有助于学生理解人物的精神气魄和非凡的想象力。

2. 在"征服邻居"环节，教师要引导学生想象故事背后的故事。

3. "征服智叟"环节中的对比朗读非常重要，在朗读中，教师应让学生体会到妻子发问是关心，智叟发问是讽刺。特别是愚公的一番回应，简直是气势如虹，一定要好好体会。

4. "征服山神"环节中的"惧"字，有的资料解释为"担心"，即担心愚公一家完成不了这项工作，这其实是错误的。

5. "征服天帝"环节中的填句活动，实质上是引导学生理解文章主旨，而最后主旨的归纳是学习寓言的核心，因为寓言就是寓教于故事。

八年级下册

《社戏》：双喜的情商

微解读

　　《社戏》是鲁迅的短篇小说，作者以饱含深情的笔墨，刻画了一群农家少年朋友的形象，体现了劳动人民纯朴、善良、友爱、无私的好品德。小说还表达了作者对少年时代生活的怀念。

　　文章意蕴丰富，人物形象丰满，可教的点非常多。其中，双喜的情商是最为有趣的一个选点。他热情善良，还总能敏锐地把握对方心理，再巧妙而得体地应对。双喜的情商主要体现在他的语言上。作为写人高手的鲁迅，自然能将双喜的语言刻画得凝练含蓄，不仅生动地表现出双喜机敏的心理活动，还形象地表现出他鲜明的性格特点。因此，以双喜的语言为突破口，从双喜的情商切入教学，不但非常有趣，更能表现平桥村人的纯朴美德。

　　《社戏》中关于双喜的语言，有直接的，也有间接的，无一不是作者精心打磨的，无不展示其鲜明的性格特点。

如当没有船去看戏时，"我急得要哭"。别的孩子一筹莫展，只能"叹息而且表同情"时，双喜"大悟似的提议"——"大船？八叔的航船不是回来了么？"，说明他不仅深深理解"我"此刻的急迫心情，还拥有超出别人的细心和反应能力。

又如："我写包票！船又大；迅哥儿向来不乱跑；我们又都是识水性的！"有了船，具备了外出看戏的物质条件，外祖母和母亲却顾虑重重、放心不下，依然不松口。这时，双喜一眼看出了"底细"（阻碍他们外出看戏的关键），必须破局，否则无法成行！如何破？双喜敏锐抓住大人们的心理，从三个方面进行破解，将大人们的担忧瞬间化为放心，"我写包票"给人信心（当然小孩子的包票说服力不够），但船大、不乱跑、都识水性的确是包票的成功条件。这一番心理战，尽在双喜的掌控之中。

又如："阿阿，阿发，这边是你家的，这边是老六一家的，我们偷那一边的呢？"阿发家的豆、六一公公家的豆，到底偷谁的？双喜没有擅作主张，而是先征求阿发本人的意见。如此尊重别人，自当获得同伴的好感。

又如："双喜以为再多偷，倘给阿发的娘知道是要哭骂的……一大捧。""双喜所虑的是用了八公公船上的盐和柴，这老头子很细心，一定要知道，会骂的。"这两句是间接引语。阿发娘的"哭骂"，八公公的"骂"，一个小孩子竟然对成年女人和男人反应的差别揣摩得如此清楚。偷豆需适可而止，一个小孩子对大人们的生活不易也理解得如此清楚，除了聪明，更是有颗善良的心。

又如："'都回来了！那里会错。我原说过写包票的！'双喜在船头上忽而大声的说。"这里的"在船头""忽而"两个词语很值得玩味——应该是大家或在船上睡觉,或在机械地摇船,只有双喜,站在船头,警惕地关注着一切,忠实地履行着他"包票"的承诺。

又如:"是的。我们请客。我们当初还不要你的呢。你看,你把我的虾吓跑了!"一个"客"字,直接熄灭保持纯朴秉性的六一公公的愤怒之火;"我们当初还不要你的呢","怼"一下六一公公,打消其兴师问罪的念头;"把我的虾吓跑了",这可是我待客的虾呢,你吓跑了,你得负责任呢!——这一番话,抓住对方心理,占据主动地位,瞬间征服六一公公。

微设计

1. 学生说人物。

学生自读课文后说说:你最喜欢哪个人物?说说你喜欢的理由。

2. 学习重点的引入。

(1)双喜的资料(年龄?身高?肤色?穿着?……)

小结:除了大概的年龄,什么也没写,重点在于双喜的语言。

(2)引入复习:描写人物的方法。

3. 品析双喜的语言。

(1)情商之"理解"。

一个最聪明的双喜大悟似的提议了,他说,"大船?八叔的航船不是回来了么?"

①结合上下文回答:看戏的障碍在哪里?大家的反应如何?

参考:障碍在于没有船去看戏;"我急得要哭",别的孩子也都"叹息而且表同情"。

②讨论:双喜的提议说明了什么?

③朗读。指导学生读出"大悟"的神态。

(2)情商之"懂得"。

在这迟疑之中,双喜可又看出底细来了,便又大声的说道,"我写包票!船又大;迅哥儿向来不乱跑;我们又都是识水性的!"

①问:"底细"指什么?双喜是如何破局的?(具备了物质条件,大人们还是不让去。双喜懂得从人的心理上破局,这是情商高的表现。)

②朗读。指导学生注意标点符号的语气暗示。

(3)情商之"尊重"。

"阿阿,阿发,这边是你家的,这边是老六一家的,我们偷那一边的呢?"双喜先跳下去了,在岸上说。

问:这里可以看出双喜是什么性格?

(4)情商之"善良"。

双喜以为再多偷,倘给阿发的娘知道是要哭骂的……一大捧。

双喜所虑的是用了八公公船上的盐和柴,这老头子很细心,一定要知道,会骂的。

①"哭骂"和"骂"的对比。(参考:懂得大人的心;了解男人和女人的差别。)

②体现了双喜什么品质或性格?

(5)情商之"责任"。

"都回来了！那里会错。我原说过写包票的！"双喜在船头上忽而大声的说。

①问："在船头"说明了什么？"忽而"说明了什么？（参考：他是第一个发现大人的，别人睡他没有睡，有责任感。）

②朗读。指导读出人物的语气。

（6）情商之"征服"。

"是的。我们请客。我们当初还不要你的呢。你看，你把我的虾吓跑了！"

①朗读。指导注意人物的语气。

②讨论：你如何理解双喜和六一公公此时的心理战？（如果学生理解有难度，可引导体会"当初还不要你的呢"一句的好处。）

抓住对方心理，占据主动地位，瞬间征服六一公公。

微点拨

1. "学生说人物"环节，是整体感知，让学生对全文所有人物有初步了解。

2. "学习重点的引入"环节将学习目标集中化、明朗化。

3. "品析双喜的语言"是重点教学环节，品析方法一是朗读，要指导学生读出人物的语气；二是从含蓄的对话中挖掘人物的性格特点，体现双喜的情商之高。"情商之'征服'"中的问题较难，但很有意思，能引导学生体会人物的心理战。如果学情较好，还可以让他们结合自己的生活实际说一说。

《回延安》：民歌的地方特色

微解读

贺敬之的《回延安》位于八年级下册第一单元，本单元意在让学生欣赏各地风土人情，从一幅幅民俗风情画中感受多样的生活方式和多彩的地域文化，理解中华传统文化，加深民族感情。

《回延安》描绘了陕北高原的自然景象、文化景观，以及陕北革命老区人民的群体形象。它的主要特点是采用陕北民歌"信天游"形式，使用了富有地方色彩的词语，描绘了当地人的生活细节和场景，展现出浓郁的陕北风情。如"杜甫川唱来柳林铺笑"中"杜甫川""柳林铺"是陕北的地点名称；"白生生的窗纸红窗花"中"红窗花"是陕北特色的民间艺术；"红旗飘飘把手招""肩膀上的红旗手中的书""杨家岭的红旗啊高高地飘"等，是革命年代的新民俗；"白羊肚手巾红腰带"为我们勾勒出陕北人民的形象，展现了当地的服饰文化；"米酒油馍木炭火"让我们了解了陕北的饮食文化。这些展示地域文化的语言，让我们深刻地感受到了当地鲜活的民俗文化。

我将以"民歌的地方特色"为教学切入点解读《回延安》，抓住民歌的形式和内容来诠释陕北民俗文化，并与赤壁民歌对比教学，让学生进一步体会民歌的地方特色。

微设计

1. 歌曲导入。

播放陕北民歌《山丹丹开花红艳艳》，感受民歌的曲调特色和音韵美。

2. 信天游介绍。

结构上一般为两句一节，上下两句押韵；语言上以七言为主，句子可长可短，灵活自由；艺术上多用比兴手法。

3. 语言品赏。

（1）学生朗读全文，按照表格要求找出《回延安》中具有地方特色的语言并填写。

陕北方言	陕北自然景观	陕北人文景观			
		服饰	饮食	建筑	艺术品

【参考答案】

陕北方言：几回回、白生生、一口口、几辈辈、登时、莫要、几根根。陕北自然景观：黄土、宝塔山、杜甫川、柳林铺、杨家岭、枣园、延河。陕北人文景观服饰类：白羊肚手巾、红腰带.陕北人文景观饮食类：米酒、油馍、小米饭、糜子.陕北人文景观建筑类：炕、窑.陕北人文景观艺术品类：窗纸、窗花。

（2）请按照示例，找出《回延安》中描写场景具有地方特色的段落。

示例：杜甫川唱来柳林铺笑，红旗飘飘把手招。

【参考答案】

①白羊肚手巾红腰带，亲人们迎过延河来。②羊羔羔吃奶眼望着妈，小米饭养活我长大。③米酒油馍木炭火，团团围定炕上坐。④白生生的窗纸红窗花，娃娃们争抢来把手拉。

4.对比学习。

过渡：民歌是经过群众性的即兴编作、口头传唱而逐渐形成和发展起来的艺术，其音乐形式简明朴实、生动灵活。

（1）学生活动一：学生演唱家乡民歌。

（2）学生活动二：请运用学习《回延安》的方法，从歌词节拍、韵脚、句式特点、地方方言、歌词主题等体现民歌地方特色的角度，分析赤壁民歌《呼了》。

我唱哟，赤壁哟，呀呀儿火内！

小时候常听爷爷说，

周瑜在这里烧起过一把火，

烧滚了长江，烧红了赤壁，

烧得那家家敲起了脚盆鼓，

脚盆鼓，脚盆鼓，又想起爷爷唱的歌，

黄盖哟，设计哟，哟哟儿火内！

呼了曹孟德喽呵，哎嗨火子嗨呀嗨，

江上哟，烧退哟，百万兵喽呵，采花莲子花呀花……

活动第一步：学生自读，同桌讨论。

活动第二步：学生展示习得体会。

参考：歌词方面，这首民歌句中穿插号子，句子可长可短，灵活自由，歌词中有地方方言，似说似唱。内容方面，以叙事为主，叙述了当地《火烧赤壁》和民间艺术脚盆鼓的历史文化和民俗文化。

微点拨

1. "歌曲导入"是激趣环节，用学生熟悉而喜欢的歌曲激发学生的学习兴趣。

2. "信天游介绍"环节是后面学习的基础，教师可直接讲述。

3. "语言品赏"环节是重点，这些品赏的点对于学生来说有点儿陌生，教师一是要组织好学生熟读诗歌，二是要做好示范，三是要利用好小组合作的力量。

4. "对比学习"环节是难点，目的是引导学生活用知识，并激发他们对家乡民俗文化的热爱。教师在实施中一定要有耐心，确保有效实现教学目标，培养学生的能力。

特别要注意的是，"学生演唱家乡民歌"的活动需要学生利用双休日请教父母或邻居，提前做好准备。在课堂演唱的展示中，歌曲的面最好广一点儿。

（本篇作者　钟贞）

《大自然的语言》：不能忽略的科学精神

微解读

《大自然的语言》是竺可桢创作的科学小品文，通俗生动地介绍了物候学及其研究对象，阐述了物候现象的影响因素以及研究物候学的意义，语言生动简洁、条理明晰。

该文编入八年级下册的说明文单元，从教材的编排用意、本文的文本特质以及八年级学生的认知来说，引导学生深入理解说明顺序当是本课的教学重点。许多教师正是这样做的——他们会在示范分析之后，组织学生合作讨论，或抓住关键词，或抓住重点句段，由浅入深，一步步引导学生理解文章以逻辑顺序为主的说明顺序。当然，作为经典说明文，许多教师还非常重视说明方法和说明语言的巩固与训练，教学上也取得了不错的效果。

然而，这仅仅是从知识能力的角度（或曰"语用"角度）进行教学，我不认为这就是本课教学的全部，它应该还有更加深刻的教学价值——科学精神！正如单元提示所言，本单元的课文都"体现了求真、严谨的科学精神"。

譬如，文章涉及的对于山桃、杏花、苹果、榆叶梅、西府海棠、丁香、刺槐、花生、连翘等的观测，竺可桢到过哪些地方，坚持了多长时间，经历了哪些困难……这一切，都给我们留下了广阔的想象与思考空间。

在教学中，如何充分利用文本语言，借助相关资料，为学生掘开《大自然的语言》文本价值的全部"冰山"，使之深入理解一个科学家的科学精神，为其带来思维和情感方面的无限教益，正是我所思考的。

微设计

1. 作者简介。

竺可桢，中国科学院院士，我国著名的气象学家、地理学家、教育家。他领导创建了我国第一个气象研究所和首批气象台站，建立了拥有40多个气象站和100多个雨量测量站的中国气象观测网，被誉为"气象学之父"。

2. 再读全文，填写下表。

研究足迹	涉及植物	涉及季节	有待研究

【参考答案】

研究足迹	涉及植物	涉及季节	有待研究
北京、南京、大连、济南、烟台	山桃、杏花、苹果、榆叶梅、西府海棠、丁香、刺槐、花生、连翘	春季、夏季、秋季、冬季	山区的气候、土壤对农作物的适应情况

3. 讨论：你从中看出了什么信息？

预设：科学家的科学精神——科学的数据要经得起质疑，不能凭空捏造，必须严谨再严谨。

4. 想象活动。

请同学们想象情景并说话：在观测苹果花期时（含北京、济南、烟台的观测），竺可桢可能会经历一些什么样的困难？

5. 拓展资料。

（1）关于竺可桢实地考察、记录与研究的相关资料。

（2）在南京、北京居住时，竺可桢认真观察、详细记录，掌握了大量的第一手资料。（见课文中的北京、南京的例子。）

（3）他重视阅读各类古籍文献有关物候的记载，但对史料从不一概盲从，而是用科学的态度加以具体分析。（见预习提示中古代流传的农谚《九九歌》等例子。）

6. 总结。

（1）引读课下注释①，关注"1963年第1期"。

（2）明确此文的最大意义在于促进农业生产的大丰收，最早是以《一门丰产的科学——物候学》为题发表的。

（3）"吾将一生学好科学，吾要以科学来唤醒民族，振兴中华"，这是竺可桢曾经立下的誓言，也是一个科学家对祖国的承诺。科学家不仅要求真、要严谨，更要有一颗爱国心！

微点拨

1. "作者简介"环节不能忽视，要让学生对竺可桢的地位和影响有一个基本了解。

2. "再读全文，填写下表"环节是重点，引导学生从文本中挖掘信息，有利于培养他们对语言的敏锐感悟力，亦不至于让课堂分析游离于文本之外。因此，这个环节教师一定要组织好学生细致研读文本，而不要直接呈现答案，务必要让学生自行阅读、自己感知、合作归纳。

3. "讨论：你从中看出了什么信息"环节可检测与培养学生对文本信息的概括与提炼能力，真正教会他们怎样读书。可以采用全班讨论的形式进行，这样可以相互启发。

4. "想象活动"环节的目的是调动学生的生活体验，让学生进一步感受科学家的科学精神。这个环节可以安排5~6位同学发言。

5. "拓展资料"环节的处理较简单，只需要教师利用多媒体展示即可。要注意的是，对于其中涉及的与课文相关的内容，教师要指导学生在课本上做好笔记，确保学生认识到这些拓展资料是与课文内容紧密相关的。

6. "总结"环节中，引读课下注释①，可让学生深刻认识到科学研究的重大意义，深刻体会到一个科学家的所有精神品质都是源于对祖国和人民真挚的爱！

《桃花源记》：桃源心态

微解读

  《桃花源记》以其艺术魅力激起了我们对理想社会的追求，但更重要的是，它在我们每个人的心里都埋下了一粒桃花源的种子。无论斗转星移，岁月更迭，后人只要一读《桃花源记》，就心生桃花，暖意融融。

  陶渊明生活的时代动荡不安，连年战乱，民不聊生。他在宦海沉浮了十多年，为人正直，"不为五斗米折腰"，蔑视权贵，不肯趋炎附势。他仕途曲折，屡次被贬归家，最终归隐田园。为避战乱，他两次逃难，日子过得很紧巴。他虽然一生不顺，却永远开朗。在他的诗文中找不到杜甫"老病有孤舟"、文天祥"身世浮沉雨打萍"式的哀叹，反倒常有一种"采菊东篱下，悠然见南山""黄发垂髫，并怡然自乐"的恬静。这是一种心态，一种境界!

陶渊明的达观影响了后人的处世观念。翻开陶渊明之后的历史画卷,桃花源深处发出的雷鸣,滚滚回荡,隐隐不绝。诗仙李白何等敬仰陶渊明:"梦见五柳枝,已堪挂马鞭。何日到彭泽,长歌陶令前。"白居易被贬为江州司马,上任时陶诗不离手:"亭上独吟罢,眼前无事时。数峰太白雪,一卷陶潜诗。"毛泽东晚年寄情山水,上庐山时赋诗道:"陶令不知何处去,桃花源里可耕田?"这样的例子,不胜枚举。

因此本微课将桃源心态作为教学选点,颇为有趣。

微设计

1. 知识复习导入。

我们学过《咏雪》,文中"左将军王凝之妻也"的江州刺史王凝之(江州,今江西九江市,彭泽县为其辖下)正是陶渊明的顶头上司。

2. 介绍陶渊明的现实生活背景。

陶渊明生活的晋朝极端腐败,各方势力连年混战,赋税徭役繁重。在国家濒临崩溃的动乱岁月里,他的一腔抱负无法实现。性格耿直、清正廉明的陶渊明,不愿卑躬屈膝攀附权贵。公元405年,他坚决辞去上任仅八十余天的彭泽县令,长期归隐田园,躬耕僻野。

陶渊明借助创作来抒写情怀,塑造了一个与污浊黑暗社会相对立的世外桃源,以寄托自己的政治理想与美好情趣。

3. 整理《桃花源记》描写社会的画面。

请学生在熟悉文本之后用文中原句表达：你看到的桃花源是一幅什么样的画面，有着什么样的民风？

预设画面："中无杂树，芳草鲜美，落英缤纷。""土地平旷，屋舍俨然，有良田、美池、桑竹之属。阡陌交通，鸡犬相闻。""黄发垂髫，并怡然自乐。"民风："便要还家，设酒杀鸡作食。""村中闻有此人，咸来问讯。""余人各复延至其家，皆出酒食。"

4. 学生讨论。

教师拓展过渡并布置讨论任务：面对战乱生活，杜甫诗叹"老病有孤舟"、文天祥诗叹"身世浮沉雨打萍"——他们的诗歌总是满腔的悲愤，他们的笔法总是以揭露和鞭挞为主。而陶渊明面对黑暗的社会现实，却写出了《桃花源记》这样的文章，反映出他什么样的生活态度或性格特征？

预设：热爱自然、开朗豁达、乐观自信、安贫乐道、淡泊名利（意近即可）。

5. 品析探究。

【屏显】

"寻向所志，遂迷，不复得路。""未果，寻病终。"
从以上两句中，你读出了什么？

预设：可以看出并无桃花源；有点儿"狡猾"的神秘感。

结论：现实生活中并无桃花源，桃花源在陶渊明的心里。

6. 陶渊明诗歌拓展。

师过渡：境由心生，正因为陶渊明拥有一颗宁静的心、一种积极的心态，以及热爱自然、开朗豁达、乐观自信、安贫乐道、淡泊名利的优秀品质，所以他才能创作出如此暖意融融的桃源佳作，才能成为名垂千古的田园诗派鼻祖。

拓展积累反映陶渊明好心态的田园诗歌代表作《饮酒（其五）》《归园田居（其一）》《归园田居（其三）》。

7. 联系生活谈心态。

请结合你个人的生活故事，谈谈好心态的重要性。

微点拨

1. "知识复习导入"环节能让学生将前后知识联系起来，加深印象。

2. "介绍陶渊明的现实生活背景"环节主要是教师展示，学生朗读、理解和记忆，为后面的学习打基础。

3. 在"整理《桃花源记》描写社会的画面"环节，教师要引导学生梳理陶渊明笔下的桃花源。这个环节，尽量要求学生用原句回答，一是使之进一步熟悉课文，二是使之进一步感受桃花源的环境和人文特点。

4. "学生讨论"环节是本课的重点，通过将陶渊明所处晋朝的社会现实和其所描写的桃花源理想社会进行对比，观照陶渊明的心态和性格。这个环节一定要组织学生多讨论，充分展示学生的观点，拓展他们的思维，提升他们的见识。

5. "品析探究"环节就文中两个句子探究桃花源到底存不存在，虽然主观性很强，但能加深学生对课文和人物的理解。

6. 在"陶渊明诗歌拓展"环节，教师可以向学生展示陶渊明的田园诗代表作，引导学生进一步感受陶渊明的好心态。

7. "联系生活谈心态"环节能让学生将所学知识与生活对接，拉近自己与古人的距离，灵活汲取优秀传统文化中的营养。

《小石潭记》：潭中"可人鱼"

微解读

柳宗元被贬到永州担任司马这一闲职，情绪低落，但他并未消沉不作为，而是用闲暇时间踏遍永州的山山水水，给后人留下了"永州八记"这一组精美散文。《小石潭记》是柳宗元为数不多的山水游记中最有代表性的一篇，全篇最精彩的是第2段，其对水中游鱼栩栩如生的描写以及表现出来的积极情感，值得我们反复品读。

"潭中鱼可百许头，皆若空游无所依，日光下澈，影布石上。"这是一幅极美的画面：在水中游动的鱼儿，不像是在水里，而像是在空中；太阳光照下来，鱼儿的影子落在了潭底的石头上。该句表面是写潭中鱼，但实际是写清澈无比的潭中水。这种游鱼和潭水相互映衬的写法，产生了很好的艺术效果。

"怡然不动,俶尔远逝,往来翕忽,似与游者相乐。"作者用动静结合的手法,写出了潭中鱼在水中自由自在、怡然自得的生活情景:先是呆呆地一动不动,忽然间向远处游去,动作非常轻快敏捷;"似与游者相乐",将人鱼两者交织在一起,人鱼共乐,也是作者暂时忘却烦恼后,感受到的物我无间之乐。

在这里,作者似乎是"心凝形释,与万化冥合"了,观鱼儿自得之态,深感亲切,我即是鱼,鱼即是我——那"可人的鱼",为何不是"可人的我"?作者的心境豁然开朗,仿佛一束阳光注入阴郁的心灵!"志之所适,外物感焉",品鱼,亦可品人;品鱼之乐趣,亦可品人之心境。

微设计

1. 初识鱼之乐。
(1)学生齐读课文第2段,注意读准音,释准义。
(2)以导游的身份,为大家描述一下小石潭中的鱼。
2. 再品鱼之乐。
(1)学生讨论鱼之怪诞一:为何这鱼竟然可数?有百许头。你从中品出了什么意思?
(2)学生讨论鱼之怪诞二:这些鱼"影布石上",竟然神情自若,"怡然不动",如同被定格了一般。你是怎样理解的?
(3)发散思考:"似与游者相乐",作者为何感觉鱼能与自己相逗乐?其中暗示了什么?(此处可由学生结合生活实际谈对境由心生的体会。)

3. 探讨人之乐。

（1）学生展示：介绍柳宗元及写作背景。

（2）你认同《小石潭记》中柳宗元是快乐的吗？从他的其他作品中找一找依据。（学生可以有不同的观点，言之有理即可。）

（3）归纳主题。

境由心生，情随思变。可人，可鱼，快乐与不快乐，皆源于你！

微点拨

1. 在"初识鱼之乐"环节，一定要多读，以读悟情，以读悟美，如我们可以选取几个关键句子或者字词，反复诵读，读出轻重缓急，边读边悟情。

2. "再品鱼之乐"环节，意在引导学生重点关注文中描写潭中游鱼的这一段文字，品味文中描写的妙处，体会作者当时的心境。

3. 对文中柳宗元的乐，可设计引导学生写一写、说一说，让学生从柳宗元的心境中获得有关生活、人生心态和情感的启发。

（本篇作者　祝伊）

《关雎》：淑女采荇菜背后的小心思

微解读

《关雎》一课内涵丰富，教学选点很多，有一个极易被忽略的点极有意思，那就是"荇菜"。夸张地说，它或许是解读本文的关键。

文章反复铺陈荇菜：参差荇菜，左右流之……左右采之……左右芼之。这荇菜是一种什么植物呢？淑女们一天一天来采摘有何用？是生活需要吗？

据《现代汉语词典》介绍，荇菜茎可食，有一定的药用价值。有资料提到，"荇菜，水草也，常沐清水，性最高洁，可供祭祀祖先。女采荇菜，为主持祭祀之意"。根据诗人、学者流沙河的研究，女子采荇菜，男子去求爱，是当时的一种相亲风俗。男女纷纷从城里而来，在河边相中心仪的另一半。同时，孙绍振教授研究认为：钟鼓之乐齐奏，在《诗经》里，是盛大的贵族仪典，所以诗中的淑女应该是贵族而不是勤劳的普通民女。

袁梅、程俊英、流沙河等一批现代学者一致认为，《关雎》宣扬的是健康的婚恋观，即有格调地相爱，然后正常地结婚。由此看出，这一帮淑女反复采摘荇菜，并非图吃，更不是生活所迫！她们的醉翁之意不在"菜"，而在于与君子在"河之洲"相会。

湖北省教科院蒋红森老师认为，我们的课堂教学要避免这样的常态——学生知道的继续让学生知道一遍，学生模糊的继续让学生模糊，学生不知道的最后还是让学生不知道。围绕这个理念，我在教学中抓住了"荇菜"这个学生"不知道的"教学选点，实际效果非常好。

微设计

1. 品"淑女的行为"。

（1）学生自读课文，收集信息：淑女做了些什么？（采摘野菜：流、采、芼。）

（2）教师拓展讲述："荇菜"一词对于我们理解诗歌很关键。

一是，荇菜是一种什么植物？可出示荇菜图片。

二是，古代荇菜有何用？荇菜茎可食，有一定的药用价值，但味道很不好，一般是不吃的；可作祭祀之用。

（3）教师引导提问：祭祀用的荇菜，摆在供台上，需要的数量肯定不多，只需要象征性地采一些即可。那些文静的淑女不辞辛苦,连续几天下河去采荇菜,到底有何意图?

(4)学生讨论。

小结:男子想见女子,女子也想见男子——(默契的)会面。

2.品"见面的情形"。

(1)说话活动:君子和淑女有三次见面,他们见面时迸发出了怎样的情愫呢?

(2)想象写作活动:诗歌对女子的描写只是粗线条的,发挥你的想象,用约30个字,细致描述淑女采摘荇菜时的表情与心理。

(3)朗读活动:

请你大声地朗读这三句:"窈窕淑女,寤寐求之。求之不得,寤寐思服。悠哉悠哉,辗转反侧。"

①朗读要求:读出痛苦思念的感觉;可以配合表情、动作,甚至可以夸张点儿。

②朗读指导:悠哉悠哉 ——两个"悠哉"的朗读,要读出层次感来!

(4)演唱活动:《诗经》中的诗歌,在当时是以歌的形式流传的。请男生唱《关雎》,自定曲调,要求尽力表达出男子的情感。

总体来说,他们敢爱,敢追求。他们的追求方式又是那么高雅。"《诗》三百,一言以蔽之,曰:'思无邪'。"这句话的意思是说,《诗经》三百篇,用一句话来概括,就是"思想纯正"。

小结:(率真的)情愫。

微点拨

1. 在"品'淑女的行为'"环节,让学生梳理"淑女做了些什么"只是个引子,目的在于引入"荇菜"一词的拓展,调用学生的生活常识,结合古代荇菜的作用,以此挖掘出淑女丰富的内心活动。

2. "品'见面的情形'"环节教学手段很丰富,有说话活动,有想象写作活动,有朗读活动,有演唱活动。这些学习活动将淑女的性格和君子的心态充分彰显出来了。

我们需要注意,一是想象写作活动能加深学生对文本的理解,培养学生的创新能力,所以要多让几个学生展示成果,以此启迪其他学生。二是朗读是语文学习的重要手段,因而在朗读活动中要避免走过场,教师要切实指导,将朗读活动落实到位,让学生读出君子的痛苦和思念,读出君子敢爱敢追求却不失高雅的风度。

《蒹葭》：伊人"隔水而笑"

微解读

《蒹葭》中的"所谓伊人，在水一方"一句，以其独特的文化美感浸润现代人的生活，无论是影视、歌曲、书画，还是楼盘、宾馆、度假村中，都喜欢用"在水一方"四个字。

如果说"窈窕淑女，君子好逑"书写着对爱情的向往，"执子之手，与子偕老"歌颂着爱情的永恒，那"所谓伊人，在水一方"是不是就展示了爱情的朦胧美和坚韧美呢？

"伊人"，教材上解释为"那人，指所爱的人"。当我"溯洄从之"时，她总是在"水一方""水之湄""水之涘"；当我"溯游从之"时，她却"宛在水中央""宛在水中坻""宛在水中沚"。

"追人"永远追近不了"伊人"，却永远顽强地追寻着"伊人"。要深入解读"伊人"和"追人"这两个主人公,可以抓住诗歌中的"变"与"不变"。

围绕"变"与"不变"进行反复朗读涵泳,便能深刻理解《蒹葭》展示出的朦胧之美和坚韧之美。

微设计

1.说一说。

本文写了一个什么故事?(参考:一个追逐恋人、求而不得的故事。)

2.填一填。

(1)诗人在讲述这个故事时,多用重章叠句。全诗三个章节,很多词句是相同的。请将下面表格填写完整。

变化的	时间	
变化的	地点	
不变的	征途	
不变的	追求	

(2)讨论:从这"变化的"与"不变的"中,你分别体会到了什么?请选择一个回答。

变化的时间:白露"为霜""未晞""未已",时间不断推移,说明主人公在此地徘徊了很久。

变化的地点:在"水一方""水中央""水之湄""水中坻""水之涘""水中沚",忽远忽近,强调伊人行踪不定,令人捉摸不透。

不变的征途:道阻"且长""且跻""且右",追逐之路,永远是漫长、高陡、曲折的,说明困难重重。

不变的追求:"溯洄从之""溯游从之",逆流而上、顺流而下,说明主人公目标坚定,非常执着。

3.议一议。

故事的主人公有两个,一个是"伊人",还有一个是什么?就叫"追人"吧。

小组讨论:聊一聊这两个人,你喜欢哪一个?说说你的理由。

活动:"所谓伊人,在水一方"中的"所谓"二字是什么意思?表明伊人是常常被提及,不断被念叨的。请深情朗读"所谓伊人"!

补充:当然,"伊人"有多重意义,可以是恋人,可以是贤才、友人,也可以是功业、理想、前途,甚至可以是福地、圣境、仙界。

小结本诗重章叠句的表达效果:"伊人"的朦胧美,"追人"的坚韧美,都是诗经之美。

4.读一读。

男女生分角色齐读:女生读前两句,男生读后两句。

微点拨

1."说一说"环节要在理解预习的基础上进行,引导学生了解故事。

2."填一填"环节主要是借助诗句的梳理,深入理解主人公的形象。教师在教学中要清楚这个教学重心。

3."议一议"环节是重点,除了要顺势品析关键字词外,更要激活和拓展学生的思维。因此,在学生回答之前,教师要注意关注学情。

4."读一读"环节要通过恰当的组织形式,提高针对性朗读的效益。

《最后一次讲演》：赏多姿句式，品讲演情感

微解读

　　演讲词是实用类文本，阅读价值大多不在于其文学性、艺术性的鉴赏，而在于获取文本信息、把握文章情感。那演讲词的教学价值该如何选取呢？

　　《最后一次讲演》是闻一多先生在李公朴追悼会上的即兴演讲，观点鲜明且酣畅淋漓地表达了作者对反动派的痛斥、对烈士的赞扬。闻一多先生的演讲产生了震慑灵魂、鼓舞斗志的强烈效果，以致当天下午他在回家途中被国民党特务残忍暗杀。

　　文中褒贬鲜明的词语运用、灵活多样的句式转换，是演讲者宣泄情感的重要方式。设问句、反问句和感叹句的交替使用恰到好处：设问句引起听众的关注和思考；反问句揭露敌人卑劣无耻的行

径；感叹句用得最多，饱含对敌人罪行的谴责、对人民力量的赞颂、对未来的展望。此外，双重否定句式和反复、对比、排比等修辞手法的运用，进一步增强了情感效果。因此，句式的品析当是本课非常好的教学选点。

本微课以文章第1段、第2段为研读切入点，通过对比品析、演读感悟的方式引导学生深入领会演讲词的特点。

微设计

1. 学生活动一。

学生有感情地朗读第1段，思考：本段义愤填膺，慷慨激昂，这都得益于演讲词的特殊句式，那么本段在句式上有何特点？（参考：设问句、反问句、感叹句等。）

2. 学生活动二。

（1）品析重点句。教师出示两组句子。

	原 句	改 句
对比句①	李先生究竟犯了什么罪，竟遭此毒手？他只不过用笔写写文章，用嘴说说话，而他所写的，所说的，都无非是一个没有失掉良心的中国人的话！	李先生是无罪的，他只不过用笔写写文章，用嘴说说话，而他所写的，所说的，都是一个没有失掉良心的中国人的话。
对比句②	为什么要打要杀，而且又不敢光明正大地来打来杀，而偷偷摸摸地来暗杀！（鼓掌）这成什么话？	为什么要打要杀，而且又不敢光明正大地来打来杀，而偷偷摸摸地来暗杀！这不像话！

同桌讨论：找出原句与改句的区别。

同桌对读,再请3~4名学生朗读,感受情感区别。

学生讨论:原句有怎样的表达效果?

参考:设问句能引起听众的注意和思考,使之产生情感共鸣。感叹句、双重否定句(无非……)语气强烈,表达了对烈士的赞扬。反问句可以加强语气,发人深省,揭露无耻的暗杀行径。

(2)演读重点句。

请3个以上的学生模拟闻一多演读第1段,并辅以肢体动作。师生评议,指导提升。

3. 学生活动三。

(1)学生自读共学:同桌之间互相诵读第2段,说说它在句式表达上有何特点。(提示:可从设问句、感叹句、反问句、反复句等方面思考,也可发现其他特殊句式。)

(2)学生尝试改句:同桌选定1~2个句子,商量变换句式,比较原句和改句的效果。

(3)请学生谈谈句式变换的体会。(教师点拨:反复句、长句与短句的区别与效果。)

4. 学生活动四。

(1)竞赛演读:请2个表现力强的学生上讲台,进行第1段、第2段的演读竞赛,看谁演读的效果好。

(2)播放电影《最后一次演讲》中的演讲视频片段。

微点拨

1.在"学生活动一"中,教师要先引导学生自己阅读,找出多种句式。这样做既符合学生的认知规律，也为下一步的重点突破打下了基础。

2. 在"学生活动二"中，对演讲词的分析重在理解语言形式与表达观点的统一。删减、替换、对比阅读是引导学生分析语言比较有效的方式。此外，教师还可以采用自读、分组读、分男女生读、请单个学生读等多种方式，在反复诵读中不断深化学生对语言的分析。分析出结论后，演读竞赛的设计可以增添趣味性。

3. "学生活动三"是对前面所学的运用，教师通过提示思考要点和方法，采用同伴互助学习的方式，让学生逐步掌握演讲词的句式特点。在这个环节中，教师要注意培养学生的自学习惯，提高学生的自学能力。

4. "学生活动四"将句式品析与情感熏陶统一了起来，强化了学习效果。

（本篇作者　冯娜）

《壶口瀑布》：水与石的交响乐

微解读

"千里黄河一壶收"，壶口瀑布素以气势磅礴、雄伟壮阔而闻名天下，而梁衡的散文《壶口瀑布》更是别具匠心，是"壶口"与"瀑布"共同演奏的一首交响曲，是"水"和"石"共生的一幅写意画，更是"黄河"与"民族"携手谱写的一部宏伟篇章。文章分为三个篇章：壶口篇、水石篇、黄河篇。"壶口篇"是品其景美，欣赏自然的馈赠，叹天地之雄伟壮阔；"水石篇"则景中含情，融情于景，结合自身体验领悟人生百态，挖掘其内涵美；而"黄河篇"是在景与情中领略文化的理韵，由黄河联想到中华民族，唱响一曲民族精神传承之赞歌。三个篇章由景入情入理，由浅入深，浑然天成。

我认为，"水石篇"是将自然与人文连接的纽带，是开启学生精神文化之门的钥匙，因而在此重点解读"水石篇"。

　　首先，语言细腻，行文有韵。作者运用细腻的语言描写水的多种形态，生动活泼，韵味十足。排比句的连用，如"各自夺路而走的，乘隙而进的，折返迂回的""或钻石觅缝，汩汩如泉；或淌过石板，潺潺成溪；或被夹在石间，哀哀打旋"，读来有一种韵律美；动词精用，如"钻""觅""淌""夹"等，简练传神，赋予水人的动作和情态，极具表现力；又用叠词"汩汩""潺潺""哀哀"修饰泉、溪、漩涡，生动形象，富有情趣。

　　其次，性灵相通，情景交融。在梁衡的笔下，水是"活"的、充满灵性的，它"汩汩如泉""潺潺成溪""哀哀打旋"。面对窄窄的壶口，它有时以气吞山河之势排山倒海，轰轰烈烈；有时又闲庭漫步，任尔千锤百炼也云淡风轻；有时也会徘徊沮丧，任意东西……排排涌向壶口的黄河水，被壶口阻挡后有"夺路而走"的，有"乘隙而进"的，有"折返迂回"的，这正如我们面对坎坷和磨难，会出现不同心理、不同选择——有的果断放弃，有的伺机而动，有的灰心退却。真是与水共情，与文共鸣，人生百态，五味杂陈。

　　最后，水石相击，蕴含哲理。不知是水改变了石，还是石成就了水，或是水石搏击共同形成了这伟大的奇观。脚下的石"窟窟窍窍，如蜂窝杂陈"，"一个个光溜溜的大坑""一道深沟"，是被水"凿""旋""切"成的——这些极具力量的动作背后蕴藏的是黄河水面对阻挠而爆发的不可遏制的"怒气"！坚硬的石头阻挡不了黄河水前进的脚步，狭窄的壶口更消退不了黄河奔流入海的决心。无论前进怎样艰难，无论历史怎样曲折，依然百折不挠，勇往直前。"未过壶口不成河",这是黄河的个性,"博大宽厚,柔中有刚;挟而不服,压而不弯;不平则呼,遇强则抗;死地必生,勇往直前"这也正是中华民族精神的象征。

微设计

1. 导入。

壶口真能装下这壮阔无比的黄河吗?是什么在抵挡黄河水前进的脚步?下面就让我们来欣赏一曲水与石的交响乐吧!

2. 默读与思考。

请学生默读文章第4段、第5段,思考在水石相击、狭路相逢、风云变幻中,水和石的形态各发生了什么变化?(从文中找出相应的句子。)

3. 朗读与品析。

【屏显】

原句:于是又有一些各自夺路而走的,乘隙而进的,折返迂回的,它们在龙槽两边的滩壁上散开来,或钻石觅缝,汩汩如泉;或涡过石板,潺潺成溪;或被夹在石间,哀哀打旋。还有那顺壁挂下的,亮晶晶的如丝如缕……

改句:于是又有一些各自夺路而走的,乘隙而进的,折返迂回的,它们在龙槽两边的滩壁上散开来,或如泉、或成溪、或打旋。还有那顺壁挂下的,亮晶晶的如丝如缕……

(1)比一比。

你发现了它们的不同吗?你觉得哪句更好?

明确：运用排比句式，增强了语言的节奏感、韵律感，朗朗上口，有音乐美；动词和叠词的运用，简练传神，生动形象，富有表现力，增添神韵。

（2）全班齐读。

【屏显】

这些如钢似铁的顽物竟被水凿得窟窟窍窍，如蜂窝杂陈，更有一些地方被旋出一个个光溜溜的大坑，而整个龙槽就是这样被水齐齐地切下去，切出一道深沟。

（1）换一换：将"凿""旋""切"换成"冲"字好不好，为什么？

明确："凿""旋""切"与上文水的各种形态对应，更贴切，更能衬托出水的威力，也隐含了黄河水的"怒气"，为下文引出黄河精神做了铺垫。而"冲"字略显平淡，表现力不强。

（2）全班齐读。

4.想象与创作。

如果你是"水"，你觉得你可能会是哪一种形态？请想象你当时的心理活动并主动向你的同桌"石头"发起一场对话。要求：语言生动活泼，富有情感，将不同形态的水的心理活动通过对话表现出来。

（1）教师示例，创设情境。

嘿，我是黄河的一朵浪花。我在黄河里自由驰骋，我跳，我笑，我一路欢歌！哎呀，谁在推我，难道这就是传说中的壶口吗？我挤，我撞，我再挤，我再撞，是谁，是谁在挡我冲进壶口？原来是你，石头啊！

（2）学生创作补写对话。

我是水：＿＿＿＿＿＿＿＿（自选形态：a.夺路而走的 b.乘隙而进的 c.折返迂回的 d.钻石觅缝，汩汩如泉 e.淌过石板，潺潺成溪 f.被夹在石间，哀哀打旋）

你是石：＿＿＿＿＿＿＿＿＿＿＿＿＿＿＿＿＿＿

（3）自由组合，全班展示。

（4）师生共同点评。（参考：从语言、心理、情感方面点评。）

5. 探究与归纳。

【屏显】

眼前这个小小的壶口，怎么一下子集纳了海、河、瀑、泉、雾所有水的形态，兼容了喜、怒、哀、怨、愁——人的各种感情。造物者难道是要在这壶口中浓缩一个世界吗？

（1）全班齐读。

（2）请学生谈谈自己的理解。

明确：河水在壶口中展现出的多种形态，如人生，五味杂陈；如历史，曲折多变；如世界，丰富多彩。

结语：这多姿多态的水，这喜怒哀怨的情，不正是人生百态的象征吗？你还能说这只是一个壶口吗？这分明就是一个浓缩的世界啊！

微点拨

1. 多角度品读，感悟景物的多重意境。品壶口瀑布，要观其形，赏其丰富多样的形态；更要悟其神，融情于景，感受其中的意旨。这个环节一定要注意深化学生的体验，切不可用教师的分析代替。

2. 创设情境，激活思维。在学生发起"水石对话"之前，教师应先创设想象情境，而且语言一定要生动活泼，富有情趣，这样方能调动学生的积极性，激发学生的创作灵感。

3. 运用联想展开想象，入情于文。"水石对话"应是本堂课的亮点，也是学生领悟文章主旨的关键点，既激发了学生的想象力，又丰富了学生的语言。"水石对话"其实是"水"和"石"的一场力量较量、智慧较量，教师需重点描绘"水"遇"石"的阻碍时的不同心理，用"石"的心理变化来衬托"水"的力量。围绕创设情境展开的对话一定要依托文本，"水""石"的心理补白要结合生活体验。

（本篇作者　任丹）

《在长江源头各拉丹冬》：其实有意思

微解读

一线教师普遍反映《在长江源头各拉丹冬》一课教起来一点儿意思也没有。的确，这篇课文在游记里算不上经典之作，它没有梁衡《壶口瀑布》多姿多彩的表现手法，也没有翦伯赞《内蒙访古》大气深沉的主旨，更没有季羡林《游石钟山记》亲切凝练的语言。

《在长江源头各拉丹冬》一文在语言严谨性方面的确存在一些瑕疵，但它能入选教材，必有其突出的教学价值。反复研读后，我觉得此文其实很有意思。

一是游历有意思。在安营雪山脚下—驶过冰河—进入冰塔林的行踪中，"我们"搭帐篷、背冰块、跪拜雪峰、穿行冰谷、拍摄冰山、翻越冰墙、滚爬冰塔林，都是有趣味的经历；"我"的伤病故事穿插其中,并没有大煞风景,反而让游历充满情趣。二是景色有意思。作者通过移步换景的方式,展示了各拉丹冬雪域高原壮美的景色,让我们欣赏到了长江源头那炫目的美。三是心态有意思。"我们"在游历过程中经历了高原缺氧、天寒地冻、饮食困难、行走艰难、伤痛疾病等诸多考验,然而"我们"一直保持着乐观开朗的好心态,让旅游充满乐趣。四是语言有意思。很多语言精彩而富有表现力,对学生的写作极有启发性。当然,也有瑕疵,但组织学生修正文章的个别语言漏洞,不仅对提高学生的写作水平帮助极大,还能培养学生的质疑精神。

微设计

1. 用诗词中的长江导入。

孤帆远影碧空尽,唯见长江天际流。

我住长江头,君住长江尾。日日思君不见君,共饮长江水。

2. 播放视频介绍各拉丹冬。

3. 品析全文。

(1)游历有意思。

①本文的体裁是什么?(游记。)

②他们游历了各拉丹冬的哪些地方?简单地说一说他们的行踪。

③在游历过程中,有哪些有趣的插曲?

(2)景色有意思。

我们都喜欢雪,雪域高原的雪想必更有意思。他们见过哪些有趣的景色？请用下面的句式说话。

我觉得各拉丹冬_____的景色非常有意思，它的主要特点是_____。

（3）心态有意思。

①作者在各拉丹冬考察时遇到了哪些困难？（参考：高原反应、手背生疮、肩背脖颈疼痛、发烧、尾椎骨折断。）

②他们畏惧吗？抱怨吗？

③赏析句子并讨论。

将原句"犹如霹雳舞的'太空步'"改为"犹如僵尸般挪动"好不好？

将原句"'我要死了。'我少气无力地说"改为"我有气无力、奄奄一息"好不好？

小结：再难，作者也是开心的。心态好比什么都重要。我们在生活中也要少抱怨，要笑对一切困难，甚至灾难。

（4）语言有意思。

①有意思的感悟。

这一派奇美令人眩晕，造物主在这里尽情<u>卖弄着它的无所不能的创造力</u>。（对自然美景的赞叹。）

风一刻不停地呼啸，辨不清它何来何往，<u>仿佛自地球形成以来它就在这里川流不息</u>，把冰河上的雪粒纷纷扬扬地扫荡着，又纷纷扬扬地洒落在河滩上、冰缝里。（实景描写加上想象，语言才散发出无穷的魅力。）

永恒的阳光和风的刻刀，千万年来漫不经心地切割着，雕凿着，<u>缓慢而从不懈怠</u>。（把"缓慢而从不懈怠"删除的话，效果怎么样？）

　　端详着冰山上纵横的裂纹，环绕冰山的波状皱褶，<u>想象着在漫长的时光里，冰川的前进和后退，冰山的高低消长，这波纹是否就是年轮</u>。（由冰山上纵横的裂纹联想到冰山的前进与后退、高低消长，联想到时光的年轮、历史的进程。）

　　那是坚冰之下的流水之声，它一刻不停，从这千山之巅、万水之源的藏北高原流出，<u>开始演绎长江的故事</u>。（最后一句改为"最后形成了万里长江"好不好？）

　　小结：写景时，不能干巴巴地、纯粹地写景，只有掺进自己的思考、感悟，才能让文章显得饱满而生动。

　　②有意思的短语（或短句）。

　　请仿照示例找偏正短语（或短句）：身披白色披风的巨人……秋高气爽时节的明媚……

　　请仿照示例找动宾短语（或短句）：裸露出大山黧黑的骨骼……掀起一股长江考察热……

　　小结：词语搭配要准确而生动。

　　③修改活动：修改文章第1段、第2段。

　　小结：思维要流畅，表达要合理。

　　④练习：校园里的_____

　　要求：围绕校园某个景物进行片段写作，内容必须是"描写+相对应的感受"；采取虚实结合的手法；运用多种修辞。

微点拨

1. 导入环节的目的是让学生感受长江文化，丰富学生的知识储备。

2. 学生可能对各拉丹冬还不太了解，利用视频介绍这种形式有利于拉近文本与学生的生活距离，让学生更好地理解文本。

3. 在"品析全文"环节中，"游历有意思"的设计，其实是引导学生了解作者的游历行踪，厘清文章脉络。先得让学生觉得游踪"好玩"，然后才能让学生觉得学习此文也"好玩"。"景色有意思"通过学生自主学习的方式，引导他们领略各拉丹冬震撼人心的景色，并学习写景的手法。"心态有意思"抓住关键词句，让学生理解旅游者的良好心态。在这里，一定要结合句子分析，只有让学生亲近文本，才能深刻感悟。"语言有意思"突出"语文味"，要引导学生借鉴写作手法。最后的片段写作训练不可省，学以致用才有收获。

《北冥有鱼》：大鹏怒飞

微解读

《北冥有鱼》选自《庄子集释》，尽管只是节选部分，但对于八年级学生来说，理解起来依然很难。正因为如此，才特别需要教师准确把握教学角度和深度。对于这篇文章的教学，我有四点看法。

第一，对于这篇文章，教师不需要从哲学高度解读，因为这既不符合学情，也不符合节选的文本内容。

第二，需要厘清文章思路。南怀瑾认为，庄子的文章看起来东一下西一下，似乎毫不相干，其实处处相干，文章是一气呵成的，中间没有间断的。《北冥有鱼》（节选）虽然短小，但句与句之间的思维逻辑还真不容易厘清。

第三，可以从大鹏形象切入教学。大鹏化鸟而飞之后，它飞的姿态、飞的气势、飞的思考,其实代表着一种精神,一种格局。北师大博士郭继承说过:"这种大鹏鸟就好比是我们生活中特别有抱负的人,有大的气魄和志向,不局限于'小我'的追求,能够有大的担当。"在教学中,引导学生深入理解大鹏的形象和精神,应该是非常重要的教学选点。

第四,需要增加大鹏形象的文化积累。大鹏、鲲鹏意象已成为中华民族的文化基因,根植于中国人的内心深处。闻一多曾说,中国人的文化上永远留着庄子的烙印。当李白被朋友指责自负时,他想到了庄子,遂赋诗曰:"大鹏一日同风起,扶摇直上九万里。"当李清照陷于人生困境时,她想到了大鹏,遂感叹道:"九万里风鹏正举。风休住,蓬舟吹取三山去!"在特殊的国际背景下,毛泽东曾借"鲲鹏"形象展示中国人民的英勇无畏:"鲲鹏展翅,九万里,翻动扶摇羊角。"在生活中,总有长辈祝福我们"鹏程万里"。在大力宣扬优秀传统文化的今天,增加这些文化知识的积累至关重要。

微设计

1. 庄子导入。

2. 加补白,理思路。

(1)学生质疑。有人说,庄子的文章从表面上来看是东一下西一下的。你觉得本文在行文思路上有不清晰的地方吗?

(2)教师出示:课文分段,并加上补白;指导学生做笔记。

北冥有鱼,其名为鲲。鲲之大,不知其几千里也;化而为鸟,其名为鹏。鹏之背，不知其几千里也；怒而飞，其翼若垂天之云。是鸟也，海运则将徙于南冥。南冥者，天池也。

（你不信？请看古书记载）《齐谐》者，志怪者也。《谐》之言曰："鹏之徙于南冥也，水击三千里，抟扶摇而上者九万里，去以六月息者也。"

（同样借助风力的是）野马也，尘埃也，生物之以息相吹也。

（大鹏边飞边想）天之苍苍，其正色邪？其远而无所至极邪？（大鹏发现）其视下也，亦若是则已矣。

（3）学生朗读活动：①全班齐读，教师读补白；②男生读全文，女生读补白。

3. 加批注，知形象。

（1）品味鲲鹏形象，并按照示例加批注，说说理由。

北冥有鱼，其名为鲲。鲲之大，不知其几千里也；

化而为鸟，其名为鹏。鹏之背，不知其几千里也；怒而飞（飞得豪气），其翼若垂天之云（飞得_____气）。

是鸟也，海运则将徙于南冥（飞行需要_____）。南冥者，天池也。

《齐谐》者，志怪者也。《谐》之言曰："鹏之徙于南冥也，水击三千里，抟扶摇而上者九万里（飞得_____气），去以六月息者也（飞行需要_____）。"野马也，尘埃也，生物之以息相吹也。

天之苍苍，其正色邪？其远而无所至极邪（飞得_____）？

其视下也，亦若是则已矣（飞得_____）。

①学生小组讨论，合作研究。

②教师引导解答。

参考：飞得神气；飞行需要机遇；飞得霸气；飞行需要机遇；飞得清醒；飞得高远或浪漫。

③拓展。

"好风凭借力，送我上青云！"——曹雪芹《红楼梦》

且夫水之积也不厚，则其负大舟也无力。……风之积也不厚，则其负大翼也无力。——庄子《逍遥游》

（鸴雀）我腾跃而上，不过数仞而下，翱翔蓬蒿之间，此亦飞之至也。——庄子《逍遥游》

（2）朗读老师的《诗解〈北冥有鱼〉》。

北冥之鱼，不甘池渊，向往南海。

化而为鸟，背展千里。

飞得豪气：振翅高飞。

飞得神气：翼若垂天之云。

飞得霸气：击海水，拥三千里波涛；驾旋风，上九万里高空。

飞得明白：好风凭借力，我志在青云。

飞得清醒：蓝色天空，就是原色？

飞得浪漫：翻飞九天上下，满眼尽皆苍茫！

4.加体会，看人生。

请学生说一说：从大鹏身上，你学到了什么？

小结：志向要远大，奋斗要顽强，头脑要清醒。这是一种人生格局！

5.积累活动。

（1）相关成语：野马尘埃、扶摇而上、鹏程万里。

（2）相关诗句。

大鹏一日同风起，扶摇直上九万里。——李白《上李邕》

安得大鹏背，载我游无穷。——郑域《游黄杨岩》

九万里风鹏正举。风休住，蓬舟吹取三山去！——李清照《渔家傲·天接云清连晓雾》

小子无才嫌地狭，大鹏展翅恨天低。——明代解缙

鲲鹏展翅，九万里，翻动扶摇羊角。背负青天朝下看，都是人间城郭。——毛泽东《念奴娇·鸟儿问答》

微点拨

1. "庄子导入"环节，让学生对庄子及其对中国文化的影响有一个大致的了解，不仅有利于提高学生的学习兴趣，也有利于提升学生的文化素养。

2. "理思路"环节的难点是厘清文章的思路，看似东一句西一句，实质上脉络清晰，要引导学生深刻体会。

3. "加批注，知形象"环节是教学的重点。在这个环节中，教师一要讲透想象与夸张的表现手法，这是此文的重要特点；二要探究"大鹏之飞"，这个切入点比较巧妙，趣味性也较强；三要重视《诗解〈北冥有鱼〉》，帮助学生理解复杂的文本。

4. "积累活动"环节能帮助学生进一步理解鲲鹏形象在中华民族中的文化地位，提升学生的文化素养，所以一定要安排时间让学生记忆背诵。

《庄子与惠子游于濠梁之上》：偷换概念

微解读

庄子是古代著名的哲学家，他的论辩艺术玄远高深，是中国传统文化中的瑰宝。《庄子与惠子游于濠梁之上》更是庄子脍炙人口的论辩故事。

单元教学提示我们"要学习古人论事说理的技巧"，课后的"思考探究"也要求我们说说庄子和惠子的论辩"巧妙在哪里"。虽然教材助学系统的指向较明确，但这"技巧""巧妙"到底指什么，表述很宽泛，教师借鉴、操作起来很困难。我认为，学习这篇课文需要引导学生领悟庄惠二人论辩艺术的精髓所在——偷换概念，这对于提升学生的语文素养非常有帮助！其中，最关键的是引导学生理解文中"安"字的前后意思。弄懂了两个"安"字的意思改变（或曰概念偷换），才能真正读懂全文。

具体来说,"子非鱼,安知鱼之乐?"中的"安",意思是"怎么";"请循其本。子曰'汝安鱼乐'云者……我知之濠上也。"一句中的"安",意思是"哪里"。厘清了庄惠这对好友论辩交锋的思路,二人的说话风格、个性,甚至他们的生活观、世界观便都清晰了。

从这个角度切入教学,应该是非常有趣的。

微设计

1. 导入。

偷换概念是论辩中的常见策略。

2. 庄子和惠子的关系。

3. 对照注释,自读全文,弄清句意并反复朗读。

4. 当堂检测:解释下列加点的字。

游于濠梁之上。(　　)(　　)

鲦鱼出游从容,是鱼之乐也。(　　)

子非鱼,安知鱼之乐?(　　)

我非子,固不知子矣;(　　)子固非鱼也,(　　)子之不知鱼之乐,全矣!(　　)

请循其本。(　　)(　　)(　　)

子曰"汝安知鱼乐"云者……濠上也。(　　)

5. 教师出示全文翻译,学生朗读。

6. 讨论:在两人的辩论中,庄子用了什么招式?

(1)理解偷换概念。

（2）偷换概念训练。

下面的例子便运用了偷换概念之法，请说说是哪两个概念的偷换？

甲问："我能用蓝墨水写出红字，你信吗？"

乙答："不信。"甲就提笔在纸上写了一个"红"字。

7. 讨论：他们的辩论（或曰抬杠），谁胜出？请说明理由。

（1）两人各有胜点。

参考：惠子赢在逻辑，输在太较真，没有情调；庄子赢在气势，输在逻辑。

（2）庄子胜出凭的是什么？

8. 讨论。

从庄子和惠子的谈话中可看出他们的思想、性格、气质等，你更喜欢哪个人？说说你喜欢的理由。

参考：惠子太较真、太刻板，但很严谨；庄子太油、太皮，但浪漫又有情调。

9. 创造性朗读。

（1）请揣测庄子和惠子的心理活动，在括号中补上人物对话的神态或动作（任选一个），再朗读全文。

庄子与惠子游于濠梁之上。

庄子（　　）曰："鲦鱼出游从容，是鱼之乐也。"

惠子（　　）曰："子非鱼，安知鱼之乐？"

庄子（　　）曰："子非我，安知我不知鱼之乐？"

惠子（　　）曰："我非子，固不知子矣；子固非鱼也，子之不知鱼之乐，全矣！"

庄子（　　）曰："请循其本。子曰'汝安知鱼乐'云者,既已知吾知之而问我,我知之濠上也。"

（2）教师指导朗读最后一句的"也"字,并引导学生揣摩此时庄子的心情。

10.生活小故事练习。

春光明媚,桃花盛开。小芳同学看到班长刘小桃,说:"哇,小桃,你今天好漂亮!"刘小桃说:"＿＿＿＿＿＿。"

请运用惠子的思维,补一句话,把天聊"死":＿＿＿＿＿＿

请运用庄子的思维,补一句话,把天聊"活":＿＿＿＿＿＿

总结:生活中处处有语文,生活中处处是智慧。你是想做像庄子一样有趣的人,还是想做像惠子一样严谨的人呢?请你选定你自己的人设!

微点拨

1."导入"环节有助于学生初步理解"偷换概念",为后文的学习打下基础。

2."庄子和惠子的关系"环节,可拉近学生与古人的距离。

3.字词句的学习环节将文章分段排列,这样能降低学生的阅读难度,有助于学生理解全文。教师在课堂上一定要给足学生时间落实字词句的学习。建议组织学生借助课文注释,自主合作学习,少串讲。这样效率会高很多。

4."在两人的辩论中,庄子用了什么招式?"这是非常关键的讨论,教师一定不能代替学生回答,否则后面的学习就难以推进。

拓展学习"偷换概念"是为防止部分学生理解不透，而借助学生的生活实例所展开的进一步阐释。

5. 讨论"他们的辩论（或曰抬杠），谁胜出？请说明理由"环节，是在充分理解庄惠两人论辩的基础上，让学生进一步明确二者的论辩核心。

6. 讨论"你更喜欢哪个人"环节，将论辩与为人统一起来，让学生深感亲切，并有助于提高他们认知世界的能力。

7. 朗读是学习文言文的关键，也是学习语文的关键。在朗读中理解文本，在理解中提升语言的感悟力。在"创造性朗读"环节，教师的朗读指导要到位。无论是补充对话修饰语，还是把握"也"的读音，都是为了让学生更加深入地理解人物的心理活动和性格特点。

8. "生活小故事练习"环节，旨在指导学生运用庄子和惠子的思维进行生活交际，将语文知识与生活对接，帮助他们提高交际能力，提升语文素养。

《虽有嘉肴》："也"也生辉

微解读

《虽有嘉肴》全文仅70字,学生借助课文注释并合作学习,梳理词句的障碍不大,理解主旨的难度也小。

如何将如此短小的文章教出味道来呢?我采用的主要是朗读法——扣住文中五个"也"字,采取齐读、个读、演读等多种形式,反复涵泳朗读,依次读出惋惜、遗憾的味道,深思的味道,振奋的味道,语重心长的味道。

微设计

1. 标题导入。

疑问:"嘉肴"到底有没有写错?常见的应该是"佳肴"呀!

2. 学生自读课文,围绕字词的理解,组织小组讨论、质疑、解疑。

3. 朗读活动。

(1)教师点拨:文中有5个"也"字,请圈出来。

(2)学生思考:这些"也"字包含什么意味?如何朗读?

参考:第1个和第2个"也"字应读出惋惜、遗憾的味道,第3个"也"字应读出深思的味道,第4个"也"字应读出振奋的味道,第5个"也"字应读出语重心长的味道。

(3)学生演读,评点。

4. 品析活动。

(1)将"虽有嘉肴,弗食,不知其旨也"一句删除,是不是更简洁?

参考:不好。用"嘉肴"类比,一是铺垫,二是让"至道"更容易理解。这是写作中的常用手法。

(2)将"《兑命》曰'学学半'"一句删除行不行?

参考:不行,能加强佐证,增加说服力。(《北冥有鱼》中也有一个佐证句,还记得吗?)

(3)全文说明了一个什么道理?(教学相长;学生和教师都要多实践、多体验。)

(4)学生活动:请你谈谈自己动手修改作文的收获。

5. 背诵全文。

微点拨

1. "标题导入"环节看似简单,然而"'嘉肴'到底有没有写错?"是学生不容易关注的一个点。

2. 学生自读课文,小组讨论、质疑、解疑是学习文言文的好方法。这个环节一定要鼓励学生增强自信心,指导他们用好课文注释,培养其文言文自学能力。

3. "朗读活动"环节是教学的重点,教师要抓住五个"也"字,组织学生多形式演读、评点,所谓"读书百遍,而义自见"。

4. "品析活动"环节,一是运用"删减法",引导学生理解类比和引用的论证方法。二是运用"讨论法",引导学生深入理解文章主旨。在学生谈收获时,要给足时间(至少10分钟),要求他们结合自己的学习实践来谈,这样不仅能使他们深入理解课文,还能帮他们将课文知识运用到自己的学习中,真正做到活学活用。

5. "背诵全文"环节应要求当堂落实。

《大道之行也》：大同文化

微解读

　　大同思想，源于《诗经·硕鼠》篇，人民希望逃离剥削而发出"适彼乐土""适彼乐国""适彼乐郊"的呼声。战国到秦汉间，儒家将大同理想具象化："大道之行也，天下为公。选贤与能，讲信修睦。故人不独亲其亲，不独子其子，使老有所终，壮有所用……是谓大同"。东晋陶渊明在《桃花源记》中又虚构出与现实世界隔绝的人间乐土。在近代，康有为写《大同书》，希望全世界统一于一个"公政府"之下，没有战争；孙中山的大同理想则是"天下为公""世界大同"。

　　教学《大道之行也》时，在引导学生理解《礼记》的"大道"到"大同"的基础上，将大同文化作为教学选点，不仅有利于学生文化素养的提升，有利于情感、态度和价值观的浸润，还能让学生更深刻地理解"中国梦"的深刻含义,以及"世界和平"的重要性。

微设计

1.《礼记》介绍。

2. 学生自读课文,围绕字词的理解,组织小组讨论、质疑、解疑。

解释加点字:

大道(　)之(　)行(　)也

选贤与能(　),讲信修睦(　)

故人不独亲(　)其亲(　)

男有分,女有归(　)

货恶(　)其弃于地也

是故(　)谋(　)闭而不兴

故外户(　)而不闭

是谓(　)大同(　)

3.朗读课文,完成下面练习。

(1)讨论:本文的句式特点是什么?(对偶,排比。)

(2)活动:请学生画出文中的对偶句;教师组织学生反复朗读对偶句。

选贤与能,讲信修睦。

不独亲其亲,不独子其子。

老有所终,壮有所用,幼有所长。

男有分，女有归。

4. 赏析课文。

（1）讨论：开头一词"大道"，结尾一词"大同"各是什么意思？二者是什么关系？

参考：只有实施好了"大道"，才能实现"大同"。

（2）请学生归纳大同社会的特征。

5. 拓展学习。

大同思想源远流长，举例《诗经·硕鼠》、陶渊明《桃花源记》、康有为《大同书》、孙中山的大同理想。

6. 发散讨论。

面对美国的强权霸道，你认为实现"大同世界"是以德服人好，还是提升综合国力好？

7. 课外阅读：孙中山富国强民的国家建设思想。

微点拨

1. 考虑到有学生对《礼记》不是很了解，《礼记》介绍很有必要。

2. 在"学生自读课文"环节，教师要尽量组织学生自学，建议采用小组讨论、质疑、解疑的方式，杜绝教师串讲。教师要特别关注学生的掌握情况，因为只有了解学情，才能进行精准教学。

3. 朗读课文是学习文言文的重要方法。单就这篇课文来说，其整齐的句式很适合学生朗读。

4. "赏析课文"环节，扣住开头的"大道"和结尾的"大同",厘清其关系,能清晰地展示全文思路及主要内容,以最简单的方式培养学生的归纳概括能力。

5."拓展学习"环节是创新点,可以帮助学生了解中国传统文化中的大同思想,将"大语文观"落实到课堂上。这个环节的重点在于积累,要让学生在文化浸润中不断成长。

6."发散讨论"环节将传统文化与现实生活对接,能拓展学生的思维。因此,一定要鼓励学生大胆说,尽情说。

7."课外阅读"环节可安排在课后。

《茅屋为秋风所破歌》：秋风秋雨与人格圣化

微解读

  《茅屋为秋风所破歌》是唐代伟大的现实主义诗人杜甫旅居于四川成都草堂期间创作的一首七言古诗，叙述了茅屋被秋风所破以致全家受雨淋的痛苦经历，抒发了作者内心的感慨，体现了其忧国忧民的思想，是杜诗中的典范之作。

  这场摧毁杜甫茅屋的秋风秋雨，其实并不特别，可它吹到这个向来心忧国家、胸怀黎民的诗人身上，就显得很特别了。洪业先生为杜甫作传时，称他是"中国最伟大的诗人"，而杜甫人格的终极圣化与这场秋风秋雨不无干系！

  为什么这样说呢？面对这怒号的秋风、如麻的雨水、漏雨的床头，杜甫不是陷入自身苦难怜惜自己，而是推己及人，心系天下，发出了"安得广厦千万间，大庇天下寒士俱欢颜"的感叹；自己"受冻死亦足",却期望天下寒士能"俱欢颜"。这是全诗的精华,也是杜甫的人格精华。杜甫的形象因此变得高大,人格亦变得无限崇高。

微设计

1. 导入。

成都杜甫草堂引入(图片)。

2. 介绍作者与时代背景。

(1)作者杜甫:唐代伟大的现实主义诗人,与李白合称"李杜",被后人称为"诗圣",他的诗被称为"诗史"。已学《春望》。

(2)安史之乱。

3. 朗读全诗(强调韵脚)。

4. 这是一首叙事诗,请学生讲述故事情节。

5. 说话活动:请学生细读文本,根据自己的理解,依次按以下句式说话。

(1)这是一场_____的秋风

①注意:怒号的修辞。

②朗读:重读动词和韵脚。

(2)这是一场_____的秋雨

①成都的八月,天气应该不冷,为何作者却说"冷似铁"?

②朗读:重读韵脚。

(3)这是一群_____的儿童

①从"对面为盗贼""公然"中,你看出了什么?

②南村群童"抱茅"到哪里去了?是不是家里呢?

③拓展:在生死存亡面前,人类的表现。(这些小孩子也是没法子了,生存让他们丢失了道德。)

④改句:唇焦口燥呼不得,归来倚杖"骂不息",好不好?那么,你觉得作者是在"叹息"什么呢?

(4)这是一个_____的老杜

①从"自经丧乱少睡眠"一句中,你看到了什么?

②讨论:"何由彻"的"彻"是"到"的意思,课文注释是"如何挨到天亮",你认为他为什么无法入眠?

③讨论:杜甫的苦难是天灾还是人祸?(天灾和安史之乱。)

④有感情地朗读最后一段,感受杜甫的崇高。

⑤学生说话:你认为最动人的词句是哪些?

6. 拓展积累。

(1)牢记杜甫忧国忧民的名句。

安得广厦千万间,大庇天下寒士俱欢颜!

国破山河在,城春草木深。

朱门酒肉臭,路有冻死骨。

(2)抄写名人忧国忧民的名句。

长太息以掩涕兮,哀民生之多艰。——屈原

僵卧孤村不自哀,尚思为国戍轮台。——陆游

先天下之忧而忧,后天下之乐而乐。——范仲淹

人生自古谁无死?留取丹心照汗青。——文天祥

我自横刀向天笑,去留肝胆两昆仑。——谭嗣同

天下兴亡，匹夫有责。——顾炎武

微点拨

1. 在"导入"环节，播放成都杜甫草堂的图片可以激发学生的学习兴趣，拉近古今距离。

2. "介绍作者与时代背景"环节有助于学生掌握相关知识，理解全文。

3. 熟读与朗读是学习古诗的核心环节之一。全诗节奏分明，朗朗上口。

4. "请学生讲述故事情节"环节，因为全诗难度不高，学生在自主学习的基础上是能够准确复述情节的。

5. "说话活动"是诗歌品析的重点内容。以"这是一场____的秋风；这是一场____的秋雨；这是一群____的儿童；这是一个____的老杜"的句式说话，既方便教师实施教学，也方便学生参与学习活动。在此环节中，教师可适时、灵活地贯穿系列教学活动，如点拨关键词句、组织朗读、拓展讲析、讨论升华，让学生的理解逐步深入。

6. "拓展积累"环节能增加学生的文化积累，也是不可或缺的学习活动。

《卖炭翁》:"选择"与"无法选择"

微解读

　　《卖炭翁》描写了一个烧炭老人谋生的困苦,通过卖炭翁的遭遇,深刻地揭露了唐朝"宫市"的腐败本质,抨击了统治者掠夺人民的罪行,表达了作者对底层劳动人民的深切同情。

　　一个老人,伐薪烧炭、雪天卖炭的目的是"身上衣裳口中食"。他是一个生意人,但生活逼迫他有了"生意"头脑:先囤积起来,尽管"可怜身上衣正单",却依然"心忧炭贱愿天寒"。等到寒冷雪天到来,他兴奋地"晓驾炭车"来到"市南门外"静候买客。从季节气候和人们的需求来看,老人选择了"最好的卖炭时机"。"牛困人饥"倒也无妨,为解决家人的饥寒问题,这是他心甘情愿的选择!

　　可惜人算不如天算,他生活在一个"宫市"时代,不幸碰到了正在街上梭巡的宫使。他"千余斤"的一车炭被两位翩翩宫使，借一纸"口称敕"的文书而蛮横、强行地"牵向北"，换来的只有价值远远不抵的"半匹红纱一丈绫"。从这个角度来看，老人遇到了他"最坏的卖炭时机"。

这个可怜的老人，他选择了"最好的卖炭时机"，却遇到了"最坏的卖炭时机"，他无法左右自己的命运！在"宫市"的时代背景之下，他和广大劳苦人民一样身不由己。作者将这一对矛盾浓缩于短短的135字中，深刻地揭示了"宫市"给百姓造成的巨大灾难和心灵创伤。这真是"'宫市'猛于虎也"。因此，从卖炭翁的"选择"与"无法选择"的矛盾点切入教学，将很有意思。

微设计

1. 看作者。

介绍作者与其组诗《新乐府》。

2. 看"宫市"。

引读文中注释，补充每逢宫使出来时，街上所有店铺皆急忙关门，不敢做生意的情况。

3. 看故事。

学生复述故事。

4. 看老人。

（1）请以下面句式说话：

老人是个_____的人，从_____句中，我似乎看到一个_____的画面。（用生动、有画面感的语言表达。)

提示:可以注意这些词语,尘灰、烟火色、两鬓苍苍、十指黑、衣正单、愿天寒。

(2)教师引导:老人是个生意人吗?

参考:不是。他只为"身上衣裳口中食",不过他不得已做了回生意人。

(3)深度讨论之一:他卖炭的时机好不好?

提示:最好的卖炭时机——雪天卖炭;最坏的卖炭时机——遭遇"宫市"。

(4)深度讨论之二:他躲得过被宫使强夺的命运吗?

参考:"溥天之下,莫非王土;率土之滨,莫非王臣。"——他无法选择。

(5)朗读第1段。

5.看宫使。

(1)想象与表演:想象"两骑"之人,可增加神态、动作和语言,突出其"派头"。

(2)拓展:"半匹红纱一丈绫"和"一车炭"对比;实际价格和实用价值对比。

(3)朗读第2段。

6.看主旨。

(1)创作活动。

文中出现的三个"一"字(一尺雪、一车炭、一丈绫),连在一起,对比分明,令人心酸。教师加两个"一",可以概括第1段。请仿照教师的加法,根据故事大意,概括第2段的情节。

第1段示例：一个人/一尺雪/一车炭/一丈绫/一家人

第2段示例：一文书/一声叱/一丈绫/一把泪

（2）主旨小结。

白居易的诗歌深切地反映了人民的痛苦，并表达出作者极深的同情。

微点拨

1. 在"看作者"环节，让学生大致了解作者及作者的作品，可以激发学生的学习兴趣，为后文的学习打下基础。

2. "看'宫市'"环节对于理解全篇非常关键，这是故事发生的社会背景，为现实而作也是白居易新乐府运动的主张之一。

3. "看故事"环节是进入文本分析的前提。

4. "看老人"环节是核心环节。说话活动的目的是让学生在文字中感受老人的生活状况和个性形象，可以多请一些学生回答问题。关于"卖炭的时机好不好"的深度讨论，能引导学生深入理解老人悲惨命运背后的社会根源。

5. "看宫使"环节进一步展示了宫使飞扬跋扈的丑态。注意在表演时要指导学生通过想象，抓住人物的神态、动作和语言特征，防止学生在表演中故意搞笑。

6. "看主旨"环节中的创作活动非常有意思。几个"一"的添加手法，能让学生在最简洁的创作中深入领会文章主旨，引发他们对卖炭翁的深刻同情。这个环节要多让几个学生展示。

九年级上册

《敬业与乐业》：论据的力量

微解读

梁启超是中国近代思想家、政治家、教育家、史学家、文学家，被公认为中国历史上"百科全书式的学者"。据悉梁启超"八岁学为文，九岁能缀千言"，十七岁考取举人。他的学术研究涉猎广泛，在哲学、文学、史学、经学、法学、伦理学、宗教学等领域均有建树。他一生勤奋，著述宏富。

《敬业与乐业》是一篇十分规范的议论文。从写作的角度来说，议论文一直是初中生不易突破的文体，特别是说理充分，论证严密的要求，学生很难达到。因此，基于初中生的认知水平及本文大量引经据典的特点，从论据的角度切入教学，将有助于学生深刻领悟本文。

我们来欣赏这位百科全书式的大家在本文中引用的论据：《礼

记·学记》"敬业乐群";《老子》见表"安其居乐其业";孔子"饱食终日，无所用心，难矣哉！""群居终日，言不及义，好行小慧，难矣哉！""素其位而行，不愿乎其外""知之者不如好之者，好之者不如乐之者""其为人也，发愤忘食，乐以忘忧，不知老之将至云尔";《庄子》"虽天地之大，万物之多，而唯吾蜩翼之知""用志不分，乃凝于神";朱熹"主一无适便是敬";曾国藩"坐这山，望那山，一事无成";唐朝禅师"一日不做事，一日不吃饭"。

这些论据，具体生动而富有说服力，除了能让学生感受到梁启超广博的知识外，还能让学生深刻体会到议论文中权威论据的力量。我想，对于初写议论文的学生而言，学会积累论据、用好论据，应该是议论文写作的基本功。因此，本文合理的教学侧重点之一当是学习梳理论据。

微设计

1. 厘清文章结构。

文章围绕"业"，从哪三个方面进行论述？（有业、敬业、乐业。）

2. 重点梳理论据。

（1）研读文章第1段至第5段。

①同桌合作梳理：作者在论证"有业之必要"时，找了哪些材料依据？

孔子说："饱食终日，无所用心，难矣哉！""群居终日，言不及义,好行小慧,难矣哉!"百丈禅师说:"一日不做事,一日不吃饭";自己扫地、擦桌子、洗衣服。

②学生朗读、记忆孔子的话。

(2)研读文章第6段至第7段。

①同桌合作梳理:作者在论证"敬业"时,提供了哪些依据?

朱熹说:"主一无适便是敬。"庄子说:"虽天地之大,万物之多,而唯吾蜩翼之知。""用志不分,乃凝于神。"曾文正(即曾国藩)说:"坐这山,望那山,一事无成。"孔子说:"素其位而行,不愿乎其外。"当大总统和拉黄包车的例子。

②学生讨论:这些论据大致可分成哪两类?(明确:名人名言、实际事例。)

③学生朗读并记忆朱熹、庄子、曾国藩、孔子的话。

(3)研读文章第8段。

①同桌合作梳理:作者在论证"乐业"时,提供了哪些依据?

孔子说:"知之者不如好之者,好之者不如乐之者。""其为人也,发愤忘食,乐以忘忧,不知老之将至云尔。"

②思维拓展:"凡职业都是有趣味的",文中列举了哪几条理由?你能不能举一个实际的例子?(历史上或现实生活中,"乐业"成就事业的故事均可。)

微点拨

1."厘清文章结构"环节,教师在帮助学生了解全文论证思路时,要注意先让学生自主学习。

2. "重点梳理论据"环节是本微课的教学核心。研讨的内容是梳理论据,研讨的形式以同桌合作学习为主。同时,教师要安排时间引导学生朗读与记忆,强化他们对论据的感受。

当然,在这个环节中还贯穿了论据的分类训练,以及思维拓宽训练,这些训练对于议论文的写作是非常有帮助的,教师一定要组织学生在互动中学习领会,不能包办。

(本篇作者　田丽)

《就英法联军远征中国致巴特勒上尉的信》：从不缺席的正义之声

微解读

英法联军洗劫并焚毁"万园之园"圆明园的丑恶行径受到了全世界人民（包括英法两国的有识之士）的谴责。最有力的谴责文章无疑是法国作家雨果的《就英法联军远征中国致巴特勒上尉的信》了！这封信掷地有声，体现了人类良知，发出了世界人民正义的声音，不仅具有历史和政治价值，而且还具有文学、美学和艺术价值。这封信首次以世界的眼光，指出圆明园在人类艺术史中的崇高地位，把它作为以想象为美学风范的东方艺术的精华，并与以理想为美学风范的西方艺术的瑰宝——巴特农神庙相提并论。在文中，雨果尽情赞美了圆明园高超的艺术和丰富的收藏，谴责了英法联军对圆明园的抢劫和焚烧完全是强盗行为，无情揭露了这些向来以"文明人"自居的欧洲人实际上比他们鄙薄的"野蛮人"还要野蛮。这封信对两国军界、政界的"胜利"欢呼给予了迎头痛击,把"两个强盗"——英吉利和法兰西永远钉在历史的耻辱柱上!

教学此文时,我不想将课堂时间浪费在文体教学上,而更愿意将教学重点放在一位著名作家的文化良知、世界情怀、中国情结上。因此,设计本微课时,我将文章后半部分抨击掠夺者丑恶行径的文段作为教学重点,引导学生在语言品析中感受这一切。

微设计

1. 背景介绍。

介绍火烧圆明园的历史背景,即第二次鸦片战争的经过和影响。

2. 品析第5段至第10段。

(1)学生自读选段,划出表达作者对英法联军行径态度的词或句子。

学生交流分享,并说明自己的理解。

示例:强盗、洗劫、劫掠、丰功伟绩、收获巨大、两个胜利者、手挽手、笑嘻嘻、文明对野蛮、抗议、赞誉……

(2)学生朗读选段,要求进行多形式朗读,读出情感。

(3)合作学习第5段。

①提问:"两个胜利者"出现了几次?

②讨论:你认为他们是"胜利者"吗?说说你的理解。(引导

学生站在世界和文化的角度深入理解。）

③提问："两个胜利者"运用了什么修辞手法？还有哪些词句也运用了相同的修辞手法？（参考：反语；文段中有大量反语。）

④请多名学生演读："丰功伟绩！收获巨大！两个胜利者，一个塞满了腰包，这是看得见的，另一个装满了箱箧。他们手挽手，笑嘻嘻地回到欧洲。"

思考一：句中的"塞满"和"装满"可以对调吗？（参考：不能，两词准确表现了强盗厚颜无耻、狼狈为奸的丑态。）

思考二：这些反语有何作用？（参考：强化了讽刺意味。）

（4）学生活动。

①回答：在第7段中，作者义正词严地表明自己态度的是哪一句？

②学生朗读："我要抗议……是强盗"一句。

③即兴表达：请根据自己的理解，在下面横线上写一句话。

我要抗议_____

（5）课外阅读：余秋雨散文《道士塔》。

微点拨

1. "背景介绍"环节对学生理解全文帮助非常大，是教学本课不容忽略的教学环节。

2. 在"品析第5段至第10段"环节，"学生自读选段"与"学生朗读选段"都是必要的，教师可以多组织一些学生朗读，指导他们读出情感，读出词句的意味；关于"两个胜利者"的品析，教师要指导学生在语言中体会作者的情感,明白反语的语言特色及其表达效果;在分析作者的态度时,一是要让学生充分感受作者的文化态度和中国情结,二是要让学生在即兴表达中拓展思维,进一步理解英法联军的侵略本质,加深对侵略者的恨以及对文明的爱。

《岳阳楼记》：跳出模式化的情感

微解读

《岳阳楼记》广为流传的原因之一，是它表现出了一种崇高的思想境界。欧阳修在为范仲淹写的《范文正公神道碑铭》中说："公少有大节，于富贵、贫贱、毁誉、欢戚，不一动其心，而慨然有志于天下，常自诵曰：'士当先天下之忧而忧，后天下之乐而乐也。'"可见《岳阳楼记》末尾所说的"先天下之忧而忧，后天下之乐而乐"，是范仲淹一生的行为准则，体现了他的情感志向。

《岳阳楼记》写于庆历六年（公元1046年），"庆历新政"改革失败后，范仲淹被贬放至河南邓州。受害遭贬、身居江湖的范公，坚守信念，心忧国事。受"贬友"滕子京之托，写文记述重修岳阳楼之事。范仲淹并未去过岳阳楼，仅凭借好友寄来的《洞庭晚秋图》和前代名家诗文，如何下笔？他回避了详细的景物描绘，力求在情感上出新！

文章对岳阳楼恢弘壮阔的景物只进行了简单勾勒，其中"北通巫峡，南极潇湘，迁客骚人，多会于此，览物之情，得无异乎"一句，利索地将笔锋从地理形胜，转入人情的特殊性上来。其中的"情"是异乎寻常的、有特点的感情，而不是模式化的感情。孙绍振教授在品析《岳阳楼记》时曾表示，文章的立意之高，关键就在这个"异"字上，就在这异乎寻常的思想高度上。

微设计

1.介绍创作背景，了解作者经历。
2.品析"三异"之情，欣赏范公风采。

过渡：请学生朗读"然则北通巫峡，南极潇湘，迁客骚人，多会于此，览物之情，得无异乎"一句，思考作者与一般"迁客骚人"在"览物"之后的情感有何不同。

（1）面对悲景。

【屏显】

若夫淫雨霏霏，连月不开，阴风怒号，浊浪排空，日星隐曜，山岳潜形，商旅不行，樯倾楫摧，薄暮冥冥，虎啸猿啼。

①学生朗读。要求：读出节奏感。
②学生赏析：句式有何特点？景物有何特点？
③学生交流，并选派代表展示朗读。

【屏显】

登斯楼也,则有去国怀乡,忧谗畏讥,满目萧然,感极而悲者矣。

①抒发了什么人的悲感与悲情?(一般迁客骚人。)

②"则"字如何读?你从中读出了什么?(参考:拖音;对普通情感的不以为然。)

(2)面对乐景。

【屏显】

至若春和景明,波澜不惊,上下天光,一碧万顷,沙鸥翔集,锦鳞游泳,岸芷汀兰,郁郁青青。

①学生朗读。要求:读出节奏感。

②学生赏析:用词有何特点?景物有何特点?

③学生交流,并选派代表展示朗读。

【屏显】

登斯楼也,则有心旷神怡,宠辱偕忘,把酒临风,其喜洋洋者矣。

①抒发了什么人的喜悦之情?(一般迁客骚人。)

②选派代表对比朗读、评价,思考哪几个字要重读并陈述理由。(参考:则、偕、把、其、者矣;理由是表露了对一般迁客骚人的普通情感的不以为然。)

③分组讨论:"感极而悲者矣""其喜洋洋者矣"最后的句号能否换成感叹号?

明确:作者对迁客骚人"悲"和"喜"的人生态度并不赞同,没有产生强烈的情感共鸣,因此不适合用感叹号。

（3）面对理想。

【屏显】

嗟夫！予尝求古仁人之心，或异二者之为，何哉？不以物喜，不以己悲，居庙堂之高则忧其民，处江湖之远则忧其君。是进亦忧，退亦忧。然则何时而乐耶？其必曰"先天下之忧而忧，后天下之乐而乐"乎！

①学生朗读。要求：读出节奏感。

②合作探究："予"的悲与喜和"二者"有何不同？

③分享评价：结合本文和相关课外资料，说说你如何看待范仲淹？他做到"先天下之忧而忧，后天下之乐而乐"吗？

3.对比孟子，领略民本思想。

【屏显】

范仲淹：先天下之忧而忧，后天下之乐而乐。

孟子：乐以天下，忧以天下。

（1）学生讨论：这两句话的内涵有何不同？

（2）各抒己见：你觉得在思想方面，孟子和范仲淹哪个更伟大？（参考：范仲淹的思想是对孟子思想的继承和发扬，但从理念上来说，范仲淹的思想更为崇高，不是与民同乐同忧，而是先民而忧，后民而乐。）

微点拨

1.这是一篇借景抒情、融情于事的散文，但并不是作者在游览时所写，而是他根据图画和别人的描述写成的，其间寄托了作者的情感与志向，因此在教学过程中要着重介绍作者的生平和写作背景。

2.这篇文章景物描写传神、句式整齐、朗朗上口，特别适合朗读。在教学过程中，要鼓励学生开展多种形式的朗读，在读中理解内容，体会作者的情感。特别需要注意的是，要让学生读出"览物之情，得无异乎"的语气，通过理解这句话隐含的深意，把握文章的主旨。

3.从"感极而悲者矣""其喜洋洋者矣""不以物喜，不以己悲"这三种情感中，我们可以感受到作者异于一般迁客骚人的宏伟胸襟和家国情怀。因此，在教学过程中，教师要引导学生通过多种形式的研读，把握"先天下之忧而忧，后天下之乐而乐"中所散发出来的人格魅力。

（本篇作者　李兰）

《醉翁亭记》：似是一问一答，似是一惊一乍

微解读

　　《醉翁亭记》是中国古代不可多得的文学精品。当时，欧阳修也参与了"庆历新政"改革，失败后受株连被贬，此文就是欧阳修被贬到滁州任太守时所作。

　　文章先写山水，坦言"醉翁之意不在酒，在乎山水之间也"，抒发游山玩水之乐；后写游人不绝于途，前呼后应，表现人情之乐；再写酿泉为酒，野肴铺席，觥筹交错，表达"宴酣之乐"；最后写颓然醉倒，与民同乐。全文以一个"乐"字贯穿全篇，表现了欧阳修寄情山水、与民同乐的旷达情怀。

　　因此，这个"乐"字，一直是我锁定的教学重点。再读、再教《醉翁亭记》后，我发现文中"……者……也"句式的运用极有味道，是有趣的教学突破点。

"……者……也"句式在文言文中表判断。孙绍振教授认为《醉翁亭记》中的"……者……也"句式,不仅表判断,还表露了作者的情绪。

第1段,"望之蔚然而深秀者",先看到景色之美,然后才回答"琅琊也";"水声潺潺,而泻出于两峰之间者",先听到了声音,然后才解释"酿泉也";"有亭翼然临于泉上者",先有奇异的视觉意象,然后才回答"醉翁亭也"。将"琅琊""酿泉""醉翁亭"放在后面,似是一问一答;以"也"字结句,既是结论,也是情绪,似是感叹、惊呼(有点儿接近现代汉语的"啊""呀")。

第3段,先看到人们歌于途中,前呼后应、往来不绝,再回答那是"滁人游也";先看到溪深鱼肥、酿泉为酒,山肴野蔌杂然前陈,再回答那是"太守宴也";先听到觥筹交错,起坐喧哗,再回答那是"众宾欢也";先描写那个苍颜白发的人"颓然乎其间",再告诉你那是"太守醉也"。将情景描写展示在前面,再依次以"滁人游也""太守宴也""众宾欢也""太守醉也"作结,同样似一问一答,一惊一乍,充分表露了作者激动的心情和高亢的情绪。

因此,要理解醉翁之"乐","……者……也"句式之妙,不可错过。

微设计

1. 写作背景及作者介绍。
2. 复习文言句式"……者……也"的用法。

3.品析文中的判断句。

【屏显】

其西南诸峰,林壑尤美,望之蔚然而深秀者,琅琊也。

山行六七里,渐闻水声潺潺,而泻出于两峰之间者,酿泉也。

峰回路转,有亭翼然临于泉上者,醉翁亭也。

(1)学生反复朗读。

(2)自主学习:以上三个写景句,写作顺序是什么?(全景、中景、近景。)

(3)合作讨论:结合观景者的心情,"也"字可以翻译成哪一个字?说说你的理由。

参考:翻译成"啊""呀";理由可围绕作者此时的情绪来说,如这时候是惊讶、惊喜的情绪。

(4)对比与讨论:先把景观的名称亮出来,好不好?如琅琊山,蔚然而深秀;酿泉,水声潺潺而泻出于两峰之间;醉翁亭,翼然临于泉上。

结论:改后为一般描述句。呆板地描写景物,不能表达作者的情绪。

【屏显】

至于负者歌于途,行者休于树,前者呼,后者应,伛偻提携,往来而不绝者,滁人游也。

临溪而渔,溪深而鱼肥,酿泉为酒,泉香而酒洌,山肴野蔌,杂然而前陈者,太守宴也。

宴酣之乐,非丝非竹,射者中,弈者胜,觥筹交错,起坐而喧哗者,众宾欢也。

苍颜白发，颓然乎其间者，太守醉也。

（1）学生反复朗读。

（2）合作讨论：以上四句结尾的"也"字，表达了作者的什么情绪？说说你的理由。

教师引导学生分析关键字词：歌于途、前者呼、后者应、溪深鱼肥、泉香酒洌、觥筹交错、起坐喧哗等。

（3）重点品析：

①"众宾欢也"，"欢"的原因是什么？"太守醉也"，为什么而"醉"？

②先表演朗读"众宾欢也""太守醉也"，再品析"也"字如何朗读，说说你的理由。

③从"太守醉也"中，你看到了太守什么样的情绪或心境？（自豪、自得、自在、自由……）

④拓展：欧阳修在滁州的功绩。

小结：欧阳修的"乐"是一种胸怀、一种境界。他为自己的政绩而乐，为自己正确的政治观点而乐（或许还有含蓄地自我辩护之意）。

微点拨

1.所谓知人论文、知人论世，"写作背景及作者介绍"环节，对于学生理解古代寄情山水的游记散文，其必要性自不待言。

2."复习文言句式'……者……也'的用法"环节，一是兼顾学情，二是暗示本课的教学重点。

3."品析文中的判断句"环节是教学重点,主要品析第1段和第3段的两组句子。在教学中,一是要让学生反复朗读,多形式朗读,在朗读中品析;二是要让学生深入体会"也"字的妙味,理解其蕴含的情绪和心境。教师不要急于呈现结论,要多多引导学生自己体味。特别是对于"众宾欢也""太守醉也"的根源,教师务必组织学生结合作者的处境,分小组合作讨论、辩论,让学生深刻理解全文核心"乐"。

《故乡》：吾心安处是故乡

微解读

在游子心里，故乡永远是安居之所、情归之处、心安之源。1919年，鲁迅先生回故乡绍兴接母亲去北京。这次回乡，鲁迅耳闻目睹了中国农村疮痍累累的残酷现实，结合自身三十余年的生活经验，写出了这篇悲凉沉郁但又不失希望的小说——《故乡》。

作者通过描述故乡的变化，表达了复杂的内心感受。故乡之变可以归纳为以下几点：

一是环境之"居不易"。当"我"回到阔别二十多年的故乡，"苍黄的天底下""萧索的荒村""瓦楞上许多枯草的断茎"，儿时记忆中的故乡已经泛黄且疏落得"没有影像，没有言辞了"，只留下近乡人一声无言的叹息。留守故乡的人也不能幸免，在"多子，饥荒，苛税，兵，匪，官，绅"这些大山的压迫下苟延残喘。

此情此景不禁让人慨叹，如今的故乡是失去精神生命力的故乡，留守在故乡的人真是"居不易"！

二是兄弟之"情不再"。"我"在二十年后还记得童年时的那份情谊，没把闰土当作外人，这次回来想着两个人仍可以兄弟相称，没想到他竟然改口叫了"老爷"；面对"我"母亲的劝解，他竟然说："哎呀，老太太真是……这成什么规矩。那时是孩子，不懂事……"他承认自己是年幼无知，才敢贸然与"我"以兄弟相称，现在的他是不配与"我"称兄道弟的。由此可见，多子、饥荒、苛税等生活窘境，已经将他逼成了一个"下等人"，这绝不是所谓的"自我矮化"，这就是他目前的生活状态。这种厚重的心理隔膜注定了"我们"之间"情不再"！

三是故乡之心不安。"我"离本乡，走异路，逃异地，和到现代都市寻求别样生活的人们一样，追求现代文明，但现代都市仍没有给"我们"提供更好的精神乐园，因此终究还是逃脱不了为生活辛苦辗转的失落和悲哀。心安之处是故乡，"我"原本想在故乡找到心灵的慰藉，但回到久别的故乡，映入眼帘的却是一派衰败和萧索的景象，心中更是无限悲凉。本来回乡是为了寻梦的，然而现实却把梦击得粉碎，让"我""心不安"。故乡还是故乡，只是已不再是"我"的心安之所！

微设计

1. 感悟"居不易"。

（1）学生自由朗读课文，找出描写环境的句子。

（2）赏析词语。

【屏显】

时候既然是深冬；渐近故乡时，天气又阴晦了，冷风吹进船舱中，呜呜的响，从篷隙向外一望，苍黄的天底下，远近横着几个萧索的荒村，没有一些活气。

思考：删去"苍黄""萧索"这两个词行不行，为什么？赏析这两个词的作用。

（3）对比句子。

①多子，饥荒，苛税，兵，匪，官，绅，都苦得他像一个木偶人了。

②多子、饥荒、苛税、兵、匪、官、绅，都苦得他像一个木偶人了。

教师指导学生通过标点符号的变化体会人物语言的快缓，感受人物内心的沉重。

总结：从故乡萧条败落、民不聊生的景象中可见故乡的"居不易"。

2.品析"情不再"。

（1）分角色朗读"我"和闰土的对话。

【屏显】

"阿！闰土哥，——你来了？……"

"老爷！……"

"冬天没有什么东西了。这一点干青豆倒是自家晒在那里的，请老爷……"

"非常难。第六个孩子也会帮忙了，却总是吃不够……又不太平……什么地方都要钱,没有定规……收成又坏。种出东西来,挑去卖,总要捐几回钱,折了本;不去卖,又只能烂掉……"

(2)教师引导学生对照朗读少年闰土和"我"的对话,思考:"我们"如今的对话与少年时期的对话有什么不同?

示例:称谓(我、我们)消失、语言由滔滔不绝变得无话可说。

(3)根据"我"的心理活动,思考:"我们"之间对话变化的原因是什么?

明确:生活的重担,封建礼教、封建等级观念的压迫,让"我们""情不再"。

3. 探讨"心不安"。

(1)教师介绍写作背景。

鲁迅于1919年12月回故乡绍兴接母亲到北平(今北京),目睹农村的破败和农民的凄苦,十分悲愤。1921年1月便以这次回家的经历为题材,写了这篇小说。

(2)学生讨论。

①作者这次回乡,心绪如何?心情有什么变化?(引导学生从多方面来谈。)

②谈谈你对"我想:希望是本无所谓有,无所谓无的。这正如地上的路;其实地上本没有路,走的人多了,也便成了路。"这句话的理解,言之有理即可。

(3)小练笔:请以作者的口吻,按照下面的句式写几句话。

这次回乡,我本以为＿＿＿＿,却想不到＿＿＿＿＿＿。

微点拨

1.按照"居不易""情不再""心不安"这三个层次安排教学,既可以明确、集中学习目标,又能引入重点教学环节,让课堂环环相扣、层层深入。

2.为帮助学生把握文章内容,深刻理解文章主旨,在讲这篇文章时,可以带领学生简单了解《呐喊》这部小说集,以便学生理解作者内心的情感走向。课后可以让学生搜集相关材料进行拓展阅读,体会那个年代知识分子内心的困惑与希望。

3.本文有大篇幅的对话,在教学过程中可以让学生进行分角色朗读,在朗读时要引导学生揣摩人物心理,通过深刻感悟人物的心理状态,体会文章深刻的主旨。

(本篇作者 李兰)

《中国人失掉自信力了吗》：釜底抽薪驳论据

微解读

　　《中国人失掉自信力了吗》是鲁迅先生的一篇驳论文，创作于"九一八"事变三周年之际。当时，中华民族处于风雨飘摇之中，有人公开散布抗日消极论。鲁迅先生毅然执笔为矛，反驳这种抗日前途悲观论调，反驳中国人失掉了自信力的言论，鼓舞了民族自信心和抗日斗志。

　　驳论文可以驳论点，也可以驳论据和论证。《中国人失掉自信力了吗》这篇文章在驳论过程中的突出特点就是驳论据。课文开篇便陈述对方论点的来源（即三个所谓的"事实"）：一是"两年以前，我们总自夸着'地大物博'……不久就不再自夸了"；二是"只希望着国联"；三是现在"一味求神拜佛"。简而言之，就是信地信物，信国联，一味地求神拜佛。作者指出，这只是部分事实，只能证明一部分人失掉了自信力；对方的论据是片面的、表面的，并不能反映社会的本质和主流。因此"中国人失掉自信力了"这个论点是站不住脚的。从批驳论据是武断谬误和以偏概全入手，可谓釜底抽薪，成功瓦解了对方的论点。

本微课正是着眼于文章开头前5段驳论的精彩处——"釜底抽薪驳论据"而设计的。

微设计

1. 感受驳论。

（1）教师讲述：驳论文可以驳论点，也可以驳论据和论证。在驳论过程中，论据支撑论点，论点源于论据。如果能证明对方的论据是虚假的，自然就能釜底抽薪，轻松驳倒对方的论点。

（2）学生活动：你赞同下面的观点吗？说说你的理由。

【屏显】

韩寒逃学去采风，最后退学，独自在文坛闯荡出一番天地。于是有人说，学生逃学是一件好事。

明确：一个人代表不了所有学生，否则就是以偏概全。而且，韩寒成功的原因在于退学后依然在文坛奋斗。该论据有意强调韩寒逃学、退学，再言其成功，不合逻辑，因而是证明不了"学生逃学是一件好事"的。

小结：这就是驳论据，釜底抽薪。

2. 研读文本。

学生自读前5段，找出作者反驳的论点和论据。

（1）研读论点。

①论点是"于是有人慨叹曰：中国人失掉自信力了"。

②解读背景："九一八"事变后，东北沦陷，山河失色。1934年8月27日，当时颇有影响的资产阶级报纸《大公报》发表了社评《孔子诞辰纪念》，散布失败主义论调——"民族的自尊心与自信力，既已荡焉无存，不待外侮之来，国家固早已濒于精神幻灭之域。"

③读出感情：作者对悲观舆论痛心疾首、忧心忡忡。

（2）研读论据。

①学生齐读第1段并概括：有人慨叹"中国人失掉自信力了"是源于哪三个"事实"？

明确：信地信物，信国联，一味地求神拜佛。

②学生有感情地朗读。要求：揣摩"总""只""一味"等副词，读出嘲讽的语气。

③教师出示"公开的文字"。

④讨论交流：第1段中的三个"事实"，即对方所谓的论据，它们能证明中国人失掉自信力了吗？请再结合第3~5段，用自己的话说明原因。

明确：不能。前两个论据证明失掉了"他信力"；后一个论据证明此类人在发展着"自欺力"。所以，开头所公开的三个"事实"，都不能推出"中国人失掉自信力了"。

（3）探究细微。

①"如果单据这一点现象而论，自信其实是早就失掉了的"。

讨论：把前半句删去行不行？为什么？

明确:不行。去掉后会因改变了句子原有的假设情形而成了肯定。从"单据这一点现象"可知,这"一点现象"不是社会的全部,这样的论据是片面的、漏洞百出的。

②假使这也算一种"信",那也只能说中国人曾经有过"他信力"……都失掉了。

讨论:这句话中两个"也"字的含义分别是什么?

明确:第一个"也"有姑且承认的意思,含有讽刺意味。第二个"也"起强调肯定的作用。

③一到求神拜佛,可就玄虚之至了,有益或是有害,一时就找不出分明的结果来,它可以令人更长久的麻醉着自己。

请学生小组讨论:联系时代背景思考国民党是在什么情况下"求神拜佛"的,作者是怎样看待这种行为的。

明确:"求神拜佛"是国民党在山穷水尽时自欺欺人的最后一招。鲁迅一针见血地指出"求神拜佛"的严重后果,触到了国民党的痛处。

(4)拓展小结。

①教师强调论据于论点的重要性:论据真实,则论点正确;论据虚假,则论点谬误。所以,驳倒了论据,有如釜底抽薪,能有力地驳倒对方。在写驳论文时,应力求论据真实,与论点关联紧密。

②学生活动:一起来驳!

【屏显】

北大学子卖猪肉,二十年身价二十亿,并为母校北大捐款数亿;韩寒高中偏科,叛逆退学,后来在文坛创出成绩;全红婵努力训练,跳水夺冠,14岁就扬名天下。所以,有人说读书无用。

阅读思考：以上论据完全正确吗？能证明论点吗？请你来驳论据。

学生发言：略。

韩寒语录：我是退过学，但我没说过读书无用。

微点拨

1. 在"感受驳论"环节，教师讲述驳论文的基本知识后，再引导学生就韩寒的事例进行评判，这样不仅能让学生了解驳论文，还能激发学生的学习兴趣。

2. "研读论点"环节并不难，但教师要注意结合背景，可以通过朗读激起学生的情感。

3. 在"研读论据"环节，"三个事实"的归纳是关键，教师一定要组织学生合作学习、自主归纳，并从"总""只""一味"等副词中体会作者的情感。这个环节的难点是弄清"这三个'事实'能不能证明论点"，教师一定要在关注学情的基础上细致处理。

4. 在"探究细微"环节，要让学生紧扣语言，更深入地品味作者的观点和感情。因为鲁迅的文章很难理解，所以在教学实施中教师切不可包办，要组织学生多讨论。

5. "拓展小结"环节其实是对第一个教学环节（"感受驳论"环节）的照应。通过小结和训练，可确保教学目标的达成。

（本篇作者　邓萍元）

《怀疑与学问》：论证的思路模板

微解读

文章最后一段，以承上启下的过渡句起始，为了论证分论点——怀疑是积极方面建设新学说、启迪新发明的基本条件，先从反面论证（"不打折扣地承认"会如何）；然后从正面论证（"常常怀疑、常常发问"会如何）；再从"许多大学问家、大哲学家"（如戴震、笛卡尔）的例子论证，说明他们都是从怀疑中锻炼出来的；接着又扩展到"一切学问家"的怀疑精神，扩展到"古今科学上新的发明，哲学上新的理论，美术上新的作风"来正面论证；最后以一个假设从反面完成论证。

本段观点鲜明，道理论证正反对比，事例论证中外结合，从个别到一般，归纳分析层层深入，措辞理性，表述科学。这段文字的论证思路堪称典范，故可以从议论文写作的角度进行教学。

微设计

1. 请学生自由默读最后一段，找出分论点。

2. 请学生熟读本段。

3. 四人一组展开讨论，填写下面表格中的空白栏（用原文填写）。

论点			怀疑是积极方面建设新学说、启迪新发明的基本条件
论证	道理论证	反面说	对于别人的话，都不打折扣地承认，那是思想上的懒惰。这样的头脑永远是被动的，永远不能治学。
		正面说	
	举例论证	过渡	许多大学问家、大哲学家都是从怀疑中锻炼出来的。
		事例1	清代的一位大学问家——戴震，幼时读朱子的《大学章句》，便问《大学》是何时的书，朱子是何时的人。塾师告诉他《大学》是周代的书，朱子是宋代的大儒；他便问宋代的人如何能知道一千多年前的著者的意思。
		事例2	
	道理论证	过渡	
		正面说	古今科学上新的发明，哲学上新的理论，美术上新的作风，都是这样起来的。
		反面说	

4. 全班交流讨论：你对议论文写作的思路有什么认识？

5. 分角色朗读。

（1）请9位同学依次朗读表格中的文字。

（2）请男女生轮流朗读表格中的文字。

6. 仿写训练。

请学生以"团结就是力量"为论点，按照以上思路，写一篇小论文。

微点拨

1. 学生默读与熟读活动要组织到位，保证学生的自主学习时间就是捍卫他们的学习自主权。

2. "四人一组展开讨论"环节，教师绝对不可以包办，要引导和鼓励学生自主完成。之所以要求他们用原文填写（忽略概括能力的培养），是为了让初学议论文的学生了解议论文的论证思路，学习论证的技巧。

3. "全班交流讨论"环节，旨在引导学生相互启迪，加深他们对论证思路及方法的理解。

4. "分角色朗读"环节旨在强化学生对全段思路的理解和记忆，一定不能走过场。

5. 在"仿写训练"环节，教师要关注学生的写作实情，在课堂上予以准确的点评和指导。

《智取生辰纲》：被情绪蒙蔽的双眼

微解读

《智取生辰纲》是《水浒传》中为大众所熟知的经典篇目。这篇小说（节选），教学重点自然是情节和人物分析，而其核心则是领略晁盖等人之智。

为夺取生辰纲，晁盖等人可谓煞费苦心，周密部署行动。他们充分考虑了时、地、人三个因素。天气炎热，乘押运者疲惫懈怠之时，以药酒为饵；黄泥冈为必经之途，人烟稀少，易于行动；杨志十分精明、武艺高强，硬取没有胜算，以智取为上策：①乔装歇凉黄泥冈贩枣客，麻痹杨志一行。②白胜挑酒故意不卖，贩枣人买下一桶，当面吃尽，显示酒中无药，迷惑杨志一行。③在另一桶"饶"酒，一人抢吃一瓢，另一人再来舀酒，巧下麻药，蒙骗杨志一行。④白胜赌气不卖，贩枣人好心调解，提酒与众军汉吃，引诱杨志一行。

最后的结局是杨志成为晁盖、吴用等人的背景板，被钉在"水浒史"的失败榜上，英名扫地。

然而，智取生辰纲之连环计，是不是天衣无缝？其实不然！

疑点一：看胆略。

听到杨志的喝骂，"一个鬓边老大一搭朱砂记"，根本不畏拿着朴刀的"青面兽"杨志，也是"拿着一条朴刀，望杨志跟前来"，其他"啦啦队成员"故作姿态——跳起来齐叫"呵也"；"你颠倒问，我等是小本经纪，那里有钱与你"。当杨志的队伍与卖酒的白胜拌嘴时，他们"都提着朴刀走出来问道：'你们做甚么闹？'"——若是小贩，会人人有朴刀？能有这胆？

疑点二：看热心。

在晁盖他们表演吃酒证明酒里没有蒙汗药后，众军士欲买另一桶酒。白胜欲擒故纵不卖，晁盖他们不仅古道热肠，力劝白胜"胡乱卖与他众人吃些"，竟然还喧宾夺主把白胜"推开一边，只顾将这桶酒提与众军去吃"，然后更是借瓢、送枣。（卖酒者恰好没有配套的酒瓢！）——若没企图，能有这么热心？

疑点三：看贩枣。

枣秋季才成熟，盛夏季节不可能有大量贩枣子的商旅。"那七人道：'我等弟兄七人，是濠州人，贩枣子上东京去，路途打从这里经过。'"濠州是今安徽怀远、凤阳一带，东京是今河南洛阳，相隔千里，古时交通不便，千里贩枣利润低廉，盗匪猖獗，风险太大。——若是贩枣，能如此不合常理？

如此漏洞百出的表演，竟然能瞒过警惕性高、精明细致的杨志，为什么？——因为情绪！

杨志感激梁中书的提拔，自然有"士为知己者死"的决心，在押运生辰纲的过程中刚愎自用、言行过激,与众军士起了多次冲突。首先,面对杨志的痛骂和毒打,军士们怨气冲天,不仅消极怠工,还当面顶撞、背后辱骂杨志。其次,杨志是老江湖,什么时候走,什么环境下歇,他经验老到,因而对不听指令,不"省得甚么""没分晓"的众军士恼怒有加,特别是老都管那一声"不是我口浅,量你是个遭死的军人,相公可怜,抬举你做个提辖,比得草芥子大小的官职,直得恁地逞能",更是严重刺激了身处人生逆境的杨志。至中午时分,杨志和众军士的敌对情绪暴涨,他们的判断力严重下降。此时,晁盖他们出场了,一番表演,轻松骗过杨志一行。

微设计

1. 介绍故事背景与生辰纲。

2. 合作学习。

智取生辰纲的"智"表现在哪里?晁盖他们是如何一步一步夺取生辰纲的?

明确:(1)时机与地点的选择;(2)连环计的运用包括乔装贩枣,麻痹杨志一行;当面吃酒,迷惑杨志一行;抢瓢下药,蒙骗杨志一行;调解提酒,引诱杨志一行。

3. 质疑探究。

(1)智取生辰纲之连环计,是不是天衣无缝?你认为哪些细节可能引起怀疑?此环节对于不善质疑的学生来说,有一定的难度,教师可适时从以下几个方面进行引导:

①晁盖他们的出场情景,有没有值得怀疑的地方?(明确:

"一个鬓边老大一搭朱砂记",根本不畏拿着朴刀的杨志,也是"拿着一条朴刀,望杨志跟前来"。)

②卖酒过程,有没有值得怀疑的地方?(明确:过分热心;卖酒无瓢;一"兜"一"舀"等细节。)

③自我介绍,有没有值得怀疑的地方?(明确:贩枣季节不合理;路程太远,买卖不合算。)

(2)拓展:古濠州与北宋东京的距离;枣子成熟的季节。

4.点拨引导。

(1)请学生自由回答:警惕性高、精明细致的老江湖杨志为何识别不了这漏洞百出的计谋,中了圈套?根本原因是什么?

参考:从晁盖这方面来看,他的计谋还是较为周密的。从杨志这方面来看,他不体谅下属,骂人打人,与众军士矛盾激化;杨志没有坚持原则,同意买酒,并且自己喝酒;杨志不注重观察,没注意倒酒的机关;杨志情绪不好,失去了判断力;众军士怒气冲天、饥渴难耐,失去了警惕性。

(2)重点品析:

①杨志打骂众军士的细节。

第一,注意杨志打骂军士的语言和动作。("这畜生""劈头劈脑打去""劈脸便打去"……)

第二,请学生表演杨志打人的动作。(提示:要神形兼备。)

第三,提问:要是你,你会产生什么情绪?

②老都管讥讽杨志的语言。

【屏显】

老都管喝道:"杨提辖且住……不是我口浅,量你是个遭死的军人,相公可怜,抬举你做个提辖,比得草芥子大小的官职,直得恁地逞能……是何看待!"

请学生模仿朗读。

【屏显】

杨志却待再要回言……

你认为杨志此时会说什么?(提示:一定要结合杨志此时的心理状态作答。)

【屏显】

老都管道:"既是有贼,我们去休。"杨志说道:"俺只道是歹人,原来是几个贩枣子的客人。"老都管道:"似你方才说时,他们都是没命的。"杨志道:"不必相闹,俺只要没事便好。你们且歇了,等凉些走。"众军汉都笑了。

第一,解释字词。

去休:走吧。

没命的:亡命之徒。

第二,老都管的话外之音是什么?

第三,"众军汉都笑了",这"笑"有哪些意味?

参考:开心的笑(能在阴凉处歇息,喝酒解渴),胜利的笑,讽刺的笑等。

结论:杨志威信降到冰点,心里窝着一股火。——都在气头上!哪里还能判断清楚?

5. 拓展提升。

拓展一:

电影《头脑特工队》——五种情绪争夺一个大脑的战争。

拓展二：

"火烧连营"的故事。——公元221年，刘备为给关羽报仇，犯了"怒而兴师"的兵家大忌，带着愤怒的情绪，没有冷静地判断形势，大举讨伐东吴；陆逊发动火攻，以极其微薄的成本，让刘备惨败夷陵。

微点拨

1. "介绍故事背景与生辰纲"环节有助于学生理解全文，特别是对于没有通读《水浒传》的学生来说，尤为必要。

2. 在"合作学习"环节，对于"智取生辰纲的'智'表现在哪里"这个问题，学生不容易梳理完整，所以要组织学生进行小组合作学习，尽量让学生自行归纳概括。

3. 在"质疑探究"环节，我们要了解学情——对于不善质疑的学生来说，"智取生辰纲之连环计，是不是天衣无缝"这个问题有一定的难度，需要教师适时从出场情景、卖酒过程、自我介绍等方面进行引导。这个环节能训练学生的思维能力。

4. 在"点拨引导"环节，对于杨志中计的原因，学生一般都能说个大概，但教师仍要引导学生在语言中充分感受，对几个重点句子进行品析。教师要组织好学生运用多种学习方式，充分体会人物的心理动态和性格特点。

5. "拓展提升"环节是非常有意思的，能让学生拓展思维，增长见识，加深对文章的理解。

《范进中举》：胡屠户的"妩媚"

微解读

《范进中举》中胡屠户庸俗势利、粗鄙无礼、尖酸刻薄、自高自大、迷信无知。虽然他在文中只是个配角，但他形象的鲜明程度丝毫不亚于主角范进，给读者留下了极为深刻的印象。

在阅读或教学中，我们不能忽略胡屠户的"妩媚"。

范进中举后，喜极而疯。为治其疯病，报录人建议范进最怕的岳丈——胡屠户打范进一个嘴巴。这个时候，这个天天"白刀子进去，红刀子出来"，在范进面前飞扬跋扈的胡屠户却"作难"了！——这一嘴巴是打，还是不打？

他的内心活动直接呈现于他自己的语言上。他说："虽然是我女婿，如今却做了老爷，就是天上的星宿。天上的星宿是打不得的！我听得斋公们说：打了天上的星宿，阎王就要拿去打一百铁棍，发在十八层地狱，永不得翻身。我却是不敢做这样的事！"对于这一段话，齐省堂增订本《儒林外史》评语说："妙人妙语。这一作难，可谓妩媚之至。"

胡屠户的内心分明是丑恶的，为何会"妩媚之至"呢？孙绍振教授是这样分析的：第一，胡屠户纠结于势利和迷信，这逻辑的荒谬令人发笑；第二，内心自尊自大（应该是病态的）的优越感消失了，反而变成了极端自卑的语言表白，有点儿直爽，有点儿天真，有点儿可爱，有点儿"妩媚"。正是胡屠户的这一"妩媚"，让作品产生了强烈的喜剧效果。

微设计

1. 学生活动一。

当报录人建议胡屠户打范进一嘴巴的时候，胡屠户是打，还是不打？胡屠户"作难"的根源是什么？（两个层面：浅层理解是因为迷信；深层理解是因为敬畏权势。）

2. 学生活动二。

（1）讨论：这一嘴巴打得痛快不？（参考：可以答"痛快"，也可以答"不痛快"，学生根据自己对课文的理解，能自圆其说即可。）

（2）组织学生朗读表演：那只打人的手"隐隐的疼将起来；自己看时，把个巴掌仰着，再也弯不过来"。

3. 学生活动三。

讨论：从胡屠户打人前的心理活动、打人后的反应，可以看出他的什么特点?(参考:迷信、势利、无知、直爽,甚至还有点儿可爱。)

4. 教师提问点拨。

(1)十八层地狱存在吗?胡屠户打人后,那只打人的手"隐隐的疼""巴掌仰着、再也弯不过来",这一切,合乎逻辑吗?

(2)对于不合逻辑的事实,作者却细致刻画,就是为了产生喜剧效果,增加讽刺意味,让读者在笑中深思。

5. 迁移。

阅读现实生活中的事例,让学生对比那些迷信者与胡屠户有何相同点。

6. 深入。

请学生结合全篇讨论:胡屠户除了庸俗势利、粗鄙无礼、尖酸刻薄、自高自大、迷信无知,还有其他的特点吗?请在原文中找出依据。(参考:①勤劳善良、面冷心慈,真心关怀范进一家。②直率纯朴,规劝范进正视现实,先养活一家老小。③邻里关系和睦等。)

微点拨

1. 在"学生活动一"环节,学生很容易回答出胡屠户"作难"是因为"迷信",教师要注意引导学生深层次地理解胡屠户根深蒂固的势利思想。

2. 在"学生活动二"环节,安排学生表演胡屠户的神态动作,能让学生深入理解人物形象,但是在组织活动时,应该尽量严肃,防止表演的游戏化。

3.在"教师提问点拨"环节,"合乎逻辑吗"这个问题比较巧妙,一是能引导学生体会写作中如何利用细节突出中心,二是能引导学生理解本文重点——讽刺艺术。

4."迁移"环节对接现实,可让学生认识到:胡屠户还没有"死",胡屠户式的可笑心态依然存在于我们的现实生活之中。

5.最后的"深入"环节,目的是引导学生更加全面地理解胡屠户这一人物形象,体会文学经典的无穷魅力。

《三顾茅庐》：小说的"延迟手法"

微解读

《三顾茅庐》一课写的是刘备第三次拜访诸葛亮的故事，生动呈现了"诸葛亮出场"的经典场景，具有丰富的教学价值。那么此课如何进行教学选择最合宜呢？

众所周知，人物是分析小说的关键。然而，课文中的人物形象，如刘备的求贤若渴、礼贤下士，张飞的鲁莽、直爽，受相关小说、影视以及小学阶段的白话课文《三顾茅庐》等影响，九年级学生已"一望而知"。而课文中塑造人物的手法，如语言动作的描写、对比手法的运用，虽然生动精妙，但学生也早已在诸多课文中重复学习过，无须在本课再炒昨日"剩饭"。

不过，文章在情节推进时，通过"延迟手法"使情节一波三折的处理，非常值得借鉴。如关羽的劝阻、张飞的纠缠、诸葛均的回复、童子的户外拦守、刘备的久立阶下、孔明的醒而又睡和更衣半晌，将《三顾茅庐》中"诸葛亮的出场"推向高潮，也让其成为文学史上最为经典的"人物出场艺术"之一。

因此，将"延迟手法"作为本课的教学选点，既符合文本特质，也有利于解决学生在记叙文写作中常见的"记流水账"问题。

微设计

1. 学生自读"却说玄德访孔明两次不遇，欲再往访之"至"又半晌，方整衣冠出迎"，并用简洁的语言概括故事情节。

2. 学生集体交流。（教师及时规范学生的表达。）

3. 学生思考：故事情节有什么特点？

学生交流后，教师讲解：这情节一波三折、扣人心弦。这种效果源于小说的一种创作手法——延迟手法。那么，什么是"延迟手法"呢？简单地说，就是作者竭力给故事、人物、心理的进展设置障碍，故意"延迟"情节的发展。

4. 学生活动：请说说刘备三人在求见诸葛亮的过程中，遇到了哪些障碍？

5. 拓展。

"延迟手法"在三顾茅庐的前两次中，同样也体现得非常充分。请同学们阅读后，谈谈自己对"延迟手法"的看法。

第一次拜访：

①玄德同关、张并从人等来隆中。遥望山畔数人，荷锄耕于田间，而作歌曰……玄德闻歌，勒马唤农夫问曰："此歌何人所

作?"答曰:"乃卧龙先生所作也。"

②玄德来到庄前,下马亲叩柴门,一童出问……童子曰:"先生今早少出。"玄德曰:"何处去了?"童子曰:"踪迹不定,不知何处去了。"玄德曰:"几时归?"童子曰:"归期亦不定,或三五日,或十数日。"

第二次拜访:

①将近茅庐,忽闻路傍酒店中有人作歌……二人歌罢,抚掌大笑……广元曰:"吾等皆山野慵懒之徒……寻访卧龙。"

②忽闻吟咏之声,乃立于门侧窥之,见草堂之上,一少年拥炉抱膝,歌曰……少年曰:"某乃卧龙之弟诸葛均也……孔明乃二家兄。"

③忽见童子招手篱外,叫曰:"老先生来也。"玄德视之,见小桥之西,一人暖帽遮头,狐裘蔽体,骑着一驴,后随一青衣小童,携一葫芦酒,踏雪而来。转过小桥,口吟诗一首……玄德闻歌曰:"此真卧龙矣!"滚鞍下马,向前施礼……诸葛均在后曰:"此非卧龙家兄,乃家兄岳父黄承彦也。"

小结:"延迟手法"让人物的出场一波三折,令读者产生强烈的阅读兴趣,同时也让主人公呈现出"犹抱琵琶半遮面"的神秘美感。

6. 片段仿写训练。

寒假过后,你们都期盼着早点儿开学,早点儿见到老师和同学。请运用"延迟手法",以"终于可以回校了"为题,写一段200字左右的文字,描述回校经过,抒写真实心情。

7. 生生互评与教师点评。

微点拨

1. 组织学生梳理刘备见诸葛亮的过程中所遇到的障碍时要细致，要圈点勾画，要互助学习，这样才能帮助学生深入理解什么是"延迟手法"。教师千万不要急于将答案告诉学生，要确保学生在自主学习中激活思维、共享智慧。

2. 拓展的内容很重要！刘备前两次拜访卧龙先生而不得，那显著的艺术效果能进一步强化学生对"延迟手法"的理解，所以在组织学生学习、交流时，绝不可走过场。

3. 在写作点评时，教师要针对学生特别容易出现的一些问题，做如下三个方面的纠偏指导：一是情节延迟要确保情节的合理性，要符合真实的生活；二是情节延迟不要太细碎、太啰唆，否则会冲淡主题；三是要避免延迟形式过于单一，要灵活借助环境、心理活动、行为动作、意外情况等描写达成延迟目标。

九年级下册

《祖国啊,我亲爱的祖国》:别具一格的意象

微解读

意象是诗人寄托情思的载体,诗人总是通过意象委婉曲折地表达思想感情。中华民族的爱国情怀体现在大量诗歌中,汗青、投笔、轮台、铁马、梦幻等都是表达爱国情怀的常用意象。

舒婷的《祖国啊,我亲爱的祖国》是一首深情的爱国之歌。首节以"河边上破旧的老水车""额上熏黑的矿灯""干瘪的稻穗""失修的路基""淤滩上的驳船"这五个典型的意象,形象地刻画了祖国沧桑的过去。次节以"'飞天'袖间"的"花朵"意象,表明祖辈的"希望"最终幻灭。第三节以"簇新的理想""古莲的胚芽""挂着眼泪的笑涡""雪白的起跑线""绯红的黎明"等一系列意象描写刚从"大跃进""文化大革命"中挣脱出来的社会现实。末节直抒胸臆,展望未来,表达诗人对祖

国深沉而热烈的爱。

全诗在意象的选择上新颖独到、别具一格：着力选取平凡而富有特征的意象，从不被常人注意的平凡事物中发现美。从意象切入，似乎是教学本诗的不二选择。

微设计

1.创设情境，导入新课。

关键词：朦胧诗人舒婷、时代特征、深刻反省、顽强追求。

2.教师范读后，学生自由诵读。

3.理解诗歌中的意象。

（1）教师讲解："一切景语皆情语"，在诗词中，诗人常把要抒发的情感寄寓于所描写的景物之中，即人们常说的融情于景，借景抒情。这些渗透着诗人主观情意的客观物象，就叫作意象。

（2）学生活动。

①找一找：诗歌中写了哪些意象？这些意象出现在那些场景里，分别代表什么呢？

明确：意象包括"水车""矿灯""稻穗""路基""驳船""花朵""蛛网""胚芽""笑涡""起跑线""黎明"；"水车""矿灯"会出现在乡村与厂矿中，与"稻穗"一起象征农业与工业；"路基""驳船"反映祖国艰难的现状；"花朵"代表希望；"蛛网"指落后的思想；"胚芽""笑涡""起跑线""黎明"象征祖国的苏醒与崛起。

②比一比：这些意象前的修饰语带给你什么样的感受？

【屏显】

句子一：我是你河边上的老水车，数百年来纺着歌；我是你额上的矿灯，照你在历史的隧洞里蜗行摸索；我是稻穗；是路基；

句子二：我是你河边上破旧的老水车，数百年来纺着疲惫的歌；我是你额上熏黑的矿灯，照你在历史的隧洞里蜗行摸索；我是干瘪的稻穗；是失修的路基；

明确："破旧"的修饰突出了"老水车"的不堪状况，它"数百年"来无休止地、"疲惫"地工作，可见中国农业发展的窘迫与艰难。"矿灯"是用来照明的，但它已被"熏黑"，这揭示了中国工业发展的沉重。"干瘪""失修"的修饰则表明了收获的空洞、贫困的程度。

③议一议：将每个小节中的意象组接在一起形成四幅画，你从中感受到了什么样的变化？

明确：这些意象展现了在灾难中艰难挣扎、缓慢前行的祖国的形象，也书写了新生的希望，光明的前程。

④读一读：

教师指导朗读：提醒学生注意从沉重压抑到欣喜呼喊的情感变化。

组织学生开展多种形式的朗读活动：齐读、小组朗读、双人竞赛朗读、个人展示朗读。

⑤写一写：请按照示例，以"我是你＿＿＿＿＿＿"的句式仿写一组意象来表达对祖国的拳拳赤子心。

示例一：我是你<u>天空中一只倔强的小鸟，时时刻刻搏击着风雨</u>。

示例二：我是你<u>衣服上一枚破旧的纽扣，永远倾听你心脏的跳动</u>。

微点拨

1. 诗歌教学离不开对意象的分辨与赏析，本诗中有大量生动的意象，教师应先带领学生回顾意象的内涵，然后在"找一找"环节中让学生找出意象，并初步理解其内涵。注意要引导学生领会本诗意象的独特性。

2. 比较意象前的修饰语，可以加深学生对意象的理解；将"破旧""疲惫""干瘪""失修"与"簇新""雪白""绯红"相对照，可使学生体会它们与意象组合时所代表的象征意义；通过画面直观地将所有意象展示出来，可以使学生感受到祖国的变化，看到生机和希望。

3. 教师要通过分析意象，引导学生将诗歌的朗诵与对诗歌的理解结合起来，感受诗歌中情感的变化，调整朗诵方法，把握节奏和语调。

4. 句式仿写可以让学生初步掌握意象的使用，学会为自己的情感找载体，并运用联想让意象丰满起来。

（本篇作者　温蕾）

《海燕》：恣情朗读

微解读

《海燕》创作于俄国1905年革命前沙皇统治最黑暗的时期。高尔基触摸到刚刚开始跳动的新时代脉搏，以敏锐的艺术感悟力创造出"海燕"的艺术形象，为革命者唱出了一曲充满战斗激情的颂歌。《海燕》一文在俄国大地上广为传播，产生了巨大的反响，一时间成为最受欢迎、最富有宣传性和号召力的"传单"。

这篇散文诗的教学标签是"象征手法的运用"。不过，《海燕》一文的象征手法不同于《白杨礼赞》，文中并没有明确的句子点明象征义，甚至从浅层次来看，完全可以将这篇文章当作一篇写景文来赏析；从深层次来看，文中出现的每一个事物都融入了意象之中，组成了一个纷繁浩大的意象系统，和当时俄国的社会现状一一对应。在不足600字的文章中营造出这样的意象系统，让人不得不佩服高尔基的笔力。但是这恰恰又成了教学中的难点,学生读过之后总觉得"乱哄哄"的。如果仅仅是将《海燕》的意象系统划分为两大阵营(象征着革命阶级与反革命阶级),倒不是极难理解。但若要将"乌云""狂风""雷声""闪电"等"第三类人"的形象进行一一对应,就很困难了。一些名家尚有争议,何况初中生呢?

从文本来说,将教学重点定位于象征手法,肯定是无可争议的。而从学情来说,是不是最佳选择呢?

我做过实验:不借助教辅资料,让学生"裸读"《海燕》,看他们能不能回答"海燕、海鸥、海鸭、乌云、狂风、雷声、闪电分别象征了什么",结论是学生基本上不能回答。

因此,我认为要落实《海燕》一课的象征义,还是得以教师讲授为主,即结合作者经历及时代背景,直接给出其象征义。而教学活动的重点,应该是朗读!《海燕》一文语言精练优美,气势如虹。教学中以朗读为主线,组织学生在朗读中感受语言之美、修辞之美、情感之美、气势之美,应当是一个比较好的选择。事实上,本篇课文也一直是诸多朗读活动,甚至是文艺晚会的首选朗读材料。"触摸"语言、亲近语言的语文课堂,永远差不了!

微设计

1. 作者及时代背景介绍。
2. 朗读活动。
(1)自由朗读。学生自由朗读全文,体会作者的情感变化。

（2）合作朗读。两人一小组，互读互评，并画出重读句子或音节。

（3）竞赛朗读。男女生竞读，师生合作点评，引导学生理解蕴含在对比性文字中的情感变化。

（4）自选朗读。学生挑选自己最喜欢的句子或段落朗读并展示，同时说明这样朗读的理由。

指导示例：

第1节，第一句要读得舒缓、低沉。"海燕"要读得响亮，"黑色的闪电"比喻海燕矫健高傲、锐不可当的雄姿，应重读。整节基调是先缓慢后加快，先低抑后昂扬。

第2节，"碰""箭""直冲"要读得高昂，表现海燕的雄姿及斗志昂扬的战斗精神。读"乌云听出了欢乐"，调子需低抑，显示沙皇反动政府对革命战士乐观主义精神的畏惧。

第3节，要用充满激情的、高昂的调子突出"渴望"一词。当读到第二句时，声音需压低，突出"乌云"的恐惧。

第4节至第6节，作者用群鸟和海燕作对比，突出海燕的高大形象。因而，在读描写群鸟丑态的词句时，要用极端蔑视的语气。如读第4节第二个"呻吟"，声音要拉长；读"大海深处"时要压低声音。读第5节的"这些海鸭啊"，应用嘲弄的口吻；读"吓坏"一词要用弱音，以示对海鸭的轻蔑。第6节要重读"高傲""勇敢地，自由自在地"；"飞翔"要拉长重读，以突出海燕的高大形象。

第7节，为了突出后面的海燕，表现黑暗势力来势凶猛的词，如"暗""低""直压"，要用低抑声调缓读。有些词语需要读出"顿挫感",如"乌云——越来——越暗""越来——越低"。读"歌唱""冲""迎接"等动词语调要昂扬,并且速度要逐步加快,充分表现海燕的乐观战斗精神以及迎风而上的英雄气概。

第8节,要以低抑的声调、愤怒的感情重读"抱""甩""摔",揭示反动派的野蛮凶残。其中读"看吧"一词时,语调应是沉重的,因为它引出的是激烈搏斗的场面。"呼叫""争鸣"等动词要重读,表现出革命与反革命斗争的激烈。

第9节,声音要高昂起来,略微重读"像黑色的闪电",重读"箭""穿""掠",以显示海燕无所畏惧的英雄气概。

第10节,句首的"看吧"要用充满骄傲和喜悦的感情来读,感情的处理与第8小节中的"看吧"截然不同。为突出海燕的乐观主义精神,要着力重读"大笑""号叫",语调要层层高扬,在句末要用极欢乐的感情读出"号叫"。

第11节,要用极其蔑视的语调来读"雷声的震怒里,早就听出了困乏",表明海燕早就看穿了反革命势力色厉内荏的虚弱本质。要以拖音重读"遮";读"不住"时要斩钉截铁,充分表现革命者的必胜信念。

第12节,整节要读得沉重而缓慢。读"风"与"雷"时,声音应拉长。

第13节,为突出大海的力量,要重读"抓住""熄灭",要以轻蔑的口吻读"闪电的影子""一晃就消失了"。

第14节,基调应是高昂激越的,尤其是"就要来啦",要读得明快、响亮。

第15节,要用叙述的语调读,为下一小节高昂的调子打基础。

第16节，本节为全文的高潮，朗读时感情一定要全部释放出来，高声呼唤。

对比鉴赏：请学生对比朗读，下面两句话，哪一句更好？说说理由。

①在这叫喊声里——充满着对暴风雨的渴望！在这叫喊声里，乌云听出了愤怒的力量、热情的火焰和胜利的信心。

②这叫喊里面——包含着对暴风雨的渴望；乌云还从中感觉到了愤怒的力量、热情的火焰和对于胜利的信心。

参考：第①句好，理由是排比句式节奏更鲜明，表现力更强。

（5）师生演读。教师与学生合作演读全文，读出气势。

微点拨

1."作者及时代背景介绍"环节对于学生理解本文极为重要，不可忽略。

2."朗读活动"环节中，第一步"自由朗读"是学生感知全文的基础。第二步"合作朗读"有利于发挥学生的学习主体性，确保学习的有效性。第三步"竞赛朗读"，能将朗读气氛推向高潮，教师一定要营造好竞赛的氛围。第四步"自选朗读"，教师不仅要细致地指导学生朗读，更要引导学生在朗读中品析，加深学生对文本的理解。"对比鉴赏"活动的重点是引导学生说出理由。第五步"师生演读"，建议配点儿音乐，增加仪式感。

《孔乙己》：短衣帮

微解读

《孔乙己》入木三分的描写，含蓄隽永的意蕴，让人百读不厌、回味无穷。作为文学殿堂中的经典形象之一，孔乙己以那一袭长衫、一壶温酒、一双断腿嘲讽着科举罪恶和世态炎凉，历来都是语文课堂的"座上宾"。

那么在《孔乙己》中，还有什么人值得深度剖析呢？

是打人的何家人？还是打残人的丁举人？孙绍振教授认为，作者回避了"在场"写法，没有正面描写毒打的场面，而是将其压到幕后，说明打人者和打人情节都是"次要成分"。

是掌柜的？他的确是值得剖析的，然而掌柜的、何家人、丁举人，甚至是孔乙己本人，都是社会的小众群体，而最广泛、最真实地反映着当时社会生态的主流群体，是短衣帮。

孙绍振教授说："在鲁迅看来，他要揭示的不是孔乙己偷书的恶，而是周围人对他冷漠的丑。"叶圣陶也表示，《孔乙己》小说突出了人生的"寂寞、冷漠、麻木"。而我认为，这"冷漠、麻木"的祸首，就是同为底层人，却同病不相怜的"周围人"——短衣帮！

因此，本微课将"短衣帮"作为探究的重心。

微设计

1. 阅读课文第4段至第10段，请按照下面表格的提示，在课文中圈画出相关信息。

对话情境	短衣帮	对话神态	对话内容	有意味的标点
当面对话：挨打后到店	喝酒的人			
当面对话：喝过半碗酒	旁人			
背后议论：中秋前两三天	喝酒的人			

2. 请学生自选一句短衣帮的话，展示朗读（要求：准确读出人物语气）。

3. 学生回答：从短衣帮的对话神态、内容和语气来看，你认为短衣帮对孔乙己怎么样？

请以"从短衣帮对话＿＿＿＿＿＿（说特征）可以看出，他们把孔乙己当作＿＿＿＿＿＿"的句式说话。

第一空答案参考：内容是专找痛处戳；神态是笑或哄笑；不是

叫，就是嚷，或者是反问。第二空答案参考：没尊严的人、没用的人、可以随便奚落的人、不会和他正经说话的人……（没将孔乙己当人）。

4. 学生讨论：短衣帮的取笑，有无恶意？

预设结论可分为两种：第一种回答是"有恶意"，他们专挑孔乙己的痛处戳；第二种回答是"无恶意"，他们只是想出他的洋相，看他的狼狈，作为"哄笑"之料。

教师讲解：

（1）"有恶意"也好，"无恶意"也罢，他们对孔乙己的伤害是客观存在的！他们只顾着自己快活，而忽视了他人滴血的痛。——这"无恶意"的恶、不自觉的恶反而是最可怕的！

（2）鲁迅之所以弃医从文，就是因为他看到日俄战争时期，中国人为俄国人当间谍被日本人执行枪决，中国同胞却麻木地当看客。在鲁迅看来，为他国做间谍送死固然是悲剧，但是，漠然地观看同胞的悲剧，更是悲剧中的悲剧。鲁迅认为这种麻木、冷漠的"看客心态"是社会的病态表现，要予以疗救！

5. 资料链接：列举《藤野先生》《药》中的片段。

教师小结：人民论坛问卷调查中心提炼整理出13种社会病态，其中一种就是"看客心态"。作为主宰未来世界的你们，是继续充当麻木的"看客"，还是勇敢树立担当意识？

请大家课后思考：在课文第7段中，12岁的小伙计与孔乙己的对话说明了什么？从小伙计的动作、神态、心理、语言中，你又发现了什么？

微点拨

1. 在圈画环节，要关注短衣帮对话的鲜明特色：几乎全都是感叹句和反问句。

2. 在朗读环节，一定要组织学生反复朗读，充分体验，读准语气，读出意味。

3. "短衣帮的取笑，有无恶意？"这个问题思辨性强，有深度、有难度，因而一定要组织学生充分讨论。可以借助生活体验帮助学生理解。

4. 最后的"课后思考"可以下一课时来解答：12岁的小伙计本应该童心满满，却如成人看客般冷漠麻木。这说明"看客心态"之普遍，社会真的需要改变！

《变色龙》：记叙文的"四小"技法

微解读

契诃夫是"世界三大短篇小说之王"中的一位，《变色龙》为其代表作。《变色龙》的主要人物奥楚蔑洛夫固然是解读文章的关键，但是，无论是其五次"变脸"也好，还是其欺下媚上的性格也好，都是学生通过自读能轻松理解的。因此，从学生的认知实际出发，我无意将人物分析作为教学的重点。倒是文中看似朴实，实则高超的写作技法，值得重点研学。

《变色龙》最典型的写作技法有两个。一是运用讽刺艺术、夸张手法刻画社会现象。这是鉴赏契诃夫小说的重点，但如果要合理借鉴并运用，对于初中生来说，有较大难度。二是选取日常生活中极其平凡、极其普通的小事，以"小人物"为主人公深刻反映社会生活，揭露社会问题。对于写作素材积累不足、缺乏敏锐感悟力的初中生来说，这一点有非常高的借鉴价值。因此，我将此作为教学重点。

我从写作中的"小"切入：小场景、小人物、小事件、小细节。《变色龙》的小场景"搭建"于市场的广场上；小人物是执勤的警官，是警察中的底层小人物；小事件是一位工人的手指头被狗咬伤后，小警官的几次态度转变；小细节是对小警官的动作、语言、神态的描写（这是精华部分）。

这"四小"是记叙文写作的重要元素，如果学生能透彻理解并灵活运用，对他们的写作应该会有意想不到的帮助。

微设计

1. 请学生简要说说故事发生的在哪里？有哪几个人物？主要讲述了一件什么事？

参考：场景"搭建"于广场上，人物不过是执勤警察以及几个普通市民，事件不过是一工人被狗咬后警察的几次态度转变。总体来说，都不过是小场景、小人物、小事件。

2. 文章的细节描写尤为生动，请学生开展如下说话活动。

（1）用示例句式说话：从_____细节中看出警官_____的心理活动（或性格）。

小结：心理活动和性格都是通过动作、语言、神态展示的。

（2）教师组织学生朗读人物的典型对话。

3. 写作活动：请以"王小明被狗咬伤"为引子，构思一篇作文。

第一步，请设置一个小场景，试着描写出来。

第二步，请设计一个小人物：确定一个中心人物，酌情确定旁观者。

第三步，请设计一个小故事：即"王小明被狗咬伤"的后续故事，故事时长不超过10分钟。

第四步，请构思一系列小细节：主要是人物的动作、语言、神态，以此充分表现出人物的心理及性格。

教师总结：一篇作文，抓住小场景、小人物、小故事、小细节这四个元素，写起来就容易多了。

微点拨

1. 场景描写要能烘托中心，与中心无关的描写，一句也不要。

2. 中心人物是表现文章主旨的关键，旁观者则根据行文需要而定，也可不要。

3. "王小明被狗咬伤"的后续故事要合情合理，要契合真实的生活。

4. 细节描写是全文重点。要确保人物的动作、语言、神态能反映心理、展示性格，换言之，人物的心理和性格要尽量隐藏于人物的动作、语言、神态之中。同时，还要围绕中心来写，千万不能写散了。

《鱼我所欲也》：如何抉择"生"与"义"

微解读

《鱼我所欲也》选自《孟子·告子上》，文章以"鱼和熊掌"作喻，引出"生和义"；以"舍鱼而取熊掌"类比，得出"舍生而取义"这一中心论点。文章先从"所欲""所恶"两方面进行正反对比论证：正面阐述人们把"义"看得高于生命，就不会苟且偷生，宁愿赴死也不愿行不义之事；反面论述如果人过分"欲"生"恶"死，那就什么事情都做得出来。然后，分别列举"不食嗟来之食"和"万钟"的故事，进行正反例证。

孟子是大辩论家，他的文章逻辑严密，推理精细。从语言或文体的角度教学，都是很好的教学选点。但是，我想尝试从《鱼我所欲也》所体现的精神内涵来切入教学。

文章中，孟子将"生"与"义"置于极端的情境下，当二者不能同时得到时,那"生"与"义"该如何抉择呢?"生"是物质的生存,"义"是精神的生存,当我们所面临的抉择由"鱼"和"熊掌"上升到"生"与"义"时,抉择就由物欲的两难上升到了精神的两难:人该拥有怎样的价值标准?人活着的意义是什么?由此,抉择变得更加不易,也显得更有意义。两难的情境是取舍的无奈,是内心激烈的矛盾。在两难境地中取舍,更能显示一个人的思想性格乃至道德水平。孟子说要"舍生而取义",这就是他遵循内心的抉择,是将"义"看得高于"生"的价值体现。

孟子认为人性本善,当我们面临极端的情境时,能否也像贤者一样做出"舍生取义"的抉择呢?

微设计

课前准备:学生查阅孟子资料,了解孟子其人其事。

1. 找极端情境。

(1)读懂:自由朗读课文,对照注释,读通文意。

(2)讨论:文章中三处写了难以抉择的极端情境。请找出是哪三处,最后分别做了怎样的抉择?

参考:

极端的情境是:

①鱼,我所欲也;熊掌,亦我所欲也。二者不可得兼。②生,亦我所欲也;义,亦我所欲也。二者不可得兼。③一箪食,一豆羹,得之则生,弗得则死。

最后的抉择是:

①舍鱼而取熊掌。②舍生而取义。③宁死不食。

（3）读味：反复朗读下面句子，读出意味。

【屏显】

鱼，我所欲也；熊掌，亦我所欲也。二者不可得兼，舍鱼而取熊掌者也。

生，亦我所欲也；义，亦我所欲也。二者不可得兼，舍生而取义者也。

一箪食，一豆羹，得之则生，弗得则死。呼尔而与之，行道之人弗受；蹴尔而与之，乞人不屑也。

2. 析抉择原因。

（1）讨论：孟子在极端情境下为什么会有这样的抉择？

（2）思考："非独贤者有是心也"与"此之谓失其本心"中的"是心""本心"具体指什么？这与"舍生而取义"有何联系？

拓展孟子"性善论"：孟子认为人性本善；人有"四心"——恻隐之心、羞恶之心、辞让之心、是非之心，仁、义、礼、智的道德规范即由此产生。

参考："是心"指这样的心，即"本心"。"本心"具体指"羞恶之心"。"义"产生于"羞恶之心"，有"羞恶之心"，人才会按"义"的原则行事，才有可能在关键时刻舍生取义。

朗读：重读这些极端情境下的抉择，说说你从中读出了什么样的感情。再次有感情地朗诵这些抉择。

参考：纠结的，悲壮的，慷慨激昂的……

①学生有感情地朗诵，生生互评。

②学生推荐代表朗读，教师点评。

③集体诵读，读出感情。

3. 行"取义"之举。

（1）孟子认为"本心"人人都有，而"贤者能勿丧"，那么孟子作为"贤者"是否做到了"舍生而取义"呢？请结合下面的文本内容和孟子的故事，谈谈你对孟子的认识。

①万钟则不辩礼义而受之，万钟于我何加焉！

②富贵不能淫，贫贱不能移，威武不能屈，此之谓大丈夫。

预设1：

孟子说："万钟则不辩礼义而受之，万钟于我何加焉！"孟子曾经在齐国任客卿，后来因为与齐王意见不合，便决定辞官回家，断然拒绝了齐王"万钟"的诱惑。这些言行都表现了孟子大义凛然的气概，是将"义"看得高于"利"的体现。孟子在极端的情境中做到了"舍生而取义"。

预设2：

孟子说："富贵不能淫，贫贱不能移，威武不能屈，此之谓大丈夫。"可见孟子是一个有气节的人。他不肯迁就，不肯趋炎附势，有羞恶之心，在极端情境下能按"义"的标准行事，能够做到"舍生而取义"。

（2）拓展补充：《孟子·公孙丑下》第三章。

结论：孟子始终践行着他"舍生而取义"的主张。从古至今，许多人都把"义"作为自己做人的准则，作为最高道德标准来追求。

（3）连接现实。

①播放2020年中印边境冲突相关视频。

②结合孟子的思想谈谈你的体会。

师小结:祁发宝、陈红军、陈祥榕、肖思远等战士在面对印度军队不顾中印双方协议,公开越界挑衅时,奋起反击,寸土不让,舍弃生命保卫祖国。他们将正义、道义放在首位,将国家利益、民族利益看得比生命更重要,在极端情境下毅然选择了"舍生而取义",他们是民族英雄。

(4)历史上、生活中,你是否发现有在极端情境下"舍生而取义"的人呢?请列举一例。

参考:文天祥宁死不向元军投降,选择忠义守节,最终从容就义;张定宇身患绝症却坚守一线。

微点拨

1. 在"找极端情境"环节,学生可以通过朗读的方式,读懂课文。在此基础上,找出文章中的极端情境就轻而易举了。这一环节是整堂课的基础,要落到实处。

2. "析抉择原因"环节是重点,也是难点,重在引导学生通过对文章论证思路的分析,理解孟子在极端情境下做出"舍生而取义"抉择的原因,进而引发学生思考"舍生而取义"与"本心"的关系,真正理解孟子所说的"义"的内涵。在教学过程中,教师要注意多引导、鼓励学生,适时补充孟子的理念,帮助学生理解。同时,这一环节的朗读是在深入理解极端情境下抉择之艰难、不易的基础上进行的,要让学生读出感情,多读,最好可以背诵。

3. "行'取义'之举"环节是对课内学习的拓展。结合文本

"谈谈你对孟子的认识"部分旨在巩固本文及以前积累的知识。"《孟子·公孙丑下》第三章"的文意，教师可适当点拨，帮助学生理解。学生的发言要有理有据，可以以课本为依据，也可以围绕对人物的认识展开，教师应适当对学生的回答予以补充、点评。列举"舍生而取义"的事例部分，意在将课本内容与生活相联系，让学生明确"舍生而取义"在现实中的价值和意义。尽管孟子所处的时代已经与我们相隔久远，但是他的思想仍闪烁着智慧的光芒，散发着崇高的气息，"舍生而取义"的抉择所依托的"本心"依然是当今社会仁人志士奋发向上、慷慨赴难的原动力。

（本篇作者　方亚城）

《送东阳马生序》：宋濂劝学的艺术

微解读

从战国时荀子的《劝学篇》，到三国时孙权劝学的故事，再到唐代颜真卿的《劝学诗》，在历史长河中，劝学的诗文故事俯拾即是。

《送东阳马生序》是劝学的名篇，它是宋濂写给同乡后辈马生君则的临别赠言，意在勉励马生珍惜在太学学习的优越条件，刻苦勤学。此文具有极强的说服力和感染力，作者是如何做到的呢？

一是事理结合，以情感人。宋濂在劝学过程中，不是单纯说教，而是在娓娓叙事中阐明求学之理：幼时无书读时借书抄书，"天大寒，砚冰坚，手指不可屈伸，弗之怠"，让人马上就感受到了他惊人的学习毅力；成年后无师求教时，趋百里外"执经叩问"，展现了他对知识的渴求；乡之先达严厉呵斥时，"色愈恭，礼愈至，不敢出一言以复；俟其欣悦，则又请焉"，凸显了他求学的可贵诚心；等有了老师后，"负箧曳屣行深山巨谷中。穷冬烈风，大雪深数尺，足肤皲裂而不知"，多么坚定的求学意志！寓逆旅，陋食敝衣，毫不抱怨，也不羡慕同舍生的"神人"之态，"以中有足乐者，不知口体之奉不若人也"。透过文字，我们仿佛看到了那个以苦为乐、艰难跋涉、努力向前、笑对生活的寒门学子身影，其让马生深受震撼。如此事理结合，使劝说更加生动感人。

二是多重对比，以理服人。作者在事理结合的同时，又巧妙地将自己的求学经历与当今太学生的生活作对比。太学生衣食上"无冻馁之患"，求学上"无奔走之劳"，求教上"未有问而不告、求而不得者"，读书上"不必若余之手录，假诸人而后见"；"其业有不精、德有不成者，非天质之卑，则心不若余之专耳，岂他人之过哉？"，此句有力地说明了一个人能否取得成功，并不取决于学习条件的好坏，而在于主观努力的与否。这番对比说服力强，激人奋进，使劝学水到渠成。

三是平易谦逊，以诚动人。宋濂是元末明初著名政治家、文学家、史学家、思想家，被明太祖誉为"开国文臣之首"，学识地位皆高，深受世人敬仰；马生则是个普通太学生。二人无论是在身份、学识还是在年龄上，都有极大的差距。然而，面对年轻的马生，宋濂不是高高在上地直接训诫，而是用同乡长辈和亲人的语气循循诱之，将自己异常艰难的学习经历坦诚道出，似与马生谈心。"余虽愚""今虽耄老，未有所成"等措辞，多么亲切低调。这种谦逊低调、尊重晚辈的态度，深深打动了马生。

为了达到劝学的目的，作者可谓是用心良苦，一套"组合拳"

打下来，让人深切地体会到勤学的重要性，达到教化的效果。所以，宋濂劝学的艺术是不容忽视的教学选点。从宋濂劝学的艺术入手，或许能让学生对文本有更深的理解和感悟。

微设计

1. 劝说艺术之"事理结合"。

（1）题目解析及作者介绍。

（2）提问：宋濂通过写这篇序想规劝或勉励马生什么？

参考：勉励马生珍惜在太学学习的优越条件，刻苦勤学。

（3）朗读课文第1段、第2段，圈画出最震撼自己心灵的句子，并以"我为他_____所震撼，因为他_____"的句式说话，全班交流。

示例：我为他惊人的学习毅力所震撼，因为他在大寒天手指冻僵的情况下仍坚持抄录书籍。

（4）两文（片段）对比。

【屏显】

马生君则，汝既入太学，当珍惜年华，莫失向学之心。为学之道在于勤，业精于勤荒于嬉，吃得苦中苦，方为人上人。若汝日夜勤学，用心专一，他日必成大器。——改编版《送东阳马生序》

学生自由朗读这一版本并讨论：哪种劝学的效果更好？为什么？

参考：原版更好。原版现身说法，树立榜样，在娓娓叙事中阐明求学之理，在叙事中加了多处细节描写，内容真实具体，说理充分，能引起共情，使劝说生动感人。改版的则是单纯直白的说教，显得空洞生硬。

2. 劝说艺术之"多重对比"。

（1）对比之一。

朗读第3段，从衣、食、住、行、书籍、求师等几个方面，对比归纳宋濂与太学生学习条件的差异。

（2）对比之二。

【屏显】

今诸生学于太学，县官日有廪稍之供，父母岁有裘葛之遗，<u>无冻馁之患矣</u>；坐大厦之下而诵诗书，<u>无奔走之劳矣</u>；有司业、博士为之师，<u>未有问而不告、求而不得者也</u>；凡所宜有之书，皆集于此，<u>不必若余之手录，假诸人而后见也</u>。其业有不精、德有不成者，非天质之卑，则心不若余之专耳，岂他人之过哉？

讨论：作者前面已经花大量笔墨交代了自己求学的艰难，所以老师觉得删去画线处语言后会更简洁，你们觉得呢？

参考：不可删去，这几句再次从句式上构成多重对比，使对比更加鲜明突出，又与前文内容相照应，使说理更加深刻有力，使情感表达更加强烈。

（3）对比之三。

【屏显】

其业有不精、德有不成者，非天质之卑，则心不若余之专耳，岂他人之过哉？

讨论：这句话说得很有力量，它属于什么句式？突出了什么？

参考：选择句式加一个反问句式，突出了一个人能否取得成功,并不取决于学习条件的好坏,而在于主观努力的与否。

(4)全班齐读本段,体会对比说理的力量,感悟勤学的重要性。

3. 劝说艺术之"平易谦逊"。

(1)学生模仿宋濂的语气,读下面句子,并在朗读中体会"余"是位怎样的人物。

【屏显】

余幼时即嗜学。

故余虽愚,卒获有所闻。

盖余之勤且艰若此。

况才之过于余者乎?

(2)指名学生试读,教师点拨指导。

参考:"余"字读音拉长,要读得亲切平缓,读出与人谈心的感觉来。"余"是一位求知若渴、平易谦逊、饱受求学之苦的人,也是一位对晚辈寄予厚望的长者。

(3)思考:宋濂作为德高望重的大儒,面对一位籍籍无名的小青年,随便训诫几句,再正常不过,他为何不这样做?

小结:作者放低姿态、坦诚相待,是尊重马生的表现。尊重是成功交流的前提。同时,作者言语间的谦逊低调,拉近了他与马生的距离,一片诚心显露无遗,使其劝说更易为人所接受。

4. 拓展迁移:本文与《孙权劝学》在劝学艺术上存在哪些异同?

参考:都采用了现身说法的劝说方式,没有摆架子,语气亲切,寄予期盼。孙权侧重话语的劝导,方式较直接,循循善诱;宋濂侧重故事的铺垫，事理结合，更生动委婉，且巧设多处对比，极具说服力和感染力。

微点拨

1. 介绍二人身份关系以及明确劝说意图是分析宋濂劝学艺术的前提，意在让学生知道二人在身份、地位、年龄上存在巨大差距，从而让学生体会宋濂选择"平行视角"，以拉近二人距离进行劝学的良苦用心。

2. 对比说理是作者劝学的一件利器，其在文中多次出现，增强了说服力。有时间可做一下总结归纳，让学生从多角度、多方面去寻找文中的对比，说不定会有新的发现。

3. 通过试读几个带"余"字的句子和对比朗读两个版本的《送东阳马生序》，让学生在读中思考，进入情境中，感受劝说艺术，弄懂作者选择这些劝说方式的原因。学生能扣住亲切、委婉、生动、有感染力等字眼来说出自己的感受即可，不必过多点评。

4. "拓展迁移"环节是在前面环节的基础上设置的，难度不大，并且《孙权劝学》是七年级所学过的，将两课进行比较也是一个巩固知识的过程。

（本篇作者　易慧）

《定风波·莫听穿林打叶声》：苏轼的旷达胸襟

微解读

《定风波》写于1082年，苏轼因"乌台诗案"被贬居黄州期间。该词上片写雨中事，下片写雨中感。

苏轼一生历经磨难，却始终洒脱，其乐观旷达的胸襟是他辉煌人生的亮丽底色。解读《定风波》，这是绕不过的核心主旨。但如何让拥有如此特质的苏轼，弃掉大文豪、政治家的固有标签而真实地出现在学生面前呢？我们必须从文字入手，引导学生与苏轼的文字亲密接触。

词中"何妨吟啸且徐行"一句值得品味。

"啸"在古代又称"长啸"或"啸咏"，是一种吟唱诗歌的方式。《说文解字》对"啸"的解释是"吹声也"。古代名人雅士喜欢啸咏，赏景遇事随心唱咏，潇洒悠闲！苏轼既是名士又是雅士，哪怕泥泞小道、瓢泼大雨（"风雨"也喻指词人遭遇的逆境），再狼狈也改变不了他那一颗乐观之心。"竹杖芒鞋轻胜马，谁怕？一蓑烟雨任平生"，他就这样拄着竹杖，踩着草鞋，披着蓑衣，在雨中且歌且行，怡然自得。就像高尔基笔下迎风飞翔的海燕，一边飞还要一边高喊"让暴风雨来得更猛烈些吧"，因为他根本不怕，这是真性情、真洒脱。

"回首向来萧瑟处，归去，也无风雨也无晴"，经历了那么多的人生劫难，怎还会惧怕行走在风雨中呢？刮风下雨也好，夕阳斜照也罢，他都能泰然处之。这是一种参透宇宙、了悟人生之后的大超越，寄寓着苏轼超凡脱俗的人生理想。

微设计

1. 初识东坡。

学生对照注释自读全文，回答以下问题：

①出游遇雨，苏轼和同行的人举止有何不同？请学生用原文回答。（参考：同行皆狼狈，余独不觉。）

②具体描写苏轼情态的是哪一句？（参考：何妨吟啸且徐行。）

2. 再识东坡。（重点品析"何妨吟啸且徐行"一句。）

（1）教师讲解"何妨吟啸且徐行"。

（2）请学生回答："何妨吟啸且徐行"一句表现了苏轼的什么心情？（预设答案：泰然自若、闲适、坦然等皆可。）

（3）学生表演"何妨吟啸且徐行"情景。要求：抓住动作特点,呈现人物性格。

先请一名学生即兴表演,然后请几名学生点评,看看是否演出了苏轼的心情。再请学生二次表演,进一步体味诗人"神闲自在"之态。

(4)结合原文,用散文化的语言描绘诗人雨中行走的画面。

要求:运用风雨、竹杖、蓑衣、吟啸、诗人五个词语;用细节刻画诗人"吟啸"时的悠闲达观之态。

3. 采访东坡。

诗人面对面:要求每两名学生为一组,分别以苏轼和记者的身份对话,可安排四组。

预设问题:①您谪居黄州,生活境况如何?②"东坡居士"因何而来?③"东坡肉"您是怎么发明制作的?④居家生活,您都在忙些什么?

4. 深读东坡。

(1)出示同期类文:《卜算子·黄州定慧院寓居作》《临江仙·夜饮东坡醒复醉》

(2)出示讨论话题:贬居黄州,从"拣尽寒枝不肯栖"到"小舟从此逝,江海寄余生"再到"也无风雨也无晴",苏轼对待生活的态度引人深思。请学生讨论:苏轼给我们带来了哪些启示呢?

教师总结:农夫装扮,田间劳作的苏轼是可赞的;潜心读书,不忘文人本分的苏轼是可敬的;苦中作乐,以赤子之心待人的苏轼是可爱的。面对风雨,不惊恐、不逃避、不哀伤,泰然处之,潇洒从容,这就是苏轼最具魅力的人格光辉。文如其人,由此而形成了他豪迈奔放的词风。

人生有顺逆，有成败，有荣辱，有福祸，但无论处于何种境地，我们都要以坦然而超脱的心态去对待。风雨改变不了苏东坡，也改变不了我们。

微点拨

1. "初识东坡"，观其行，看其人。在实施中教师应要求学生多形式朗读课文，准确找出苏轼与同行的人遇雨时的不同情态。

2. "再识东坡"，模其态，绘其神。在教学组织中，容易出现学生不严肃的情况，因此在表演前，教师要强调要求，让学生在"神似"上下功夫。

3. "采访东坡"的教学目的是通过采访的形式进行知识的延伸，引领学生多维度解读苏轼，明白旷达洒脱是其本色。在教学组织中，要提前让学生收集好相关知识，做好储备，采访的问题要有针对性，不能天马行空。

4. "深读东坡"，延伸讨论，探究主旨，启迪人生。应以开放性教学为主，让学生畅所欲言，再由教师总结全文。

（本篇作者　魏四英）

《谈读书》：和培根对话

微解读

《谈读书》是一篇论说随笔，语言简洁，短小精悍，饱含人生经验与智慧。作者培根是英国哲学家、作家，他的散文对英国乃至全世界的影响都很大。

在《谈读书》一文中，培根"并没有像一般议论文那样进行论证。文章就是讲述自己的看法，也没有引用什么经典来加强自己论点的可信度"（孙绍振语）。的确，这位被马克思称为"英国唯物主义和整个现代实验科学的真正始祖"的科学家，其学术高度和历史地位，决定其无须用别人来证明什么；况且，这位毕业于剑桥大学的高才生，出身豪门，后步入政界成为国家重臣，其成长经历或多或少也决定了他说一不二的性格。

培根最伟大的名言是"知识就是力量"。本文中一些关于读书的观点和方法，对中学生非常有益。鉴于培根论证头绪的复杂性，加之有些说法是针对英国社会的（如把读书作为高谈阔论的资本就是当时英国上流社会的风气），初中生不好懂，在教学中我们便不应进行逐句逐段的讲解，而是要尊重学生的独特体验，采取选点突破的方法，对文中经典语句或品析，或质疑，从学生的真实感悟出发，这样教学效果才会更好。

微设计

1. 培根介绍。
2. 学生自读课文，画出感悟最深的重点句。
3. 选择一两句话，谈谈你的看法。

请用下面的句式和培根对话：

①培根先生，我非常喜欢你的_____这句话，因为它运用的表现手法，将观点表达得非常清楚。

②培根先生，我非常赞成你的_____这句话，因为它表达的_____观点，使我深受启发。我在读书中也有类似的故事：_____。

③培根先生，我不赞同你的_____这句话，因为这句话存在_____的漏洞。

教师结语：尽信书，不如无书。

参考："盖天生才干犹如自然花草，读书然后知如何修剪移接"运用比喻手法，说出了读书的重要性。"书有可浅尝者，有可吞食者，少数则须咀嚼消化"告诉我们有些书可以浅尝辄止，有些可以囫囵吞枣，还有少量书则必须细细品尝，慢慢消化。"读史使人明智，读诗使人灵秀，数学使人周密，科学使人深刻，伦理学使人庄重，逻辑修辞之学使人善辩：凡有所学，皆成性格"运用排比、对仗，将读书对人的好处娓娓道来。不过，这句话也有一些漏洞。

微点拨

1. 学生对培根并不是很熟悉，因此简单介绍是有必要的。

2. 培根的文章语言典雅，加之又是译文，学生理解起来有一定的难度，因此教师在教学中要尽量让学生发挥自主性，让他们在自读中找到问题，得到启发。

3. 选择一两句话，用规定的句式，让学生和培根对话，不仅能引导学生理解文意，还能指导学生如何读书，培养学生的质疑精神。这个环节是重点，能有效引导学生结合自己的实际展开学习，因而一定要安排大量的时间，让学生尽情说，说到位。

《不求甚解》：谁说读书可以"不求甚解"

微解读

　　《不求甚解》是一篇较为经典的议论文，文章开篇提出对于"不求甚解"的见解，表达出客观理性的态度："虽然不必提倡"，但是没有充分的理由"盲目地反对"。继而通过对陶渊明名言"好读书，不求甚解；每有会意，便欣然忘食"的辩证解读，将论题转向读书方面并提出论点——不求甚解的读书法一是要虚心；二是不要固执一点，咬文嚼字，而要前后贯通，了解大意。

　　为了证明这个观点，作者引用了三个事例加以论证：一是引列宁批评普列汉诺夫的例子，强调我们今天学习"应该抱虚心的态度"；二是引诸葛亮的例子，赞扬"观其大略"式"不求甚解"的高明；三是引宋儒陆象山的话，说明"未晓处且放过"的方法与陶渊明"不求甚解"的提法"很相似"。三处例证、引证，或外或中，或古或今，信手拈来，自由骋笔，恰到好处。

在教学设计中，将事例论证作为教学重点，不仅可以引导学生掌握事例论证的方法，还能引导学生领会名人权威言论（或事例）中的论证力量。这就是本微课设计的创新之处。

微设计

1.关于"不求甚解"。

2.关于"读书不求甚解"的论证。

（1）论证之事例。

学生活动一：自读课文，回答"哪些人认为读书要不求甚解"。

明确：列宁的例子说明读书要虚心，要理解作品的精神实质；诸葛亮等人的例子说明读书要"观其大略"；陆象山的例子说明读书要"未晓处且放过，不必太滞"。

学生活动二：朗读下面两句，说说要读出什么语气。

①我们今天对于马克思列宁主义的经典著作，也应该抱虚心的态度，切不可以为都读得懂，其实不懂的地方还多得很哩！（明确：规劝的语气，语重心长。）

②看来诸葛亮比徐庶等人确实要高明得多，因为观其大略的人，往往知识更广泛，了解问题更全面。（明确：肯定的语气。）

（2）事例之评估。

学生活动三：再读课文，讨论"这几个人物有何共同点"。

（明确：中外名人。）

阅读链接：教师引读课下注释，并简单补充列宁、普列汉诺夫、诸葛亮、陆象山等人物的介绍。

教师小结：在选择议论文的事例论据时，要选权威人士的言论或故事，以增强说服力。

（3）论证之反思。

学生活动四：第7段能不能删除？（明确：不能，该段指出了对"不求甚解"的曲解，可防止读书者走向极端，使论证更加严谨、周密。）

3. 权威读书观的对比探究。

朱光潜认为读书要"咬文嚼字"，你认为这与"不求甚解"相比，谁更有道理？

（明确：各有其理，角度不同而已。学生言之有理即可。）

4. 事例论证之片段写作训练。

请以"逆境有利于成长"为论点，引用权威事例进行论证。

微点拨

1. 在"不求甚解"的理解环节，要让学生初步了解"不求甚解"的出处和含义。

2. "关于'读书不求甚解'的论证"环节，事例论证的梳理是为了让学生理解议论文事例论证的方法，这是学习和写作议论文的关键，务必细致落实到位。在教学实施过程中，通过朗读强化学生的语感，加深他们对句子的理解，亦是非常必要的。事例论证的评估,其实就是引导学生体会作者所引用的名言或事例的权威性,明白论据说服力的来源。

3. 在"权威读书观的对比探究"环节,学生很容易因为名人之间论点的冲突而疑惑。因此,将朱光潜认为读书要"咬文嚼字"的观点和本文"不求甚解"的观点进行比较,能让学生深入领会"读书的方法本就因人而异"的道理。

4. 在"事例论证之片段写作训练"环节,通过当堂训练,学生可以在理解的基础上充分体会权威事例的论证效果。

《山水画的意境》：思维的流畅性

微解读

　　《山水画的意境》的结构非常明晰：什么是意境—怎样才能获得意境—画画还要有意境。在课题实验中，很多教师都感觉这一课的教学很枯燥。原因在于他们将教学价值定位于"意境"这个概念，重点引导学生解决"什么是意境""怎样才能获得意境"之类的问题，似乎他们面对的是一群绘画专业的学生。仅仅解决本课"写了什么"的问题，而没有品味本课"是怎么写的"，这样的"半截子"语文课（温儒敏教授语），其语文味自然是不足的。

　　本微课将以"什么是意境"部分（文章第2段至第4段）为例，带领学生学习《山水画的意境》一课严谨流畅的论证思维。

　　为什么选择这个教学点呢？因为无论是在教师还是在学生的写作中，"思维不流畅"一直是我们缺乏关注，但又普遍存在并且迫切需要改善的问题。

许多教师在写"微解读"的过程中,总是暴露出思维不流畅的问题(工作总结和宣传稿的写作中都存在这样的问题):往往一个观点讲清楚,就转到了另外一个观点,最后又突然回到了先前的观点。学生的写作,其思维更是呈现"跳跃性",破坏了句与句之间、段与段之间的思维桥梁,严重影响了文章的表现力。

微设计

1. 自读自悟,厘清思路。

(1)请学生自读第2段至第4段,用你喜欢的方式厘清思路(或用思维导图,或用提纲形式)。

(2)同桌交流、补充完善。

(3)教师小结:阐释意境(情景结合)→正面阐释"情"的必要性→反面阐释"情"的重要性→李白诗例(结合"情寓于景"解释)→毛泽东诗例(结合"情寓于景"解释)→古人名言进一步论证。

2. 尝试删减,"品味"思维。

(1)全班朗读第2段至第4段。

(2)小组讨论:删去以下画线句子(①~⑥句),合不合理?

活动要求:四人一组,每组任选一句;请从思维的角度说明理由。

【屏显】

什么是意境？我认为，意境就是景与情的结合；写景就是写情。①山水画不是地理、自然环境的说明和图解，不用说，它当然要求包括自然地理的准确性，但更重要的还是表现人对自然的思想感情，见景生情，景与情要结合。②如果片面追求自然科学的一面，画花、画鸟都会成为死的标本，画风景也缺乏情趣，没有画意，自己就不曾感动，当然更感动不了别人。

在我们的古诗里，往往有很好的意境。③虽然关于"人"一句也不写，但是，通过写景，却充分表现了人的思想感情，如李太白《送孟浩然之广陵》的诗句：

故人西辞黄鹤楼，烟花三月下扬州。

孤帆远影碧空尽，唯见长江天际流。

④这里包含着朋友惜别的惆怅，使人联想到依依送别的情景：帆已经远了，消失了，送别的人还遥望着江水，好像心都随着帆和流水去了……情寓于景。⑤这四句诗，没有一句写作者的感情如何，尤其是后两句，完全描写自然的景色；然而就在这两句里，使人深深体会到诗人的深厚的友情。

毛主席的诗句，意境是很深的。如《十六令三首》，每一首都是写景，每一字都是说山，但每一首、每一字又都充分表达了人的思想感情。三首词分别体现了山的崇高、气势和力量，这里并没有直接描写人，实际上都有力地歌颂了人，歌颂了人的英雄气概。⑥古人说"缘物寄情"，写景就是写情。诗画有意境，就有了灵魂。

（3）小组展示，师生点评。

（4）教师小结：以上各句都不能删减，每一句都是承前论述,清楚明了,体现了作者思维严谨、流畅,论证充分的行文特点。

3. 迁移训练,能力提升。

(1)品读下列句子,找出思维不流畅的地方,画上//线,并补写1~2句话,让思维连贯,让前后句子表达合理而可信。

①一家卖鱼的店铺,很远就能闻到一股腥味。每当我看到那里的鱼头被砍下来,心里不免咯噔一下。

②昨天在河边散步,河对岸银光闪闪。

(2)同桌讨论,修改完善。

(3)参考答案:

①心里为什么会"咯噔"一下,思维过于跳跃,表达的合理性不够。

补写:一家卖鱼的店铺,很远就能闻到一股腥味。每当我看到那里的鱼头被砍下来,鱼血流了一地,鱼眼无神地看着我时,心里不免咯噔一下。

②"河对岸银光闪闪"来得太突兀,如果不交代清楚"银光闪闪"的原因,读者不会信服。

补写:昨天在河边散步,河对岸那排排路灯,高楼窗户上的点点灯光,辉映在河面上,银光闪闪。

微点拨

1.在"自读自悟,厘清思路"环节,要让学生充分发挥学习主动性,利用自读自悟和同桌交流的学习方式,完全把握这几段的论证思路，为后文学习打下基础。

2."尝试删减，'品味'思维"环节，意在通过假设删减的方法，强化学生对本部分思维严谨、流畅的感受和理解。这个环节刚开始时或许有点儿难度，可先组织学习能力强的学生分享答案。如此便能够顺利解决问题，学生也会更加深入地理解思维流畅、表达充分的重要性。

3."迁移训练，能力提升"环节中的两个例句是学生作文中出现的实例，对它们进行修改补写，一是能加强学生对"思维流畅性"的理解，二是能让学生将课文学习和自己的习作联系起来，有利于快速提升技能。

（本篇作者　李燕）

《曹刿论战》：君明士贤问答间

微解读

"士"是春秋战国时期重要的社会阶层，他们具有才智和远大的政治抱负，社会地位居于大夫和平民之间。曹刿就是一位这样的士人。

《曹刿论战》选自《左传·庄公十年》，讲述了鲁庄公十年（公元前684）齐鲁长勺之战前，曹刿求见鲁庄公，为其出谋划策，最终战胜齐国的故事。从故事背景、文章内容来看，本文不仅是士人勇赴国难、展示才华的传奇，也是君王从善如流、用人不疑的范例。

文中共有三处问答，分别是：乡人与曹刿关于"又何间焉"的问答、曹刿与鲁庄公关于"何以战"的问答、鲁庄公与曹刿关于战场指挥的问答（"公问其故"）。这三处问答基本涵盖了故事的主要内容,体现了人物的性格特点。

问答一是曹刿对国家的责任积极担当的体现。乡人之问表明普通百姓觉得国家大事与己无关,这体现了平民百姓与统治者之间的隔阂与矛盾,也从侧面证明了"肉食者鄙"。而面对大敌当前的形势,面对乡人的反对意见,曹刿毅然决然地"请见",明确批判"肉食者鄙",准备以一己之力,将国家前途命运扛在肩上,是"士不可以不弘毅"的写照。

问答二是曹刿对君主的考察和谏言。"何以战"之问按理说应该是公问刿答,结果却成了刿问公答。掌握话语主动权的曹刿提出了关于国家治理的问题,要知道这个问题对迫在眉睫的战争其实是远水解不了近渴的。此问在很大程度上是对鲁庄公的考察。"良禽择木而栖,贤臣择主而事",只有遇上明主,英雄才有用武之地,曹刿深谙此理。鲁庄公的前两个回答虽然不尽正确,却也表现出几分见识。循循诱导后,鲁庄公懂得了治国之道,曹刿也确信鲁庄公是可以效忠之主。

问答三是君明士贤的具体体现。鲁庄公之所以"问其故",是因为对战场上曹刿一系列"谜之操作"不明就里。但是作为军队最高统帅的他并没有在战场上质疑,这是对曹刿的绝对信任,战斗结束后的请教则是对曹刿的高度尊重;而曹刿在回答中阐述了自己的军事思想和指挥策略。战争的胜利正是依靠鲁庄公的充分信任和曹刿的卓越才能取得的。

微设计

1. 讨论"问答一",揣摩刿之意。

结合故事背景,分别从"对国家……""对肉食者……""对自己……"的角度,组织学生讨论"肉食者鄙,未能远谋"中曹刿要表达的想法。体会曹刿对国家的担当、对当权者的鄙视、对自己的信心。

2. 朗读"问答二",概括公之答。

(1)分角色朗读曹刿与鲁庄公的对话,用"以……战"的句式概括鲁庄公的三个回答,明确曹刿对三个回答的态度。

示例:

公的回答	曹刿对回答的态度
以人(亲信)战	——否定
以神战	——否定
以民战	——肯定

(2)根据问答的内容,归纳曹刿的政治理念:以民为本。

3. 研读"问答三",体会公之明、刿之贤。

(1)质疑:鲁庄公为什么不在战场上提出疑问?

出示改写的课文第二段:

"……刿曰:'未可。'公问其故……刿曰:'未可。'公再问其故……曰:'可矣。'公又问其故"

(2)讨论:如果真如这样进行,曹刿会出现怎样的心理?战役会是怎样的结局?

(3)谈谈自己对鲁庄公这一人物的看法。

（4）归纳：曹刿的回答中包含了哪些战争策略？

教师补充：《孙子兵法》或现代军事思想中与之相似的观点、战例。谈谈自己对曹刿这一人物的看法。

微点拨

1. 为帮助学生全面、客观地评价曹刿和鲁庄公，课前可对春秋战国时期的士阶层进行简单介绍，以便学生理解"曹刿请见""何以战"之问的用意。课后可收集一些与曹刿政治和军事思想相近的材料，组织学生拓展阅读。

2. 本课以人物问答为主，可组织学生在原文对话前补充表示语气、动作的词语，并分角色朗读，用不同方式、从不同角度理解人物。

3. 关于"何以战"的提问，鲁庄公并没有直接回答，这就需要学生切实疏通字词障碍，理解鲁庄公要表达的意思。同时，还要体会曹刿在评价鲁庄公的回答过程中对"民"的强调。

（本篇作者　陈志军）

《出师表》：谦恭有度的语言艺术

微解读

《出师表》一课的预习提示中有："表，是古代向帝王陈情言事的一种文体，言辞往往恭敬、恳切。"《文心雕龙·章表》中说："汉定礼仪，则有四品：一曰章，二曰奏，三曰表，四曰议。章以谢恩，奏以按劾，表以陈请，议以执异。"

《出师表》是诸葛亮呈给后主刘禅的表。文中，诸葛亮针对当时的局势，以恳切的言辞，反复劝勉刘禅要继承先主刘备的遗志，开张圣听，赏罚严明，亲贤远佞，以完成"兴复汉室"的大业，表现了诸葛亮"北定中原"的坚强意志和对蜀汉的忠贞不贰。因为诸葛亮既是后主的丞相，又是受托孤的对象。他给后主上表，既要循循善诱，又要不失臣下尊上的本分；既不宜用训斥的口吻，又不该用卑下的语气。《出师表》全文既不失臣子的身份，也切合长辈的口吻，表达尺度恰到好处。志尽文畅，情真意切，被称为表中"至文"。

因此，通过学习本文，我们可以进一步领会诸葛亮的智慧和忠贞，还可以领悟诸葛亮巧用谦恭进忠言的艺术，学会说话。

微设计

1. 品读谦恭。

（1）学生自由朗读课文，圈画出能表现谦恭的词句。

（2）学生有感情地朗读课文。（教师指导：要读得抑扬顿挫，感情充沛。）

（3）学生展示朗读重点句。

①"先帝创业未半而中道崩殂……秋也。"——蕴含着极其痛惜的感情。

②"愿陛下亲之信之，则汉室之隆，可计日而待也。"——饱含对后主的激励之情。

③"今当远离，临表涕零，不知所言。"——声音要低缓，表情要沉重。

2. 品说谦恭。

（1）学生分组品说谦恭。

要求：①四人一组，抓住关键词句，结合上表背景，从进言的角度、称谓、语气、用词等方面品说诸葛亮的谦恭。②每小组选出1~2个代表，准备全班交流。

教师示例：第1段中，"诚宜开张圣听，以光先帝遗德，恢弘志士之气，不宜妄自菲薄，引喻失义，以塞忠谏之路也"这里对皇帝用了尊称"开张圣听"，把二十岁的刘禅说成圣人；用的还是婉辞"诚宜"和"不宜",而没有生硬地说"一定要"和"不要";为了让后主接受劝谏,还抬出"先帝"来表明"开张圣听"的目的,充分表现了诸葛亮进谏的谦恭和巧妙。

（2）学生展示小组讨论成果。

3. 探究谦恭。

（1）教师提问：诸葛亮之所以能以臣训君,进尽逆耳忠言,让皇帝心悦诚服,不仅因为他是相父,是先帝的托孤重臣,更重要的是他有巧妙进忠言的绝招。同学们总结一下刚才的发言,看看能归纳出几点原因。

学生发言,教师引导。

预设：

①胸中有真情是前提。诸葛亮对刘备父子的忠贞不渝撼动人心。表文结语"今当远离,临表涕零,不知所言"尤其感人,其声呜咽似泣,其情沛然如注,勤勤恳恳之态尽现,耿耿忠心尽袒。

②语气谦恭是核心。诸葛亮把先帝和后主摆在远远高于自身的位置上。全文六百多字,提及"先帝"十三次,提及"陛下"七次,提及自身则或谦称"愚",或自贬"卑鄙",或自黑为"庶竭驽钝",完全没有了隐居隆中时自比管仲、乐毅的清高,也没有位高权重时的自傲,对自己力挽狂澜,辅助先帝三分天下,后又平定南方等丰功伟绩只是轻描淡写,草草带过。每进忠言,都反复阐明是在代先帝立言,是为了"报先帝而忠陛下"。这样高明的进言艺术,让刘禅觉得教训也不是教训,且无法反驳,只能心服口服地接受。

③用词精致是关键。极有分寸的措辞没有让后主觉得咄咄逼人,武断狂妄。

教师小结：诸葛亮谦恭有度的语言艺术给了我们太多的启迪，在实际生活中，你能借鉴一二吗？

4. 学用谦恭。

假如当你回家时，看见父母正在激烈争吵，原因是母亲对父亲每天只知玩手机而从不做家务非常不满，已忍无可忍了，你准备怎样劝架？请把你想对父母说的话写下来。

微点拨

1. 在"品读谦恭"环节，要通过读，让学生沉浸其中，心有所动。建议学生选择自己最受感动的语段精读，通过读感悟"忠"、领悟"理"（诸葛亮劝谏刘禅的艺术）。

2. "品说谦恭"环节是教学的重点，需要教师鼓励学生发散思维，分组商讨。教师要注意引导学生紧扣文字体验，合理解答，不要直接给出答案。

3. "探究谦恭"环节是教学的难点，需要教师引导学生积极思考，归纳出诸葛亮进言艺术的特点，弄懂《出师表》成为不朽名篇的原因。

4. "学用谦恭"环节，如果课内时间不够，可以留在课下完成。教师甚至可以指导学生编排情景剧，然后用后面几节课的课前三分钟让学生登台表演，让全体学生深刻体会到谦恭的妙处，提升交际能力。

（本篇作者 张威）

"微"妙语文研究和实践团队

指导专家：

王本华　人民教育出版社编审、部编版初中语文教材执行主编

蒋红森　湖北省教科院中学语文教研员、中国教育学会中学语文教学专业委员会副理事长、湖北省教育学会秘书长、湖北省教育学会中学语文专业委员会理事长

张水鱼　《新作文》主编

夏红星　湖北科技学院人文与传媒学院副教授

主持人：雷介武

骨干成员：陈志军、饶红云、任丹、张威、宋婷、张洁、饶维、邵玉蓉、叶婷、刘婧、卢洁、方亚城、陈莹、卢晓珍、田凤英、戴雪萍、钟贞、祝伊、冯娜（武汉）、李兰（深圳）、邓萍元（深圳）、温蕾、易慧、魏四英、饶爱华、刘芸、雷祖明、田丽（恩施）、温娟娟（武汉）、杨振华、李燕、程爱群